THROUGH TO NEW YORK
直达纽约

主宰美国经济命脉的4大豪门

崔智东 郭志亮 / 著

上至商业领袖，下至街边小贩
竞相拜读的生意圣经

台海出版社

图书在版编目(CIP)数据

直达纽约 / 崔智东, 郭志亮著. --北京：台海出版社, 2014.6

ISBN 978-7-5168-0378-3

Ⅰ.①直… Ⅱ.①崔… ②郭… Ⅲ.①企业家-生平事迹-美国 Ⅳ.①K837.125.38

中国版本图书馆 CIP 数据核字(2014)第 153229 号

直达纽约

著　　者：崔智东　郭志亮	
责任编辑：王　萍	
装帧设计：吴小敏	版式设计：通联图文
责任校对：李书秀	责任印制：蔡　旭

出版发行：台海出版社
地　　址：北京市朝阳区劲松南路 1 号，邮政编码：100021
电　　话：010-64041652（发行，邮购）
传　　真：010-84045799（总编室）
网　　址：www.taimeng.org.cn/thcbs/default.htm
E-mail：thcbs@126.com

经　销：全国各地新华书店
印　刷：北京柯蓝博泰印务有限公司
本书如有破损、缺页、装订错误，请与本社联系调换

开　本：710×1000　　1/16	
字　数：259 千字	印　张：17
版　次：2014 年 9 月第 1 版	印　次：2014 年 9 月第 1 次印刷
书　号：ISBN 978-7-5168-0378-3	

定　价：39.80 元

版权所有　翻印必究

前　言

如何在困境中坚定自己的信念,为心中的远大志向做好准备?
如何在商战中提升自己,无往不利?
什么样的态度才是积极正确的人生态度?
如何为人处世?
……

被誉为"成功学之父"的拿破仑·希尔说过:"成功的最好办法,是站在巨人的肩膀上。"

那么,让我们翻开美国商界"四大巨人"的发迹史吧——他们无不是凭借令人叫绝的创业智慧与谋略而取得成功的。

约翰·D·洛克菲勒,他是资本主义世界的第一个亿万富翁,美国最具实力、最庞大的商业财团——标准石油公司的创始人。

近百年来,摩根财团像巨人一样支配着整个金融世界。作为民间银行企业,它操纵着通用电气公司、美国钢铁公司等商业巨头的重组,甚至建立了美国中央银行(美联储)的雏形。关于摩根财团曾经最重要的掌舵人J.P.摩根,华尔街有句话:上帝在公元前4004年创造了世界,但在公元1901年,世界又被摩根先生重组了一回。

亨利·福特恐怕在20世纪20年代初就已经是全世界最有名的人了,他生产的T型汽车便宜、耐用、灵巧,风靡全美各地。这位开拓型的企业家也因此获得了巨大的名声和财富。在他葬礼的那一天,美国所有的汽车生产线停工一分钟。半个世纪之后,《财富》杂志称其为"20世纪最伟大的企业家";《福布斯》"有史以来最有影响力的20位企业家"中,他的名字列在榜首。

美国钢铁大王安德鲁·卡内基是时代的传奇人物，他实现了美国人的梦想，成为徒手致富的移民代表。他征服了钢铁世界，成为美国最大的钢铁制造商。

这"四大巨头"，被称为"主宰美国的四大财富巨头"，他们为美国的财富梦想树立了经典丰碑。而他们的经历，是上至商业领袖，下至街边小贩竞相拜读的"生意圣经"。置身商海的年轻人渴盼能从他们的成功或者失败中学到些什么——经验是最好的老师。

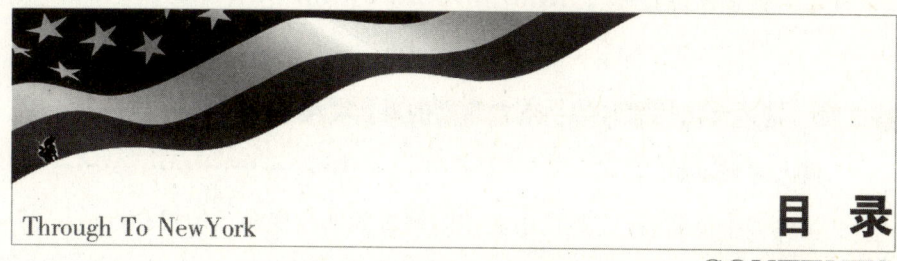

Through To NewYork

目 录
CONTENTS

第 一 卷

约翰·戴维森·洛克菲勒——资本主义世界的第一个亿万富翁

> 在美国乃至全世界的商业界中,用"家喻户晓,妇孺皆知"来形容洛克菲勒绝不为过,因为,"洛克菲勒"这四个字就是权力和财富的象征。
>
> 洛克菲勒家族迄今已繁盛了六代,成为"世界财富标记",他们与美国甚至国际政治经济都有着密切联系。

第一章 成功在于创造力——洛克菲勒的创业史 ·················· 5
  1. 第一个人生目标:成为一个有10万美元的人 ··············· 6
  2. 1分钱怎样变成100万 ······································· 8
  3. 步步为营,成就事业——用责任心赢得更多的财富 ······· 11
  4. 坚持主见,机遇面前,果断地做出决定 ···················· 14
  5. 财富=正确的想法+足够的时间 ···························· 17
  6. 培养强烈的"野心",赋予我们追求财富的动力 ·········· 19
  7. 吃亏是福,吃眼前的"小亏",换来未来的"大惊喜" ····· 24

8.人生如赌场,要敢于下注 ………………………………………… 26
9.第一道工序最重要 …………………………………………………… 29

第二章 富过六代的家族——洛克菲勒的赚钱心得 …………… 34

1.借人之财,谋己之富 ………………………………………………… 35
2.从失误中反省自己,危机中往往隐藏着能够改变命运的机会 …… 37
3.只有与众不同,才能在追求财富的道路上异军突起 ……………… 39
4.不做钱财的奴隶,而是要把钱财当做奴隶来使用 ………………… 44
5.受到不公平的待遇时,请保持沉默 ………………………………… 48
6.先让自己的脑袋富起来,口袋自然也就富起来了 ………………… 51
7.没有行动就没有结果 ………………………………………………… 55
8.做好人生的"减法",幸福与成功不能用物质的丰裕与否来衡量 … 58

第三章 成就伟大的习惯——洛克菲勒的启示 …………………… 68

1.善于找借口是懦弱者的行为 ………………………………………… 68
2.懂得装傻的人才是真聪明 …………………………………………… 74
3.做公益不单与钱相关,而是指你有一种乐善好施的心态 ………… 78
4.授人以鱼,不如授人以渔——洛克菲勒的"教子经" …………… 81
5.竞争与合作——所谓托拉斯 ………………………………………… 83
6.速度决定一切,时间就是金钱 ……………………………………… 86
7.专心致志,衷心喜爱从事的工作 …………………………………… 92
8.不要问自己能不能做得更好,要问自己怎么样才能做得更好 …… 94
9.创造力来自四个方面 ………………………………………………… 96

第二卷

约翰·皮尔庞特·摩根——像巨人一样支配着整个金融世界

> 约翰·皮尔庞特·摩根这个名字,人人皆知,在19世纪末20世纪初,他是华尔街的"朱庇特",民间的银行家,美国金融帝国的霸主,更是公认的"世界债主",他像巨人一样支配着整个金融世界。
>
> 1907年,华尔街面临崩盘的危难之际,他更是临危受命,凭借一己之力,发挥了相当于"中央银行"的作用。他力挽狂澜,稳定了美国的金融秩序,避免了国家经济的灭顶之灾。他是美国经济发展史上一个重要的人物。

第一章 与众不同的企业家——影响美国经济的摩根 ………… 105
 1. 父子协同作战,家族的重点培养 ………… 106
 2. 胸怀责任感,并为之扎实地奋斗 ………… 110
 3. 享受赚钱的过程,并热爱它 ………… 113
 4. 安全的捷径是不存在的 ………… 116
 5. 诚信——使他成为毫无质疑的领导者 ………… 119
 6. 喜爱读书到了极点的企业家 ………… 122
 7. 一个人只有实现了许多伟大的目标,才会感觉自豪 ………… 126
 8. 比工作更重要的事情,是找到工作之外的爱好 ………… 129

第二章 性格即命运——摩根的成功王道 ………… 135
 1. 资本比资金更重要,但最重要的是性格 ………… 136
 2. 归纳自己的性格,成功从认识自己开始 ………… 138
 3. 发现性格的独特优势 ………… 144
 4. 做擅长的事,想别人想不到的——成为新领域的精英 ………… 148

5.懂得人脉的重要性 ………………………………………… 153
6.金钱买不到品性,爱心胜过手腕 ………………………… 157
7.即便遭受伤害,也不要用伤害他人的方式补偿自己 …… 160
8.家庭生活的失败是任何工作上的成功所无法弥补的 …… 165

第三章 华尔街的"拿破仑"——"摩根的帝国"是如何建立的 ……… 168
1.利用信息情报,秘密掘金 ………………………………… 169
2.钢铁大联合,美国的盛事 ………………………………… 171
3.对付石油大王洛克菲勒 …………………………………… 173
4.成为世界的债主 …………………………………………… 175
5.一个人拯救一个国家 ……………………………………… 177
6.透视摩根豪宅 ……………………………………………… 183
7.海盗号——摩根和慈善事业的关系 ……………………… 185
8.纵横世界的摩根——国王陛下的表兄 …………………… 187

第三卷

亨利·福特——给世界安上轮子的汽车大王

> 亨利·福特是美国汽车工程师与企业家,福特汽车公司的建立者。他也是世界上第一位使用流水线大批量生产汽车的人,他的这种生产方式,使汽车成为一种大众产品。他不但革命了汽车工业生产方式,而且对现代社会和文化产生了巨大的影响。
>
> 美国学者麦克·哈特所著的《影响人类历史进程的100名人排行榜》一书中,亨利·福特是唯一上榜的企业家。

第一章　给世界安上轮子的人——亨利·福特 ······ 193
1. 童年开始时，南北战争硝烟正浓 ······ 194
2. 天才的"小机械师" ······ 196
3. 优先生产价格低廉的大众车 ······ 199
4. 崭新完善的"福特生产方式"——"流水装配法" ······ 201
5. 五美元革命，美国高薪制度历史性的第一笔 ······ 203
6. "福特王朝"的没落 ······ 205

第二章　天生的民间英雄——亨利·福特的影响力 ······ 208
1. 影响最大的书——《麦克加菲精选读本》 ······ 209
2. 天生的管理资质——总是有能力让别人为他做事情 ······ 212
3. 六美分的赔偿——保持自我没什么不好 ······ 214
4. 真诚的友情贯穿终身——汽车大王与发明大王 ······ 215
5. 抚慰了成百上千万的美国同胞——福特的魅力所在 ······ 217

第四卷

安德鲁·卡内基——放弃百万财富的钢铁大王

安德鲁·卡内基，美籍苏格兰人，卡内基钢铁公司（后来更名为"美国钢铁公司"）的创始人，也是一位杰出的慈善家。他因创建了美国历史上最强大、最有影响力的公司和晚年放弃自己的大部分财富，用于资助苏格兰、美国和世界各地的多所图书馆及学校而闻名。

第一章　苦难是成功的试金石——勤奋的钢铁大王 ······ 223
1. 刻苦的努力等来命运的垂青 ······ 224
2. 一个年轻人能够继承到的最丰厚的遗产，莫过于出生于贫贱之家 ··· 225

3.多一分信心,离成就大事就更近一步 ………………………… 230

4.爬上人生阶梯的第一步 ……………………………………… 234

5.怀着强烈的上进心,忠于自己的信念 ………………………… 235

6."越权行为"——审时度势,该出手时就出手 ………………… 237

7.平步青云,钢铁领域的第一桶金 ……………………………… 239

8.选用比他本人能力更强的人 ………………………………… 242

第二章 急流勇退——谜一样的安德鲁·卡内基 ………………… 248

1.过着幸福生活的人,他必定不是欲望的奴隶 ………………… 249

2.富人对社会有不可推卸的责任 ……………………………… 251

3.公益捐赠的最佳领域 ………………………………………… 252

4.要把所有的鸡蛋放入一个篮子,然后照管好这个篮子 ……… 254

5.安德鲁·卡内基成功的前提——我是自己命运的主人,灵魂的船长
……………………………………………………………………… 256

6.谜一样的钢铁大王 …………………………………………… 257

第一卷

约翰·戴维森·洛克菲勒

——资本主义世界的第一个亿万富翁

在美国乃至全世界的商业界中，用『家喻户晓，妇孺皆知』来形容洛克菲勒绝不为过，因为，『洛克菲勒』这四个字就是权力和财富的象征。洛克菲勒家族迄今已繁盛了六代，成为『世界财富标记』，他们与美国甚至国际政治经济都有着密切联系。

人物简介

1853年,他的家搬到了俄亥俄州的克利夫兰。

1855年9月,约翰·洛克菲勒中学毕业后,决定放弃升大学的机会,到商界谋生。16岁的洛克菲勒在经过六个礼拜的求职后,终于开始了他的第一份工作:簿记员。此时他的月薪是17美元。

1858年,洛克菲勒向父亲借款1000美元,加上自己积蓄的800美元,与比他大10岁的克拉克合股创办了一家经营谷物和肉类的公司。这一年,他年仅19岁。由于经营顺利,他第一年就做了4.5万美元的生意,净赚4000美元。到第二年年底,他们净赚1.2万美元,洛克菲勒分得6000美元。

1859年,宾夕法尼亚州开挖出世界第一口油井,无数的人疯狂涌进西北,数以千计的油井被胡乱开挖出来,其中自然也包括了邻近的克利夫兰。看到这种情况的洛克菲勒判断"原油价格必将大跌,真正能赚到钱的是炼油,而非钻油"。

1863年,克拉克与洛克菲勒两人终于行动,成立了克拉克·洛克菲勒公司,转向石油提炼投资,并揽入了另一位合伙人,化学家安德鲁斯。

1864年,洛克菲勒与劳拉·斯佩尔曼结婚,两人是之前在商业学校的班上认识的。他从此再没有第二段爱情关系。他们生育了四个女儿和一个儿子,这唯一的儿子也将在日后继承他的大部分事业。

1865年,洛克菲勒和老合伙人克拉克在经营方针上出现了严重纠纷,其结果是,洛克菲勒大量借债筹措现金,在拍卖会上以7.25万美元成功将克拉克的股权全数买下,而公司名亦改为洛克菲勒·安德鲁斯公司,克拉克从此离开公司。该拍卖常被后世视为整个石油历史上极为重要的一战。

1866年,揽入自己弟弟威廉姆·洛克菲勒为生意伙伴。

1867年,揽入亨利为另一合伙人,成立炼油公司,这即是日后"标准石油"的前身。

1868年,洛克菲勒的公司已在克利夫兰拥有两块炼油区,并在纽约设有一交易据点,成为世界上最大的炼油商。

1870年,洛克菲勒与人合办标准石油公司。

1865年,洛克菲勒初进石油业时,克利夫兰有55家炼油厂,到1870年标准石油公司成立时,只有26家生存下来。

1872年底,标准石油公司就控制了这26家中的21家,洛克菲勒的"石油帝国"日渐成形。

1882年1月20日,召开标准石油公司股东大会,组成9人的"受托委员会",掌管所有标准石油公司的股票和附属公司的股票,洛克菲勒被选为该委员会的委员长。就这样,洛克菲勒如愿以偿地创建了一个史无前例的联合事业——托拉斯。在这个托拉斯结构下,洛克菲勒合并了40多家厂商,垄断了全国80%的炼油工业和90%的油管生意。不久,托拉斯在全美各地、各行业如野火般迅速蔓延开来。显然,洛克菲勒成功地造就了美国历史上一个独特的时代——垄断时代。

1884年,洛克菲勒把标准石油公司总部由克利夫兰迁到纽约,成了全世界最大的石油集团企业。约翰·洛克菲勒也成了蜚声海内外的"石油大王"。标准石油公司几经更名,最后定名为美孚石油公司。

1892年,法院裁定美孚石油托拉斯为非法垄断企业,洛克菲勒被迫将其下财产转到分公司名下,但仍按原董事会集中经营。1899年,他又将分公司联合,成立了新泽西美孚石油公司。

1896年,57岁的洛克菲勒退休了。洛克菲勒退休后,几乎将全部的精力放到了发展慈善事业上。从19世纪90年代开始,他每年的捐款都超过100万美元。

1897年,洛克菲勒正式结束对标准石油的直接管理,但保持了大部分的股权。在他人生的后40年,他致力于慈善事业,主要是教育和医药领域。他出资成立洛克菲勒研究所,资助北美医学研究,包括根除十二指肠寄生虫和黄热病,也对抗生素的发现贡献甚大。难得的是,他对黑人族群非常关照,并斥巨资提升黑人教育,广设学校。今天的两所美国顶尖大学——芝加哥大学与洛克菲勒大学都是他创办的。现今的纽约市也处处可见洛克菲勒家族留下的地标,如联合国总部大楼、洛克菲勒中心等。

　　1913年,他设立了"洛克菲勒基金会",专门负责捐款工作。他的捐款总额高达5亿美元之多。后代沿袭他的做法,到1950年,洛克菲勒共捐赠25亿美元。以他名字命名的基金会培养了3个国务卿、12个诺贝尔医学奖获得者和众多的科学家。被称为"亚洲第一流的医学院"的中国北京协和医院即是洛克菲勒基金会捐款修建的。洛克菲勒一生总共捐助了约5亿5千万美元用于慈善事业。

　　1937年5月23日,98岁的洛克菲勒在他位于奥尔蒙德海滩的别墅里去世,后埋葬在故乡俄亥俄州克利夫兰的湖景墓园。在辞世之前,他完成了大部分财产的捐助,只留下2640万元的遗产,而且大都是国库券。他开创了美国慈善事业的新局面。

　　他的子孙继承了他的事业。洛克菲勒家族是美国十大超级富豪家族之一,也是当今美国最负盛名的家族之一。他的孙子纳尔逊·洛克菲勒曾当上了美国副总统,而他的另一个孙子大卫·洛克菲勒,则是赫赫有名的大银行家。

第一章

成功在于创造力

——洛克菲勒的创业史

> "眼光不好,看事物就会出现模糊的现象。要想成就大事业,没有远见是根本不行的。了解自己,知道自己的起点和目标,才能走上成功之路。没有目标的人,根本就无成果可言。为眼前一些小小成就而自鸣得意的人,往往会迷失前面的方向和目标。"
>
> ——约翰·戴维森·洛克菲勒

1.第一个人生目标:成为一个有10万美元的人

1839年7月8日,约翰·戴维森·洛克菲勒出生于纽约州哈得孙河畔的一个小镇。其祖上是法国南部人,为了逃脱政治迫害,举家迁移到美国以求发展。

洛克菲勒的父亲威廉·埃弗里·洛克菲勒几乎是无事不懂的"百事通",他自信、好冒险、善交际,任性而又自我。他长年在外以药贩身份游荡,同时,他还是木材商、马贩子,除此之外,他还出卖土地,买卖毛皮,贩盐,推销杂货等,但却没有多少收益。这个人称"大个子比尔"的父亲还是个讲究实际的花花公子,他的心思不在家庭责任上,导致家庭生活艰难。洛克菲勒的母亲伊莱扎·戴维森的性格与父亲截然不同,是一个虔诚的基督教徒,她勤快、节俭、朴实、家教严格,肩负着养家糊口的繁重任务,独自抚养着五个子女。

因为父亲长时间外出,洛克菲勒兄妹几个的教育主要由母亲承担。但父亲也一样望子成龙,并且他深谙世道,所以他常利用有限的时间,采用背离常规的方式教育孩子,以求他们能坚强而且精明,从而更好地适应这个残酷的社会。比如,在洛克菲勒小的时候,父亲常常让他从高椅子上纵身跳下,自己在下面接着。有一次当洛克菲勒跳下的时候,父亲并没有接他,于是,洛克菲勒重重地摔在地上,而父亲却严肃地对他说:"记住,决不要完全信任任何人,哪怕是你最亲密的人!"

这件事给洛克菲勒留下了深刻的印象,他时刻提醒自己要吸取这个教训。正因为有这样的经历,在日后的生意场上,洛克菲勒才能够始终保持冷静、警觉的头脑,避免失误。

就是用这种独特的教育方式,父亲教会了洛克菲勒许多实践的方法和实用的技能,尤其是做生意的原则和方法。在这样的环境熏陶下,洛克菲勒很小就表现出了自己的商业才能。在他七八岁时,他看到树林里面有一群小火鸡,便把它们弄回家精心养大,然后再把它们卖掉,从而做成了第一单生意,完成

第一卷·第一章
成功在于创造力——洛克菲勒的创业史

了首次创业。

这时的他已有了一个记账本,详细地记录着自己都参加了哪些劳动,以此作为向父亲要求报酬的依据。从12岁开始,他用这些积攒起来的钱作为资本,贷给邻居,并从中收取一定的利息。

洛克菲勒14岁的时候,他经常会在放学后到码头上闲逛,看那些商贩做生意,学习他们讨价还价的技巧和他们做生意的窍门。也就在这一时期,他为自己设定了第一个人生目标:成为一个有10万美元的人。

1855年,离高中毕业还有两个月的时候,因为父亲的原因,学习成绩不错的洛克菲勒不得不放弃学业。在随后的3个月里,他听从了父亲的建议,到克利夫兰的商业学校学习了簿记和一些商业贸易的基本知识。这使洛克菲勒受益匪浅,成为其人生中的宝贵财富。

为了寻找到一份前程远大的工作,他在克利夫兰的街上跑了几个星期,直到9月26日,洛克菲勒才入职休伊特·塔特尔公司,做了一名复式簿记员。从此,这个日子就成了他个人重要的纪念日。"就在那里,我开始了做生意的生涯,每周工资约4美元。"他回忆说。

由此我们可以看出,对刚刚开始的新工作,洛克菲勒有一定的优势。父亲早期对他进行的培训及在商业学校所学的专业知识,开始让"英雄"有了"用武之地"。

可见,你想要成为什么样的人,就必须要先定位和规划好自己的方向,树立起自己的梦想,让梦想为你的人生导航。

德州石油巨富亨特,从一个濒临破产的棉农成为一个亿万富翁,当有人询问他,有什么建议可以给那些想在财务方面取得成功的人们时,他说只有两件,"首先,你必须确切地决定你想实现什么,大多数人在一生中都不曾这样做过;其次,你必须确定自己为此要付出什么代价,并决心付出。"

人生的方向是相当重要的。有了一个好的方向,成功来得就会比想象中更快。所以,不管你是经营人生还是管理企业,好的方向永远是你成功的基石。如果方向是错误的,勇气终会成为"盲目蛮干"的代名词,"坚持不懈"也会与"固执己见"同义。在开始一项行动之前,请先审视一下自己以及周围的环境,然后自问:"这是一个好的方向吗?"只有方向正确,你的勇气和坚持不懈才会成为取得成功的有力武器。

2. 1分钱怎样变成100万

洛克菲勒的学生生涯到高二时就永远结束了——不是因为贫困,事实上,父亲行医赚了一些钱,他的学费是不成问题的。

那时,只有极少数的人能够读大学,一般家庭的孩子,到了高中毕业,就必须开始独立谋生了。在与洛克菲勒同时代的人中,鲜有人上过大学的。

此外,他辍学的另一个原因,恐怕就是他对商业社会的向往,以至于如此迫不及待地想加入其中。他知道,人生只有靠自己,做生意要趁早,要在别人还没有开始的时候抢得先机。

洛克菲勒居住的克利夫兰是一个人口大约三万的新兴城镇,交通四通八达,随之而来的是商业的兴旺,吸引了许多新移民从外地赶来定居。小镇在迅速扩大,似乎遍地都是发财的机会,让年轻人热血沸腾,跃跃欲试。

十六岁的洛克菲勒充满信心地告别学生时代,开始他的"淘金梦"。在酷热的夏天,他踌躇满志地翻开全城的工商企业名录,仔细寻找那些知名度高的公司,虽然他高中没有毕业,毫无工作经验,但他坚信,只有那些大公司才适合自己,而且他从来没有改变过这个想法,去了银行、铁路公司及批发公司,对那些名不见经传的小企业,他根本就没有考虑。

他去那些繁华的商业区找工作,没有丝毫的胆怯。他总是直接要求见老板,或是一个真正管事的人,对那些助理一类的人,他从不和他们多费口舌,而是直截了当地说:我懂会计,我要找个活干。

第一卷·第一章
成功在于创造力——洛克菲勒的创业史

当然,一个高中都没毕业又没任何工作经验的人,一再的碰壁是理所当然的。但洛克菲勒却不气馁,每天早上八点钟,他穿戴整齐,开始了新一轮的预约面试,有些公司他甚至去了三四次,换了别人,早就放弃了,不过洛克菲勒是一个倔强的人,困难越大,他的斗志就越高,决心也越坚定。

每个人都有过求职的经历,而且对大多数人来讲,这样的经历不会是特别愉快的。对洛克菲勒来讲,他的这段求职经历却是他一生最为宝贵的财富。那个炎热的夏天,成为洛克菲勒一生事业的开始。他回忆说:"路面又热又硬,我不得不走很长的路,常常双脚发痛。那时候,父亲曾对我说,如果我找不到事做,就叫我回乡下去,那是我所不愿的。我不想依靠任何人,而且也坚信自己一定能找到一份好工作。那时我每天都安排得满满的,我的工作就是'找工作'。"

这场面试的"持久战"持续了6个星期,他从没有放弃。终于有一家商行愿意录用洛克菲勒为记账员,从此开启了他传奇致富的一生。约翰·洛克菲勒在他33岁那年赚到了他人生的第一个100万,到了43岁,他建立了一个世界最庞大的垄断企业——美国标准石油公司。

洛克菲勒之所以能在看似不可能的情况下找"可能",之所以遭遇多次挫败都不放弃,在于他内心深处的信念非常坚定。当然,现在我们不提倡一定要去所谓的大公司和看似辉煌的平台,但是我们应该学习洛克菲勒这种下定决心就去做,不跟风、不动摇的精神。

遭遇挫折并不可怕,可怕的是因挫折而产生的对自己能力的怀疑。只要精神不倒,敢于放手一搏,就有胜利的希望。但是很多人在困难面前,还没有付出自己最大的努力,便急忙放弃。世上无难事,只怕有心人。只要你有战胜困难的一颗心,那么,就没有什么是难的。在说一件事情难之前,我们首先应该问问自己,你已经竭尽全力了吗?

我们之所以说一件事情很难,往往是因为我们并没有尽到自己最大的努力。虽然我们嘴上说自己已经"尽力"了,其实我们的能力还没有完全发挥出来。之所以说难,其实只是自己不愿意战胜困难的一种借口而已。

直达纽约
——主宰美国经济命脉的4大豪门

24岁的海军军官卡特应召去见将军海曼·李科弗。将军让卡特挑选任何他愿意谈论并且擅长的话题,然后将军再和他去讨论。结果每次将军都将他问得直冒冷汗。卡特才发现自己懂得实在是太少了。在谈话结束的时候,将军问他在海军学校的学习成绩怎样,卡特立即自豪地说:"将军,在820人的一个班中,我名列59名。"将军皱了皱眉头,问:"为什么你不是第一名呢,你竭尽全力了吗?"此话如当头一棒,影响了卡特的一生。

此后,卡特做任何事情都竭尽全力,后来竟成为了美国总统。竭尽全力,就是要把意识的焦点对准如何解决问题,不给自己任何敷衍和偷懒的借口。

士光敏夫是影响日本经济界的人物之一。他在重整东芝公司时,遇到了资金不足的困难。因为当时正处于战后恢复时期,要筹到足够的资金,简直难于登天。别说是筹到足够的资金,就是筹一小部分的启动资金也是不可能的。他去银行申请贷款,但银行部长却对他爱理不理。经过他不断的努力,部长的态度比以前好了些,但对贷款的事情却绝口不提。

但是时间不会停止等待他去筹钱,如果在两天内仍然没有资金投入,那么,公司将不得不全线停工。

士光敏夫想了很久,终于决定破釜沉舟,一定要迫使部长答应贷款给他。他让秘书给他拿来一个大包,又在街上买了两盒盒饭放在大包里面,然后提着大包赶到银行。一见部长,他就开始跟部长谈贷款的事情。但对方仍是不答应。双方又展开了一场舌战,不知不觉已经到了下午下班的时间。部长一看下班了,如释重负,提起公文包就准备回家吃饭。不料士光敏夫却从大包里拿出盒饭说:"部长先生,我知道你工作辛苦了,但是为了我们能够长谈,我特意把饭准备好了,希望你不要嫌弃这寒酸的盒饭。等我们公司好转后,我们会再次感谢你这位大恩人。"面对士光敏夫这样的"执著",部长真是无可奈何。但也正是因为士光敏夫的这份坚毅,部长最终批准了他的贷款申请。

在面对一些困难的时候,我们往往认为自己已经尽力了,但实际上我们并没有竭尽全力。我们之所以说事情艰难,就是因为我们没有尽到自己的最大努力,实际上我们并没有把全部潜力发挥出来。

所以，面对问题和困难的时候，我们永远不要先说难，而要先问一问自己是否已经竭尽全力。

难，是我们用来拒绝努力的常用理由。但是，问题真的是那么难解决吗？关键的一点，就是先把"不可能"的想法放在一边，而只想自己是否已完全尽力，是否想尽了一切办法、尽了一切"可能"。

如果将心灵的焦点对准"难"，那么大脑也会随后找出千万个理由，证明这件事真的很"难"，人就很容易屈服，面对如此"难"的问题很自然地就产生畏惧心理。畏惧使人无法冷静地应对问题，甚至导致行动的瘫痪。

所以，当你面对困难的时候，先不要管这有多难，而是要先想想自己是否已尽了最大努力，这样，你就会把注意力集中在尽力挖掘自己的潜能上，这样反倒更容易解决问题。

3.步步为营，成就事业——用责任心赢得更多的财富

在休伊特·塔特尔公司，洛克菲勒工作兢兢业业、认真刻苦，而且练就了对数字敏锐的洞察力，他的账簿做得条理清楚、毫无差错，让老板另眼相看。

除了做好本职工作外，洛克菲勒还经常为公司的经营出谋划策。有一次，公司高价购进了一批大理石，但是，当货物运到后，打开包装时竟发现石材上有大片的杂色，影响使用和销售。面对即将蒙受的经济损失，公司老板垂头丧气，无计可施。这时，洛克菲勒给老板提出建议，让老板把责任归结到货物运输上，向负责此次运输的三家运输公司分别提出赔偿要求。这样一来，公司得到的赔偿款将比原来高出两倍，不赔反赚。洛克菲勒的才能颇得老板赏识，加薪也就在情理之中了。

第二年，洛克菲勒仍然做原来的工作，但他的月薪已经涨到25美元。洛克

直达纽约
——主宰美国经济命脉的4大豪门

菲勒并没有满足这样的待遇,而是抓紧时间学习各方面业务及与公司业务相关的文书工作,为以后的发展做积极有效的准备。

休伊特·塔特尔公司是一家相对较大的公司,业务范围广且多,经常进行各种各样的谈判和交易。同时,老板和各级主管都是在办公室里面讨论公司事务,制订工作计划,做出经营决策,而洛克菲勒则会一直在现场旁听,并不时地参与其中。这是一个难得而且重要的学习机会,因此,这段时期洛克菲勒所受的锻炼及学习到的东西也非常多,为他以后的发展打下了良好的基础。

洛克菲勒的直接上司是公司的总簿记员,第一个财政年度结束就离开了公司。洛克菲勒因为表现优秀,受命接任了文书和簿记工作,年薪500美元。

由于经常在公司处理递送账单、收租金、处理索赔之类的工作,洛克菲勒有更多机会接触到各种各样的人,也就促使他必须学会怎样和不同阶层的人打交道,并使其与公司保持良好的关系。例如,大理石的运输会涉及铁路、运河、湖泊运输,而在运输过程中出现货损货差是在所难免的,这就要涉及到索赔的问题。对年轻的洛克菲勒来说,如何处理才能使得相关各方满意,确实需要费一番脑筋,但是他做到了,正如他回忆所说:"在我的印象中,我从来没有和承运人有过任何纠纷。"

在公司工作的第三年,19岁的洛克菲勒做了一件令全公司轰动的事情。一个偶然的机会,他在无意中听到了一则关于英国即将发生饥荒的新闻。具有敏锐商业头脑的洛克菲勒立即意识到这是一个难得的商机,决心抓住它,但是公司的老板等上层领导却不以为然。于是,洛克菲勒便自作主张,大量收购粮食及其他食品储存起来,以备不时之需。为此,老板极为不满。但没过多久,那则新闻得到了证实,英国真的发生了饥荒。由于洛克菲勒已经囤积了大量的粮食及其他食品,公司迅速组织货运,第一时间将这些货物销往英国,洛克菲勒这次为公司创造了巨额的利润。一时间,洛克菲勒在当地声名鹊起,成为街头巷尾最传奇的议论对象。

可见,有时候,除了做好本职工作外,多做点分外的工作,非但不至于让你吃亏,还能给你意外的机遇。而这分外的工作的完成者,就是像洛克菲勒一

第一卷·第一章
成功在于创造力——洛克菲勒的创业史

样具有责任心和敬业精神的人。

美工安泰公司是一家行业信息和图书出版公司,总部位于纽约洛杉矶的一个小镇上。公司的每一名员工都责任心十足,常常提出一些让其他公司匪夷所思的小建议,正是这些细节性的小建议,让美工安泰公司每年的经营成本比同行企业降低了一个层次,公司亦成为同行业中竞争力最强的公司之一。

一次,一个运务员建议说,公司在下一次重印一种图书时,应该考虑适当缩减成品纸张的尺寸,那样在交付海运时,就可以将运费费率降低一个档次。公司采纳了他的建议,结果仅仅在第一年度,就节省了50万美元的运费。

公司主席马丁·埃德斯顿感慨地说:"我在图书邮购业已经干了23年,却从来不知道还有个第四类邮件运费费率,但是,每天负责运送图书的人对这个再清楚不过了。"

在职场,任何有责任心的员工,不管他在哪个岗们,无论他是成功还是失败,都更容易受到老板的器重,有更多机会成为职场中的"红人"。

由洛克菲勒创办的美国标准石油公司是当时世界上最大的石油生产、经销商,那时每桶石油的售价是4美元,公司的宣传口号就是:每桶4美元的标准石油。

洛克菲勒的公司有一个名叫阿基勃特的基层推销员,无论他外出、购物、吃饭、付账,甚至给朋友写信,只要有签名的机会,他都不忘写上"每桶4美元的标准石油"。有时,阿基勃特甚至不写自己的名字,而只写这句话代替自己的签名。

时间久了,同事们都开玩笑地称他为"每桶4美元"。4年后的一天,洛克菲勒无意中听说了此事,非常赞赏,于是邀请阿基勃特共进晚餐,并问他为什么这么做。阿基勃特说:"这不是公司的宣传口号吗?"

洛克菲勒说:"你觉得工作之外的时间里,还有义务为公司宣传吗?"阿基勃特反问道:"为什么不呢?难道工作之外的时间里,我就不是这个公司的一员吗?我多写一次不就多一个人知道吗?"

洛克菲勒对阿基勃特的举动大为赞赏,并开始着意培养他。又过了5年,

直达纽约
——主宰美国经济命脉的4大豪门

洛克菲勒卸职,他没有将第二任董事长的职位交给自己的儿子,而是交给了阿基勃特。这一任命,出乎所有人的意料,包括阿基勃特自己。

其实,人们不应该感到意外,一个把公司的命运时刻放在自己心里的人,自然会受到老板的信赖;一个有一分热便发一分光的人,老板自然敢把公司要务托付给他。

事后的结果证明,洛克菲勒的任命是一个英明的决定,在阿基勃特的领导下,美国标准石油公司更加兴旺繁荣。

4.坚持主见,机遇面前,果断地做出决定

当时,克利夫兰有一个叫克拉克的年轻英国商人,他比洛克菲勒年长10岁左右,手头有2000美元的资金,想寻找合伙人开一家公司。洛克菲勒成为他的第一人选,因为当时的洛克菲勒在当地家喻户晓,是公认的商业"神童"。

得到这个消息的洛克菲勒很振奋,他非常想和克拉克合作,但是有一点成为了他的制约,就是克拉克希望合伙人也能提供2000美元作为投资。此时的洛克菲勒只积攒了七八百美元,关键是如何凑够剩下的钱。于是,洛克菲勒找到自己的父亲。父亲告诉洛克菲勒,他为每一个孩子都准备了1000美元,但是需要等到他们21岁时才能交给他们,如果洛克菲勒想现在拿这笔钱的话也可以,但是在满21岁前,必须向他支付10%利息。当时,对此类贷款,10%的利息远远高出银行的贷款利率。

但急需这笔钱的洛克菲勒欣然接受了父亲的条件,拿到了1000美元,加上自己的积蓄,他如愿以偿地成为了克拉克新公司的合伙人。

新成立的公司叫克拉克·洛克菲勒公司,主要经营谷物和肉类。这是洛克菲勒生平所办的第一家公司。公司的两个合伙人分工明确,配合得当。两个人合作默契,克拉克负责采购和销售,洛克菲勒负责融资和记账。克拉克对洛克

第一卷·第一章
成功在于创造力——洛克菲勒的创业史

菲勒的做事风格十分欣赏,因为洛克菲勒做生意总是雄心勃勃、信心十足,做人言而有信、待人诚恳,做事有条不紊、不差分毫。由于经营顺利,克拉克·洛克菲勒公司成立的第一年就做了4.5万美元的生意,第二年形势更加喜人,净赚1.2万美元,洛克菲勒分得6000美元。

1858年8月,德雷克成功找到石油。消息不胫而走,大批有着发财梦的投机者迅速涌入宾夕法尼亚地区,一时间,当地井架林立,原油产量飞速上升。尽管后来洛克菲勒对石油业有极度的狂热,可他在一开始并没能充分认识到石油业的发展潜力和商业价值,他还是把主要精力放在农产品贸易上。

他分析,原油的产量大幅飙升,而石油需求有限,油市的行情必定下跌。事情的发展果然不出洛克菲勒所料,由于疯狂地开采,供大于求,导致油价一跌再跌,相当多的"钻油先锋"无力支撑下去,纷纷落败。

出乎意料的是,在3年后,原油再次暴跌的时候,洛克菲勒却逆势而进,大举投资石油。他与克拉克共同投资4000美元,和当时在炼油厂工作的安德鲁斯合伙开设了一家炼油厂。安德鲁斯是一位技术型搭档,他采用一种新技术提炼煤油,使得油厂的发展十分迅速。

当时的照明主要是靠松脂和鲸油,但是由于美国内战的爆发,南北方成了敌对的两大阵营,南方由此中断了对北方的松脂供应;同时,战争还带来了一个直接影响,就是打击了捕鲸业,致使鲸油的价格成倍增加。而从石油中提炼的煤油刚一问世,便很快得到广泛地使用。煤油成为紧俏的商品,这也促使了石油业的快速发展。

回头看看,如果当时洛克菲勒没有向父亲借贷,那么他也不会成就后来的"石油帝国"。可见,善于抓住机会,培养果断的决策能力多么重要。洛克菲勒认为,想要致富,就一定要懂得在适当的关头果断地做出决定,哪怕是看似吃亏的决定,也能用"吃小亏"来换得日后的长远利益。

加拿大人琼尼·马汶读高二年级时,学习总是很费力。一位老师告诉这个16岁的少年:"孩子,你一直很用功,但进步却不大,看起来你有点力不从心,

直达纽约
——主宰美国经济命脉的4大豪门

再学下去,恐怕你就是在浪费时间了。"马汶听完,哭着说:"我爸爸妈妈一直巴望我有出息,如果那样,他们会难过的。"

老师用一只手抚摸着孩子的肩膀,"工程师不识简谱,画家背不全化学元素表,这都是可能的,但每个人都有特长——你也不例外,终有一天,你会发现自己的特长。到那时,你的爸爸妈妈就会为你骄傲自豪了。"

后来,马汶就替人整建园圃,修剪花草。时间一长,雇主们开始注意到这小伙子的手艺。凡经他修剪的花草无不出奇地繁茂美丽,雇主们称他为"绿拇指"。

一天,马汶发现一块污泥浊水的垃圾地,想把它改建成一个花园。于是,他来到市政厅,凑巧碰到了一位参议员,他把自己的想法告诉了对方。

"市政厅缺这笔钱。"参议员说。

"我不要钱,"马汶说,"只要允许我办就行。"

参议员大为惊异,他从政以来,还不曾碰到过哪个人办事不要钱呢。他把马汶带进了办公室,当即办妥批准手续。

当天下午,马汶就拿着工具、种子、肥料来到垃圾地,一位热心的老朋友给他送来必需的树苗,一些相熟的雇主请他到自己的花圃剪取花枝,有的则提供篱笆用料……

不久,这块肮脏的污秽场地就变成了一个美丽的公园:绿茸茸的草坪,蜿蜒曲折的小径……附近的人们享受着公园里那份安逸和舒适,经常夸赞公园的创建人——琼尼·马汶。

不错,马汶至今不懂拉丁文,微积分对他更是个未知数,但园艺却是他的特长,今天的他已经成为了一名园艺家。

如果你的确想致富,请记住:这个世界真正的领军人物,总是那些善于把握机会并真正利用机会的人。而机会的威力是无形的、看不到的,这些领军人物把机会转变成了摩天大楼、工厂、娱乐场所,以及可以将生活变得轻松、快捷、美好和更加舒适的形形色色的便捷形式。

在你打算要获取这些财富的时候,不要让任何人把你看作一个梦想家。要想在这个瞬息万变的世界赢得胜利,你就必须具备伟大的先驱精神。那些领军人物把他们所有的梦想都赋予了这个文明社会,正是他们的那种先驱精神构成了维系整个文明社会生命的血液,同时,他们还竭尽全力开发和利用自己的才能,为这个文明社会添砖加瓦。

拥有实践强烈的欲望是放飞梦想的起点,冷漠、懒惰和没有志向者,都不会萌生梦想。如果你想要做的事情是正确的,你就要相信它,就要马上行动去实现它。如果你遇到了暂时的失败,也不要介意别人说什么,别人不会明白,你的每一次失败都同样会成为你的成功机会。所幸的是,现在的"梦想家"们的结局要好多了。当今的世界存在着很多的机遇,而这是过去的"梦想家"所永远无法想象的。

5.财富=正确的想法+足够的时间

很多人都希望从名人的身上找到能够走向成功的捷径,为此,比尔·盖茨毫不吝啬地给出了他自己的"人生公式":财富=正确的想法+足够的时间。

可是,这样的人生秘诀让每一个希望得到成功指引的人都觉得莫名其妙。人们可能会想:成功应该靠的是机遇、运气、智慧或者其他更加神圣的因素,怎么可能单单凭借"想法"和"时间"就能够获得成功呢?

洛克菲勒用他的观点给人们提供了一个参考答案,他说:即使是把我现在所有的财产都拿走,把我脱个精光放在沙漠里,只要给我足够的时间和一支经过沙漠的商队,我也会很快再次成为百万富翁。所以,真正能够指引你成功的,不是你现在的财富和经验,而是你面对生活的想法。

正如在西方人当中一直流行的一句话:世界上最大的未开发资源不是南极洲或者非洲沙漠,而是你的帽子下面。洛克菲勒就是凭借他脑子当中的"想法",经过了几十年的历练,形成了开阔的思路和"想法决定一切,想法能够改变一切"的积极心态。

直达纽约
——主宰美国经济命脉的4大豪门

只要有了想法,并且有了将想法付诸行动的意志,你就能够走向成功。没有机遇,你可以趁势制造机遇;没有财富,你可以寻找合作伙伴;没有人脉,经过努力之后,你也能建立起属于自己的关系网……世界上的财富都是依靠"思路"来做牵引的,没有一种成功不是由"想法"来塑造的。

在威斯敏斯特大教堂的地下室里,英国圣公会的墓碑上刻着这样的一段话:

当我年轻的时候,我的想象力从没有受过限制,我梦想改变这个世界。

当我成熟以后,我发现我不能够改变这个世界,我将目光缩短了些,决定只改变我的国家。

当我进入暮年以后,我发现我不能够改变我的国家,我的最后愿望仅仅是改变一下我的家庭。但是,这也不可能。

当我躺在床上、行将就木时,我突然意识到:如果一开始我仅仅去改变我自己,然后作为一个榜样,我可能改变我的家庭;在家人的帮助和鼓励下,我可能为国家做一些事情。

然后,谁知道呢?我甚至可能改变这个世界。

这段文字令许多世界政要和名人感慨不已。当年轻的曼德拉看到这篇碑文时,顿时有醍醐灌顶之感,觉得从中找到了改变南非甚至整个世界的金钥匙。回到南非后,这个志向远大、原本赞同"以暴抗暴"来填平种族歧视鸿沟的黑人青年,一下子改变了自己的思想和处世风格,他从改变自己、改变自己的家庭和亲朋好友着手,历经几十年,终于改变了他的国家。

撬起世界的最佳支点不是整个地球,不是一个国家、一个民族,也不是别人,而只能是你自己的心灵。

有人说,思维才是人生最大的财富。爱因斯坦也说:人们解决世界的问题,依靠的是大脑和智慧。所以,撬起世界的支点,不会是外在的环境,不会是你所拥有或者一直羡慕的财富,而是你的想法,你的思路。

在生活中,我们常常会看到一些人因为失败而伤心难过,也有一些人对成功有着强烈的渴望,但是外界环境却总是阻挠他们实现梦想的脚步。爱情不顺利,工作不理想,生活太平淡,年轻的激情找不到释放的出口,所以他们心里会觉得格外郁闷。于是,很多人开始烦躁不安、夜不能眠、食不知味,巨大的精神压力让他们感受不到生活的快乐。

可是,我们有没有想过,为什么会这样呢?为什么我们总是在承受生活的煎熬呢?关键就在于我们的想法,我们对待生活的态度。我们一直在悲观地面对生活,当承受压力的时候,首先告诉自己的不是应该怎样去面对压力,而是很快地进入"自我否定"模式,总觉得自己无力承担生活的痛苦,更加无力扭转生命中的困境。

柏拉图说:"思维是灵魂的自我谈话。"我们的思想告诉我们下一步的方向,决定着我们的行为,也间接决定着事态的发展。永远拥有积极正向的思维,时刻进行正向思考,我们就能时刻怀有积极的信念,拥有持续的力量去牵引身边的一切朝着积极的方向发展,为自己踏出一条美好、宽阔的人生之路。

开始改变那些愚蠢的想法吧。生活是可以按照我们自己的思路去设计的。所以当你给予自己积极的心态时,你就会发现,成功离我们并不遥远,财富也不会只在梦想里陪伴我们。

6.培养强烈的"野心",赋予我们追求财富的动力

洛克菲勒认为:"有一股力量能够使你马到成功,随心所欲,不管你曾经遭遇过什么障碍、阻挠、挫折、失败,有了这一股力量,你就能排除万难,勇往直前,直叩成功之门。"

——这股力量来自你强烈的"野心"。

战后繁荣的经济给洛克菲勒带来了无限机遇,他与炼油专家塞谬尔·安德鲁斯合作成立了石油公司,公司主要是把西部的石油运到纽约等东部地

直达纽约
——主宰美国经济命脉的4大豪门

区。勘探石油等工作在石油工业中被称为"上游工业",而精制和销售则属"下游工业"。随着"下游工业"的兴盛,洛克菲勒决定垄断"下游工业",因为克利夫兰出现了50多家炼油厂,无疑洛克菲勒从此一头撞进了"黑金之河"。公司经历了拆伙、加入新合伙人,以及与铁路公司的秘密运费折扣风波之后,为了实现自己垄断的理想,热衷于公司间联合的洛克菲勒联合了两位资金雄厚、信誉很好的投资合作者。3年之后,也就是1870年1月10日,洛克菲勒创建了标准石油公司,这家新公司光资本额就达100万美元。

洛克菲勒身为公司创办人和总裁,获得了公司最多的股权。标准石油公司拥有科学的管理、精细的经营、高质量的产品,所以它很快赢得了声誉,也具备了坚实的竞争能力。洛克菲勒放言:"总有一天,所有的炼油和制桶业务都要归标准石油公司。"在占领市场的同时,为了取得高额垄断利润,洛克菲勒还利用国外廉价的劳动力,"掠夺"国外丰富的石油资源,他的财富主要来源于亚非拉地区的石油。

到1935年,洛克菲勒已成为名噪世界的"石油大王",因为他控制了海内外大约200家公司,资产总额达到66亿美元,就是他的私人财产,也超过了15亿美元。

26个竞争对手中,洛克菲勒在一个多月的时间里就吞并了22个,接着他就开始大肆收购费城和匹兹堡的炼油厂。1875年巴尔的摩收购战完成后,洛克菲勒垄断了全美煤油市场,他如愿以偿成为全美炼油业唯一的主人。

洛克菲勒并不满足于只在克利夫兰的垄断,他想要控制整个美国的石油,甚至控制整个世界的石油。

为掌管所有标准石油公司的股票和附属公司的股票,洛克菲勒在1882年1月20日召开标准石油公司的股东大会,组成9人的"受托委员会"。洛克菲勒理所当然地成为该委员会的委员长。随后,"受托委员会"发行了70万张信托证书,仅洛克菲勒等4人就拥有总数的2/3。就这样,洛克菲勒如愿以偿地创建了一个史无前例的联合事业——托拉斯。在这个托拉斯结构下,洛克菲勒合并了40多家厂商,垄断了全国80%的炼油工业和90%的油管生意。

美国历史上一个独特的时代——垄断时代,也可以说是洛克菲勒成功造

第一卷·第一章
成功在于创造力——洛克菲勒的创业史

就的。因为托拉斯迅速在全美各地、各行业蔓延开来,在很短时间内,这种垄断组织经济就占了美国经济的90%。洛克菲勒"石油帝国"的实力迅速增长,他也不再满足仅在石油上的成就,触角开始伸展到金融、公用事业和一些工业部门。洛克菲勒依靠庞大的"石油帝国"和巨大的金融实力做后盾,大大加强了其在美国金融界的地位和影响。

由此可见,强烈的"野心"赋予我们追求的动力和坚强自信的能力。改变贫穷,必须从更新观念开始。敢于树立致富的"野心",培养致富欲望,并为之不懈奋斗,这样,你就一定能够成功。

巴拉昂曾是一位媒体大亨,以推销装饰肖像画起家,他完成从穷人到富人的蜕变,只用了短短的10年时间。10年之后,他就迅速跻身于法国50大富翁之列,最后他因前列腺癌于1998年在法国博比尼医院去世。临终前,他留下遗嘱,把4.6亿法郎的股份捐献给博比尼医院,用于前列腺癌的研究;另有100万法郎作为奖金,奖给揭开"贫穷之谜"的人。

其遗嘱刊出之后,这家媒体收到大量的信件,有的骂巴拉昂疯了,有的说是这家媒体为提升发行量在炒作,但是多数人还是寄来了自己关于"贫穷之谜"的答案。

在这些答案中,很多人认为穷人最缺少的是金钱。这个答案占了绝大多数。有了钱就不再是穷人了,这似乎是不需要动脑筋就能想出来的答案。也有一部分人认为,穷人最缺少的是帮助和关爱,人人都喜欢关注富人、明星,对穷人总是冷嘲热讽,不重视。另一部分人认为,穷人最缺少的是技能。现在能迅速致富的都是有一技之长的人,一些人之所以成了穷人,就是因为他们学无所长。还有的人认为,穷人最缺少的是机会。一些人之所以穷,就是因为时机不对,股票疯涨前没有买进,股票暴跌后没有抛出,总之,穷人都穷在没有好运气上。还有一些其他的答案,比如,穷人最缺少的是漂亮,是皮尔·卡丹外套,是总统的职位,是沙托鲁城生产的铜夜壶,等等,总之,答案五花八门,应有尽有。

那么正确答案是什么呢?在巴拉昂逝世周年纪念日上,他生前的律师和

直达纽约
——主宰美国经济命脉的4大豪门

代理人按巴拉昂生前的交代,在公证人员的监督下打开了那只保险箱,在48561封来信中,有一位叫蒂勒的小姑娘猜对了巴拉昂的"贫穷之谜"。蒂勒和巴拉昂都认为穷人最缺少的是"野心",即成为富人的"野心"。在颁奖之日,这家媒体带着所有人的好奇,问年仅9岁的蒂勒,为什么想到的是"野心"?蒂勒说:"每次,我姐姐把她11岁的男朋友带回家时,总是警告我说不要有'野心'!不要有'野心'!我想,也许'野心'可以让人得到自己想得到的东西。"

巴拉昂的谜底和蒂勒的问答见报后,引起不小的震动,其影响力甚至超出法国,影响到了英国和美国。即使是一些好莱坞的新贵和其他行业几位年轻的富翁在就此话题接受电台的采访时,都毫不掩饰地承认:"野心"是永恒的特效药,是所有奇迹的萌发点;某些人之所以贫穷,大多是因为他们有一个无可救药的弱点,即缺乏"野心"。

一台现场直播的综艺晚会上,正在进行一个叫"童言无忌"的节目。一群五六岁的孩子依次回答主持人的提问,孩子们的回答充满童趣。最后一个问题是:"长大了你想干什么?"一个六岁的男孩迫不及待地大声说:"我想当总统。"主持人追问他:"你想当哪个国家的总统呢?""美国总统!"听到这里,在场的观众都为之大笑。然而,令所有在场的大人们更难忘的,是他的最后一句话,"让美国不再打仗!"

童言稚语不得不引起我们的感慨,连小孩都有敢想的"野心",我们这些成年人究竟是怎么了?"野心"是每个人都拥有的财富,是你在这个世界上唯一值得自豪的东西。你将会注意到,你身边的一切都是从你的"野心"开始的。

富人最大的资产就是敢想敢做。你的头脑就是你最有用的财富。成功者从不墨守成规、坚守现状,而是积极思考,千方百计创新突破。

诺贝尔文学奖得主加西亚·马尔克斯回答他如何走上写作的道路时,曾这样说:

第一卷·第一章
成功在于创造力——洛克菲勒的创业史

"有一天晚上,我回到我住的公寓,开始读弗朗茨·卡夫卡的小说《变形记》。读了第一行,我差点从床上掉下来。我非常惊讶,书上写道:'一天早晨,格里高尔·萨姆沙做了一个令人惊扰不安的噩梦后醒来,他发现自己在被窝里变成了一只可怕的大甲虫……'读了这一行,我就想:'难道可以这样写吗?'如果我早点知道可以这样写的话,我早就干写作这一行了。因此,在读了卡夫卡的作品后,我立即开始写小说了。"

类似于马尔克斯这样受到某种启发,从而激活智慧、焕发雄心的能人很多很多。相信你能做到,你就做得到。亿万富翁亨利·福特曾说,"思考是世上最艰苦的工作,所以很少人愿意从事它。"

洛克菲勒在谈到他成功的秘诀时,认为:"导致人们成功致富的要素不是资本,不是财富,不是关系,更不是那些看起来金光闪闪的东西,而是我们的内心。在我们的内心中,积极的心态和肯定的价值观是导致人们致富成功的重要因素。"

真正有敢于追求大成功的"野心",绝对是一种积极的心态。美国成功学院对1000位世界知名富人的研究结果表明:积极的心态决定了成功的85%。美国联合保险公司董事长斯通指出:"你随身带着一个看不见的法宝,这个法宝的一边装饰着4个字:'积极心态',另一边也装饰着4个字:'消极心态'。这个法宝有两种令人吃惊的力量,它有获得财富和成功的力量,也有排斥这些东西的力量。积极的心态是一种力量,可以使人攀登到顶峰,并且逗留在那里;消极的心态也是一种力量,可以使人在他们整个人生中都处于底层。当有些人已经到达顶峰的时候,正是消极的心态把他们从顶峰拖下来的。"

绝大多数人都无法让自己的心态控制周围的环境,而是让环境左右着自己的心态;当人们遇到顺境时,他们的心态就会变好,而在情况不顺利的时候,他们的心态就会变得非常恶劣。这样的人生态度是不对的。人应当有坚强的意志,不管情况是好是坏,都应该保持良好的心态。

任何事物都有积极的一面和消极的一面,这就要看你的心态是积极的还是消极的。如果你的心态是积极的,你看到的就是乐观、进步、向上的一面,你的人生、工作、人际关系及周围的一切就都是成功向上的；如果你的心态是消极的，你看到的就是悲观、失望、灰暗的一面，你的人生自然也就乐观不起来。

人与人之间只有很小的差别，但这种差别却往往造成了人生结果的巨大差异：很小的差别就是都有积极的心态和消极的心态，巨大的差异就是结果的成功与失败。虽然有了积极的思维并不能保证事事成功，但积极的思维肯定有助于改善一个人的日常生活。虽然积极的思维并不能保证你凡事心想事成，可是，若你持相反的态度，则必败无疑，实行消极思维的人必不能成功。

7.吃亏是福，吃眼前的"小亏"，换来未来的"大惊喜"

其实，天下没有白吃的亏，有付出必然有回报。如果一个人能够心平气和地"吃亏"，就容易得到别人的认可与尊重，从而在未来收获更多的惊喜。

第二次世界大战后，战胜国决定联合起来，成立一个专门处理世界各国事务的联合国。可联合国的总部设在什么地方，各国的意见却达不成一致。按理说，联合国的总部应该设在一个发达国家的中心区。可是，一来任何国家的中心区都很难找到这样一大片土地，二来即便真的找到了土地，联合国根本没能力支付购买土地的巨额资金。

正当大家都束手无策时，著名的"石油大王"洛克菲勒听到了这个消息。他马上斥巨资870万美元在世界级大都市纽约的黄金地段买下了一大片土地，同时将这片土地周围的土地全部买了下来。

正当人们对他的行为感到费解之时，洛克菲勒又将这一大片土地无偿捐献给了联合国。联合国的各国领导自然十分高兴，他们欣然接受了。

洛克菲勒的举动让所有人感到吃惊，大家都笑他太傻。面对大家的非议和嘲笑，洛克菲勒一笑置之。

联合国的大厦建成之后，周围的土地价格像坐了火箭一样迅速飙升。可

第一卷·第一章
成功在于创造力——洛克菲勒的创业史

是,周围的土地全部归洛克菲勒家族所有。此时,人们这才恍然大悟。联合国周围的土地究竟给洛克菲勒家族带来了多少财富,这个巨额的数字已经无法计算得出了。

就这样,洛克菲勒的大名早已传遍了世界,他之所以能获得如此丰厚的回报,源于他最初的主动"吃亏"。当他免费将土地献给联合国的时候,有太多的人在看他的笑话,可当他从这件事情中获得暴利的时候,又有那么多人在感叹他的聪明。可见,敢于主动吃亏、善于主动吃亏的人,才能获得更多的利益。

正如著名的企业家严介和所说:"看似一件很吃亏的事情,往往会给你带来巨额的财富。"

太平洋建设集团的创始人严介和是位享誉中外的著名企业家,当别人问到他将企业做大的秘诀时,严介和微微一笑,他说自己的秘诀只有四个字:主动吃亏。

1992年,严介和还是一个穷人,可当时的他却一直渴望做一番大事业。于是,他东拼西凑借来10万元钱,在淮安注册了一家建筑公司。当时,南京市正在建设环城的公路。严介和知道后,便先后跑来南京11趟。在他的不断努力下,终于得到了3个小涵洞的项目。

可是,由于项目层层转包,到严介和手里已经是第五层承包商了。仅管理费一项,严介和就得交纳36%,且项目的总标的不足30万元。

严介和回到自己的公司后,告诉大家自己接了个赔本的项目,整个项目做下来,公司要净亏损5万元。

当时,手下的员工们都说这个项目太不划算了,明摆着是在吃亏。严介和却说:"有时候主动吃亏才能主动获得利益,大家不要灰心,但要注意把握好质量。亏5万不如亏8万,我们豁出去了,一定要保证工程的进度与质量。"结果,原计划半年才能完成的工程,严介和只用了三个月就完工了,并且质量上没有出现一丝毛病。

经过这次"主动吃亏"事件,严介和在业内有了自己的影响力。从此,不断有项目主动找上他,他的业务规模也在不断扩大。他先后参与了南京新机场高速、京沪高速、江阴大桥、沂淮高速、南京地铁等一系列国家和省市重点工程的建设。

每当谈起最初的南京环城公路的项目时,严介和都这样说:"当时我们没有任何名气,突然寻得了一个来之不易的机遇。我当时想的是,不靠着它赚钱,只靠着它打造自己的信誉。亏5万不如亏8万,一定要保证速度和质量。

事实证明,这样的决策是正确的。我们接下来就赚了800多万,这也是我的'第一桶金'。试想,如果我当时没有'主动吃亏'的精神,我怎么可能会拿到更多项目呢?"

因此,想要赚到钱,获得成功,就要将自己的目光放得长远一些,不能被眼前的蝇头小利所迷惑。自己主动吃点亏,让别人获得利益,别人才能反过来帮助你。把关键时刻的亏"吃"得淋漓尽致的人,才是真正的赢家。

8.人生如赌场,要敢于下注

对富人来说,他们一旦认准某件事,就敢于下大注,并义无反顾地做下去,争取获得最大的成功。这也是富人之所以成为富人的重要原因。

一天,洛克菲勒到郊外去散步的时候看上一块地皮。他马上找到地皮的主人说要购买这块地皮,地皮的主人还以为他开玩笑呢,就没搭理他。洛克菲勒又告诉地皮的主人自己愿意出10万美元购买这块地皮,地皮的主人越发不相信自己的耳朵了。但是当洛克菲勒真的将10万美元拿到地皮主人面前的时候,他终于相信了,心里狂喜不已,还暗暗嘲笑洛克菲勒:"花这么高的价钱在这样偏僻的地段购买地皮,不是傻子才怪!"

但是,令"聪明"的地皮主人料想不到的是,就在一年后,市政府竟宣布在郊

第一卷·第一章
成功在于创造力——洛克菲勒的创业史

外建设环城公路,这一下,那块地皮足足升值了150倍。城里的一位富豪想在郊区建造舒适的别墅群,就找到洛克菲勒说愿意花2000万美元购买那块地皮。但是,洛克菲勒却笑着对来找他的富豪说:"哦,先生,真是抱歉!我还没有意愿要将它出售给人家呢,我要再等等,因为我觉得它的价值还应该更大些。"

因此,富豪没能买走那块地皮。果然,不出洛克菲勒所料,三年后,他以2500万美元的高价将那块地皮售出去了。

同行们对洛克菲勒的这笔"意外收获"很是惊讶和不解,大家都很想知道最初他是怎样得知后来会发生事情的那些信息的,大家甚至怀疑洛克菲勒和政府官员有来往。但是,结果却是,洛克菲勒根本没有一位市政府职员朋友。

敢于下注,是一种勇气,更是一种胆识,除了需要拥有精明的头脑和睿智的眼光外,还需要你有过人的勇气和强烈的自信。美国著名的企业家库克奇就是一个敢于下注的人。

库克奇出生在美国的芝加哥,从小就跟着父母到德国居住。库克奇小时候就有一个与众不同的特点,那就是他认准的事情,会不惜任何代价去做。

在库克奇16岁的时候,他去柏林一家钢铁厂做工人,一干就是三年。在这三年中,库克奇虽然没挣到多少钱,但他却积累了大量工作经验,而且,他认准了钢铁行业将前途无量。26岁那年,他回到美国,进入纽约一家钢铁进出口贸易公司。

为什么放弃柏林稳定的工作而跑到美国呢?对此,库克奇这样说:"钢铁行业是讲究资历的,而我却非常讨厌论资排辈。但我会继续从事这个行业,因为我感觉它有着乐观的前景。既然我认准了这个行业,就要敢于下注。我的赌注是我的青春与激情。我相信,通过我的能力,我一定能在这个行业出人头地。"

在这家公司,库克奇凭着自己的经验与能力,没过一年便被破格提拔为总经理。正当他春风得意的时候,二战爆发了,个人的利益必须服从国家的使命,他只好去了军队服役。战后,得胜归来的库克奇再度投入到钢铁行业,这次他选择的仍然是钢铁进出口贸易。

为了迅速打开市场,他几乎花费了自己所有的积蓄,还花费了大量时间

直达纽约
——主宰美国经济命脉的4大豪门

和精力去研究竞争对手的情况,每天工作近18个小时。

当别人问他为什么这样拼命时,库克奇的回答还是多年前的那句话:"既然我认准了这个行业,就要敢于下注。我的赌注是我的青春与激情。"

就这样,在库克奇的拼命努力下,他的企业年营业额达到3000万美元,纯利润也在400万美元左右,成为美国最大的钢铁贸易商之一。

库克奇的故事告诉我们每一个想成为富豪的人,只要自己认准了某件事情,一定要敢于下注,敢于拼搏,在不断的努力中成就自己的辉煌。

当然,这里所讲的"敢于下注",并不是要你一味地蛮干,也不是让你没有任何原则和方法地瞎干,而是要胆大心细,用科学的方法将事情的成功率最大化。

陆泽是一位投资股票的散户,他并没有什么内幕信息,也不认识什么庄家、主力,但他却用区区的5万块钱,在股票市场上赚了800多万。

2005年,一个偶然的机会,陆泽接触到了股票。他听说投资股票能够赚不少钱,美国的巴菲特就是靠投资股票才一度成为世界首富的,陆泽心动了。

可是,他根本没有一点股票知识,应该从何处着手呢?他先去证券公司开了个户,然后投入了5万元。对电视上那些分析家,陆泽一点也不相信他们。当然,陆泽也丝毫听不懂他们口中的"政策面、资金面、技术面、心理面"等乱七八糟的"面"。他只记住了"股神"巴菲特的一句话:在人们恐惧的时候贪婪,在人贪婪的时候恐惧。

于是,陆泽通过自己的简单分析,认准了一支龙头股,他认为这支股票前途无量。既然认准了,他就将自己的5万块全部投入。此时,身边的朋友都劝他,现在是熊市,买入股票不是等着"挨套"嘛,明摆着给庄家送钱。陆泽笑着说:"在大家最恐惧的时候,我决心入场,这是巴菲特说的。既然我认准了这支股票,我就相信它会给我带来收益。"

两年后,股票一路飙升,居然一直升到了6200点。此时,陆泽果断地将手中的股票全抛了出去。此时他的股票已经涨了16倍,最初的5万元变成了80万元。

后来,陆泽又抓住机会,凭着自己的干劲认真地操作了几回,80万元变成

第一卷·第一章
成功在于创造力——洛克菲勒的创业史

了之后的800多万。

在这个充满机遇与挑战的社会,只有敢于出手的人才有成功的机会。当机遇到来的时候,不管最后能否成功,只要你认准了,就要敢于下注。财富不会主动送上门,只有依靠过人的胆识才能获得,如果坐在那里犹豫不决,只会错失良机。

9.第一道工序最重要

有洛克菲勒财团非常强大的金融机构作为后盾,美孚公司在国内外大搞兼并和扩张,实力迅猛地膨胀,20世纪70年代,美孚公司改名为埃克森公司。洛克菲勒不仅给后人留下了庞大无比的埃克森公司以及洛克菲勒财团,还留下了一个威力很大的经营要诀:"控制一切最重要的工序,炼油是第一道最重要的工序。"

这不仅仅是一个很成功的经营要诀,也是一个很成功的做人道理。第一道工序往往最重要。我们在生活中也应该意识到这一点,在做某件事的时候,力求第一步就把事情做到位。

国内某著名时装公司最近接了一批日本的服装加工订单。因为工艺相当复杂,一件时装要用到五种质地不同的面料,为此日本委托方专门派了一名职员过来监督。

这时候,问题出现了。按照常规第一步,中方员工总是把布料叠了很多层,然后在第一层摆好纸样,画线之后一刀裁下,这一剪子下去往往就是几百件衣服的面料,既省工又省时。

但是,那名日本职员每当看到中方员工铺好一层布后,就立刻制止,不允

直达纽约
——主宰美国经济命脉的4大豪门

许继续铺第二层布。中方员工很不理解,但日本职员并没有做出解释,只是固执己见:铺好布料,摆好纸样,裁布,然后钮扣"定位"。

常规的第二步,不管多少件衣服,裁好后,量好钮扣的位置,然后一针"钻"下去,布上面立刻就钻出了一个小孔,然后流水线的工人就在这个孔的位置上缝好扣子,锁好扣眼;而那名日本职员的做法是,每铺一层布,就用一种对人体皮肤无刺激的环保粉笔轻轻地在该位置上点一下即可,那种粉笔是他特意从日本带来的。

合同约定的五天时间很快就过去了,中国工人加班加点,按时交货。由于整个过程全部在那名日本职员的监督之下,交货的时候倒不费事。但在包装的时候,那名日本职员却信不过那台德国产的金属探测器,固执地从皮箱里拿出一台很小巧的强力磁铁器,每一件衣服都从上至下探过一遍后,才肯同意装箱。

临走的时候,那名日本职员对部分员工说了一番话:"你们如此辛苦,知道我们给你们多少加工费吗?人民币50元一件。而这样一件时装在日本要卖4000元人民币。其中有不少还要被你们到日本旅游的中国游客给买回来。有没有想过,为什么我们的衣服卖得贵,你们卖得便宜?因为我们从第一步起就把工作努力做到位。

"我对你们这几天的辛苦表示敬意。不过你们虽然能吃苦,且聪明、能干,但缺乏第一次就把工作做到位的精神,等你们这些做到位,你们的产品才能真正地对我们的产品构成威胁。"

一些人往往认为,在做事的过程中遇到什么问题就解决什么问题,不用在做事之前就费那么大的功夫。恰恰就是这些人的这种观念、态度和做事方式,造成了事情总是挂一漏万、错误百出。

比如:工厂的某台机器出现了故障,有些负责维修的师傅只是做一下最简单的检查和修理,只要机器能正常运转了,他们就不会想到要去对机器做进一步的彻底清查,除非机器完全不能运转了,才会引起他们的警觉;而有些师傅,在第一次就主动对机器做全面的清查,把所有的隐患都统统清除掉。

又如:修建一条马路,中国人可能就只把马路铺好,其他的事情不该自己管，自己也就不再理会，等到需要铺水管或者电线的时候，再一次次地将马路挖开；但是，德国人却不会这样，他们在修马路时，一开始就会将污水管道、水管和电线都统统铺好……

著名投资专家约翰·坦普尔顿通过大量的观察研究得出了一条很重要的原理："多一盎司定律"。他指出，"取得突出成就的人与取得中等成就的人几乎做了同样多的工作，他们所做出的努力差别很小——多一盎司。但其结果，所取得的成就及成就的实质方面，却经常有着天壤之别。"

"第一次就把事情做对"是著名管理学家克劳士比"零缺陷"理论的精髓之一。

结合洛克菲勒的经营秘诀，我们可以发现，"第一次就做对"是最便宜的"经营之道"，是解决"中国式"企业问题的灵丹妙药，也是做好"中国式"企业的一种很好的模式，更是每个人在竞争激烈的职场中脱颖而出的最有力武器。

延伸阅读：

洛克菲勒留给儿子的信：起点不决定终点

亲爱的约翰：

你希望我能永远同你一起出航，这听起来很不错，但我不是你永远的船长。上帝为我们创造双脚，是让我们要靠自己的双脚走路。

也许你尚未做好独自前行的准备，但你需要知道，我所置身的那个充满挑战与神奇的商业世界，是你新生活的出发地，你将从那里开始参加你不曾享用而又关乎你未来的人生盛宴。至于你如何使用摆放在你生命面前的刀叉，以及如何品味命运天使奉上的每一道菜肴，那完全要靠你自己。

当然，我期望你在不远的将来就能卓尔不群，并胜我一筹。而我决定将你留在我身边，无非是想把你带到你事业生涯的高起点，让你无须艰难攀爬便可享有迅速腾达的机会。

直达纽约
——主宰美国经济命脉的4大豪门

　　这当然没有什么值得你庆幸和炫耀的，更无须你感激。美利坚合众国的建国信念是人人生而平等，但这种平等是权利于法律意义上的平等，与经济和文化优势无关。想想看，我们这个世界就如同一座高山，当你的父母生活在山顶上时，注定你不会生活在山脚下；当你的父母生活在山脚下时，注定你不会生活在山顶上。在多数情况下，父母的位置决定了孩子的人生起点。

　　但这并不意味着——每个人的起点不同，其人生结果也不同。在这个世界上，永远没有穷、富世袭之说，也永远没有成、败世袭之说，有的只是"我奋斗，我成功"的真理。我坚信，我们的命运由我们的行动决定，而绝非完全由我们的出身决定。

　　就像你所知道的那样，在我小的时候，家境十分贫寒，记得我刚上中学时所用的书本都是好心的邻居为我买的，我的人生开始时也只是一个周薪只有5美元的簿记员，但经由不懈的奋斗，我却建立了一个令人艳羡的"石油王国"。在他人眼里这似乎是个传奇，我却认为这是对我持之以恒、积极奋斗的回报，是命运之神对我艰苦付出的奖赏。

　　约翰，机会永远都不会平等，但结果却可能平等。在历史上，无论是在政界还是在商界，尤其在商界，白手起家的事例俯拾皆是。他们都曾因贫穷而少有机会，他们却都因奋斗而功成名就。然而，历史上也充斥着富家子弟拥有所有优势，却走向失败的事例。马萨诸塞州的一项统计数字说，十七个有钱人的孩子里面，竟然没有一个在离开这个世界时还是富翁。

　　而在很久以前，社会上便流传着一个讽刺富家子弟无能的故事，说在费城的一个小酒吧里，一位客人谈起某位百万富翁，说："他是白手起家的百万富翁。""是啊，"旁边一位比较精明的先生回答说："他继承了2000万，然后他把这笔钱变成了100万。"

　　这是一个令人痛心的故事。但在我们今天这个社会中，富家子弟正处在一种不进则退的窘境之中，他们中的很多人注定要受人同情和怜悯，甚至要下地狱。

　　家族的荣耀与成功的历史，不能保证其子孙后代的未来将会美好。我承认早期的优势的确大有帮助，但它不能保证最后会赢得胜利。我曾不止一次

第一卷·第一章
成功在于创造力——洛克菲勒的创业史

地思考这个对富家子弟而言带有悲哀性的问题,我似乎觉得,富家子弟开始承担了优势,却很少有机会去学习和发展生存所需要的技巧。而出身低贱的人因迫切需要解救自身,便会积极发挥创意和能力,且珍视和抢占各种机会。我还观察到,富家子弟缺乏贫贱之人的那种要拯救自己的"野心",也只得祈祷上帝赐予他成就了。

所以,在你和你的姐姐们很小的时候,我就有意识地不让你们知道你们的父亲是个富人。我向你们灌输最多的是诸如节俭、个人奋斗等价值观念,因为我知道给人带来伤害最快捷的途径就是给他钱,钱可以让人腐化堕落、飞扬跋扈、不可一世,最后失去最美好的快乐。我不能用财富埋葬我心爱的孩子,愚蠢地让你们成为不思进取、只知依赖父母的果实的无能者。

一个真正快乐的人,是能够享受他的创造的人。那些像海绵一样只取不予的人,只会失去快乐。

我相信没有不渴望过上快乐、高贵生活的人,但真正懂得高贵、快乐生活从何而来的人却不多。在我看来,高贵、快乐的生活,不是来自高贵的血统,也不是来自高贵的生活方式,而是来自高贵的品格——自立精神,看看那些赢得世人尊重、处处施展魅力的高贵的人,我们就知道自立的可贵。

约翰,你的每一个举动都会成为我的挂念。但与这种挂念相比,我更对你充满信心,相信你优异的品格——比世界上任何财富都更有价值的品格,将帮助你铺设出一条美好的前程,并将助你拥有成功而又充实的人生。

但你需要强化这样的信念:起点可能影响结果,但不会决定结果。能力、态度、性格、抱负、手段、经验和运气之类的因素,在人生和商业世界里扮演着极为重要的角色。你的人生刚刚开始,但一场"人生之战"就在你面前。我能深切地感觉到你想成为这场战争的胜者,但你要知道,每个人都有追求胜利的意志,只有决心做好准备的人才会赢得胜利。

我的儿子,享有特权而无力量的人是废物,受过教育而无影响的人是一堆一文不值的垃圾。找到自己的路,上帝就会帮你。

爱你的父亲
1897年7月20日

第二章

富过六代的家族

——洛克菲勒的赚钱心得

> "从贫穷通往富裕的道路永远是畅通的,重要的是你要坚信:我就是我最大的资本。你要锻炼信念,不停地探究迟疑的原因,直到信念取代了怀疑。你要知道,你自己不相信的事,你无法达成;信念是带你前进的力量。"
>
> ——约翰·戴维森·洛克菲勒

第一卷·第二章
富过六代的家族——洛克菲勒的赚钱心得

1.借人之财,谋己之富

没有人只依靠自己的力量就能获得成功。大多数人在创业之初,手上都没有多少钱,此时可以借助别人的钱,为自己带来巨大的收益。

所以,没钱不要紧,只要你拥有胆识和头脑,拥有足够的时间和精力,大可以冒险一试,果断地借助别人的钱来做自己的事情。只有坚信"天下之财均为我用"的思想,才能够迅速积累自己的财富,成为真正的富人。

洛克菲勒要拓展自己的业务,可以说对资金的需求是无止境的。而这些已经远远超出了克利夫兰各家银行的承受范围。为了解决这一问题,洛克菲勒把目光投向了纽约的银行。

精明、沉稳、严肃、内敛的洛克菲勒在当时已经树立起"商界新星"的形象,被银行家视为具有远大前途的青年实业家,而这些恰好是从银行那里获得资金支持的先决条件,因而他能够从杜鲁门·汉迪以及其他银行家那里获得巨额的贷款而没有遭遇丝毫的怠慢。当然,能做到这一点,除了有好名声外,还必须掌握一些特殊的方式方法才能如愿。

洛克菲勒很懂得这些银行家的心理,"欲擒故纵"的招式也运用得相当得当。比如,有一次,他急需1.5万美元,走在街上时,心里还在盘算着如何解决。

恰在此时,一位银行家乘着马车经过。银行家主动告诉他,自己手头有5万美元的资金想放贷,并问洛克菲勒需不需要。洛克菲勒内心兴奋却不形于色,展示出他的表演天赋,他注视了对方很长时间之后才慢吞吞地说:"您给我24小时考虑一下吧。"他相信,这样一来,自己才能得到最优惠的条件。

洛克菲勒同时奉行与银行家打交道时坚持讲真话、不掺杂浮夸之词,还贷时干脆利索等原则,这些都博取到了银行家的深信。而这也使得洛克菲勒

直达纽约
——主宰美国经济命脉的4大豪门

在创业过程中,借助银行家的帮助,多次逃离灭顶之灾。

比如有一次,他的一间炼油厂毁于火中,保险公司的赔付款项迟迟未到。为了保证经营的正常运作,洛克菲勒来到一家银行申请贷款。银行的董事会对是否继续给他贷款举棋不定。这时,一位名叫斯蒂尔曼·威特的董事站了出来,他拿来自己的保险箱,对其他董事说,我们的银行应该毫不犹豫把钱借给这个年轻人。如果需要担保,他指着保险箱:"我来承担。"就这样,洛克菲勒得到了强有力的支持,无论是在金钱上,还是在信誉上。

如果不愿意借别人的钱,只想依靠自己的力量发展,则会遇到许多难以克服的困难,严重的则会让人变得极为保守,很难从困境中突围出来。

美国可口可乐公司前任董事长伍德拉就是个喜欢凭借自己的力量去做事的人。他从来不喜欢向银行贷款,更不喜欢向别人借款。在美国经济大萧条时期,可口可乐公司一度陷入困境。这时,公司里一位负责财务的人想以9.75%的利息贷款1亿美元以促进公司发展,当他将这一想法告诉伍德拉时,伍德拉毫不迟疑地回答:"不需要,只要我在任一天,可口可乐就永远不会借别人一分钱。"这样的做法大大限制了可口可乐公司的发展,使得它一直无法进入大公司的行列。

伍德拉离任后,他的继任者戈苏塔与他的做法截然不同。戈苏塔深深明白"借钱生钱"的重要性,于是,他一旦看准了方向,就四方大举借款。戈苏塔上任后,让可口可乐公司的债务由原来的2%一下子升至20%。这样的举动使得大批高管都心中不安,他们害怕万一失败,公司将面临破产。可戈苏塔丝毫没有感到担心。他用借来的钱改建公司的设备,并大胆投资影片公司。戈苏塔时常说的一句话就是:"既然看准了方向,就不要怕花钱。没钱,借钱也要花。"

正是戈苏塔这种不怕负债的勇气,使得可口可乐公司得到了充足的资金,公司的利润也增长了20%。随着公司利润的不断增加,可口可乐公司的股票价格也水涨船高,成为人们竞相追捧的对象。如此一来,可口可乐公司就迅速成为了饮料类的龙头企业。

戈苏塔正是靠着借来的钱,使得可口可乐公司的业绩大为好转的。如果他仍像前任董事长伍德拉一样,恐怕可口可乐公司至今仍然是个名不见经传的小公司。

无数事实表明,能够充分通过借钱来发展企业的人,才是优秀的企业家。许多巨额财富都是靠最初的贷款,从而获得的。"借人之财,谋己之富"是许多富人白手起家的明智之举。法国著名小说家小仲马在自己的剧本《金钱问题》中有这样一句台词:"赚钱,实际上并不困难,只要有效利用好别人的钱就可以了!"

2.从失误中反省自己,危机中往往隐藏着能够改变命运的机会

"克拉克,糟了。"

一大早,洛克菲勒火急火燎地对克拉克喊了起来。

洛克菲勒的表现让克拉克感到既意外又好笑。认识洛克菲勒三年多以来,他第一次见洛克菲勒失态。与洛克菲勒不同,克拉克要随意得多,尽管公司如果遭受损失,他的损失不比洛克菲勒少一文。但看到洛克菲勒急得要命的样子,克拉克还是忍不住笑了起来。

"你到外面货船上去看看,保你再也笑不出来了。"洛克菲勒大声对克拉克说。

"货船?货船怎么了?"克拉克一边嘀咕,一边走出门去。

走进货船,克拉克一下子懵了。"约翰,我们不是订的黄豆吗?怎么全是石头和垃圾啊!"克拉克大喊大叫起来。

整个一天,克拉克·洛克菲勒公司的两位合伙人在愁眉苦脸中开始从垃

直达纽约
——主宰美国经济命脉的4大豪门

圾堆中拣黄豆。一船的黄豆、垃圾与小石头块,让两位准备在农产品贸易中大干一场的年轻人一下子消失了很多热情。

洛克菲勒不愧是做财务的,经过一晚上的反复计算,他得出这笔生意公司赔了200美元,如果还需继续做生意,公司至少还要筹措400美元。

克拉克是情绪大起大落型的,情绪来得快,消失得也快。"那好吧,约翰,我们各自补足200美元,一周后交到公司。"

克拉克有弟弟,还有父亲,都可以供他短期拆借。洛克菲勒可犯难喽。弟弟威廉虽然工作了两年,但200美元是拿不出来的。再说了,即使有,他家里日常也得用啊。无奈,尽管一百个不情愿,他也只好硬着头皮向父亲借了。

这次黄豆事件,对年轻的洛克菲勒来说,既是坏事,也是好事。借这件事,他一方面对合伙人克拉克的细致管理能力不足有了深刻认识,也对自己投身宗教事务的时间管理进行了细致而深刻的反思。对勤于反思、勤于总结的洛克菲勒来说,黄豆事件是一次"塞翁失马,焉知非福"的意外。

一船黄豆,居然被人掺了半船的石头与垃圾。"垃圾黄豆"事件促使洛克菲勒做了深刻反省,是不是在教会有点小成就后,自己就过于自得了?

洛克菲勒多次反躬自问。在深刻自我反省的同时,洛克菲勒制订了严格的工作时间与去教会时间比例的时间分配表。经过近三个月的拣垃圾,那半船黄豆也陆续卖掉了。

1858年底,克拉克·洛克菲勒公司获得了4200美元的利润,按照股份,洛克菲勒获利2100美元。

对有准备的人来说,危机中往往隐藏着能够改变命运的机会。

曾经有人做过一个调查,世界500强企业名录中,每过10年,就会有1/3以上的企业从这个名录中消失,它们或处于低迷,或破产。总结这些企业衰落的原因,人们发现,"春风得意之时"正是这些企业开始衰落的时间,因为正是在这个时候,企业的管理者们忽视了危机的存在,忘记了产品开发以及经营管理的超前性,对前景盲目乐观,而且忽视了为企业的长远发展所必需的准备。

反观在500强中长期站住脚的企业,则对危机有着另一种认识。

比尔·盖茨就是一个危机感很强的人。当微软利润超过20%的时候,他强调利润可能会下降;当利润达到22%时,他还是说会下降;到了更高的水平,他仍然说会下降。他认为这种危机意识是微软发展的原动力。微软著名的口号就是"不论你的产品多棒,你距离失败永远只有18个月"。正是由于有这种危机意识,那些长期站住脚的企业才会把准备当成第一任务。因为,当一切准备充足时,你就不必害怕任何危机了。

有一天,猴子在树林里见到山猪在一棵大树旁拼命地磨牙。猴子非常奇怪,走过去问山猪:"现在既没有别的动物来伤害你,也没有猎人来捕捉你,为什么还要这样努力地磨牙呢?"

山猪笑着说:"现在磨牙正是时候。你想一想,一旦危险来临,我哪还有时间磨牙呀!现在把牙磨得锋利点,等到有用的时候就不会慌张了。"

这只山猪太聪明了,它知道在危险还未来临之前就把牙磨利,不然的话,它很可能会在与其他猛兽的搏斗中丢掉性命。唉,有些时候,动物真是比人要聪明许多。很多动物已经把"居安思危"、"未雨绸缪"变成了一种本能,而有些人却没有明白这个道理,往往自恃强大而忽视准备的重要性。

应该说,外界的危机并不是最可怕的,可怕的是你对这种危机的麻木不仁和茫然无知,不去做任何应对的准备。

3.只有与众不同,才能在追求财富的道路上异军突起

"与众不同",体现出一种独特的思维方式,那就是通过创新,让自己及所做的事情与别人有着本质的不同。正是这种不同,使你能够吸引更多的目光,甚至达到连自己都不曾想到的效果。

洛克菲勒曾说:"如果你想获得财富,那就选择一条新的道,千万不要在

直达纽约
——主宰美国经济命脉的4大豪门

被别人踩烂了的路上继续寻找。只有与众不同,才能获取更多的财富。"可见,只有通过创新,让自己与众不同,才能在追求财富的道路上异军突起。

随着社会的不断发展,人们的思维观念也一直在改变,有些人一直力图打破旧观念,建立一种与众不同的新观念。这些懂得创新的人,会因自己的与众不同而迅速脱颖而出。

罗伯特大学没读完就退学了,那一年,他才23岁。

退学后的罗伯特在离家不远的利伊亚公司上班。下班后,他就去克利夫兰一带销售玩具娃娃,这些玩具娃娃都是罗伯特自己设计的。

由于工资很低,再加上设计玩具娃娃需要大量的投入,罗伯特在那段日子生活非常艰难,常常连饭都吃不上。但如今,他已经成了当地最有钱的年轻人。是什么让罗伯特发生了如此大的改变呢?

原来,刚开始时他设计的玩具娃娃的销量并不大,因为市场上比他的玩具娃娃更优秀的玩具比比皆是。在一次展销会上,罗伯特突然冒出一个想法:"既然我的产品在设计上并不占优势,我为什么不能从其他方面入手呢?只要让自己的产品与众不同,就一定能够吸引大量顾客。"于是,罗伯特将自己的玩具娃娃排列好,向顾客介绍说:"您看,这个娃娃的名字叫珍妮,她是个急性子的姑娘;那个娃娃的名字叫杰克,是个淘气的小伙子……"他将自己的玩具娃娃全部拟人化,这样就很容易打动顾客了。罗伯特在这次展销会上卖出的玩具比其他所有商家都多。

从这之后,罗伯特豁然开朗,他觉得自己设计的不是玩具娃娃,而是各种有性格、有思想的"人"。他为自己设计的每个玩具娃娃都取了名字,还为每个玩具娃娃制作了一张漂亮的"出生证明",另外,他还用小卡片标明每个玩具娃娃的性格及爱好。这样一来,这些玩具娃娃就不仅仅只是玩具了,因为它们的主人为它们赋予了人类的感情。罗伯特这个创意使得他的产品与众不同,深受顾客欢迎。

就这样,罗伯特靠着这些可爱的"孩子",很快成为当地最富有的年轻人。

第一卷・第二章
富过六代的家族——洛克菲勒的赚钱心得

如今,他的个人资产已经达到近30亿美元。

有一位家具经销商,在一次火灾中,他的店铺被烧得一干二净。火灾过后,他站在烧得面目全非的房子前,心里有说不出的滋味。他看到有一些粗壮的松木虽然也被烧焦了,但木心却得以残存。换作一般人,肯定会将这些废弃的木头全部扔掉,可这位家具商人却在烧焦的木头中发现了商机,他想:"这些木头的旧纹理在烧焦后格外显眼,我为什么不做一些突出表现木纹的家具呢?"

他找来一些碎玻璃刮去了焦木上的灰尘,再用细砂纸将木头打磨得非常光滑,然后又在木料上刷了一层透明漆。如此一来,这些废弃的木头就显示出古朴、典雅、清晰的木纹来了。之后,他做了一批仿古典木纹的家具。这批家具一上市便吸引了不少顾客,很快被抢购一空。

这次火灾所激发的灵感使这位家具商人大大赚了一笔。

看到这里,或许有人会说这位家具经销商真是因祸得福。仔细想想,这位家具经销商只是能够在不利的情况下仍保持清醒的头脑,善于思考罢了。如果换作一个不善思考的人,肯定会将那些焦木扔到垃圾堆里。可见,只有深入思考,才会有新的发现,继而为自己带来财富。

现实生活中有很多这样的例子,如果肯动脑子,就可以从一件普通得不能再普通的事情中发现独特的机遇。许多商机都是从平凡的小事中挖掘出来的,只要勤观察,勤思考,就会发现许多意想不到的商机。

有一所著名大学的校长,他继承了祖上一大块土地。这块土地虽然面积不小,但由于土壤贫瘠,既不能种有价值的树木,也没有任何矿产可供开发,因为它,每年还要向政府支付大量的土地税,真是个"鸡肋"。

后来,市政府修建了一条公路,刚好从这位校长的这块土地上穿过。这样一来,这位校长觉得这块地更没有价值了。

两年后,一位没有文化的年轻人经过这里。他看到了这块贫瘠的土地,发

直达纽约
——主宰美国经济命脉的4大豪门

现它面积非常大，觉得自己应该买下来。

于是，年轻人找到那位校长，以每亩100美元的价格买下了这块100亩的荒地。当然，那位校长痛快地答应了。因为在他看来，这块土地一文不值，既然有人买，他自然很乐意将它卖了。

买下土地后，年轻人在公路旁边修建了一排风格独特的木屋，并在木屋中设了一间非常大的快餐厅，还在房子附近修建了一处加油站。另外，在公路沿线，年轻人还修建了许多简单但风格独特的小旅馆，以每晚10美元的价格出租给游客。每天，都会有人来这里加油，他们加完油后便会走进木屋，吃完饭再上路。另外，还有一些人晚上路过这里，总会选择在便宜的小旅馆里住上一夜。

就这样，凭借着加油站、餐厅和小旅馆，年轻人这一年赚了近10万美元。

故事中的年轻人是位有心人，他在贫瘠的土地上看到了商机，并通过自己的思考，让商机带给自己的利润最大化。

其实，人生就是一个不断思考的过程。许多时候，我们之所以不能成功，没有赚得大量的财富，并不是我们缺乏机会，而是缺乏好的思路。

亿万家财买不来一个好想法，但一个好的想法却能够让你赚得亿万家财。只要你的思想与众不同，只要你善于创新，就能够想别人所不敢想，为别人之不敢为。只有思路常新才会出路常在。从这个角度来讲，思想是一个人最宝贵的财产。物质上的财产或许有一天会丧失，但思想却是永远属于你的，没有人可以控制你的思想。

仔细想想，成功与失败之间，贫穷和富有之间，有时真的仅仅只是思想的不同而已。

成功者与平庸者最大的区别就是成功者永远拥有创新思维，永远都在寻找让自己与众不同的方法。那些坐拥亿万财富的人，他们思考的并不是如何赚更多的钱，而是如何寻找到一条与别人不一样的路。

当然，要创新，说起来容易，做起来并不是件简单的事情。

第一卷·第二章
富过六代的家族——洛克菲勒的赚钱心得

美国著名的"氢弹之父"泰勒几乎每天都要思考出10个与众不同的新想法,然而其中九个半都是没有价值的,可这并没有阻碍他继续思考。正是这"半个"正确的创意,让泰勒创造了奇迹。

诺贝尔物理学奖获得者杨振宁在谈起自己遇到的难题时说:"我每次遇到难以解决的问题,总会激发出新的思考方案。我会从不同的角度去思考问题,这样,就能够开拓出新的思路,找到新的解决办法。"

可见,让自己与众不同是创新精神的核心。但是,让自己与众不同,并不是"为新而新",而是要以大胆的思路解决生活和工作中遇到的困难。任何一个人,只要能够尝试着从不同的角度思考问题、解决问题,那就是他的一种与众不同。有了这种"与众不同"的精神,就会使你在未来的发展道路上所向披靡,一路前行。

有这样一种说法:"你希望自己成为什么样的人,你就会成为什么样的人。"人生就是一个不断实现自我价值的过程。在这个过程中,思想是最重要的,只有拥有思想的人才会有出路。当然,这里所说的思想,指的是与众不同的创新思维方式,而不是普通意义上的想法。

如果你不甘平庸,不甘过贫穷的生活,那就试着思考如何成为富人吧。只有像富人那样思考,拥有那些富人所拥有的思想,你才能在不断的努力中成为富人,实现自己的人生价值。

从这个角度说,富人不是"干"出来的,而是"想"出来的。这话虽然有些偏激,却也不无道理。如果你有一个好主意,或是有一个与众不同的新想法,不妨行动起来,将其变成现实。或许,这样做所带来的价值顶得上你工作三年、五年,甚至是十年八载。

直达纽约
——主宰美国经济命脉的4大豪门

4.不做钱财的奴隶,而是要把钱财当做奴隶来使用

洛克菲勒活到98岁高寿,他一生至少赚进了10亿美元,捐出的就有7亿5千万。

但他平时花钱却十分节俭。

有一次,他下班想挤公车回家,缺一毛零钱,就向他的秘书借,并说:"你一定要提醒我还,免得我忘了。"

秘书说:"请您不要介意,一毛钱算不了什么。"

洛克菲勒听了,正色说:"你怎能说'算不了什么'呢?把一块钱存在银行里,要整整两年才有一毛钱的利息呀!"

还有一件趣事。洛克菲勒习惯到一家熟悉的餐厅用餐,餐后,他会给服务生一毛五分钱的小费。有一天,不知何故,他只给了服务生五分的小费。

服务生不禁埋怨说:"如果我像你那么有钱的话,我绝不吝惜那一毛钱。"

洛克菲勒笑了笑说:"这就是你为何一辈子当服务生的缘故。"

这位亿万富翁对金钱的看法是:我非但不做钱财的奴隶,而且要把钱财当做奴隶来使用。

洛克菲勒曾说过:"钱最重要的功能,是可以为未来提供一定程度的力量和安全感。"因此,赚钱不仅仅是一种谋生手段,它还承担着人们的希望与恐惧、理想与价值观,因而上升为一种社会和心理的概念。

在父亲独特的教育方式下长大的洛克菲勒并没有养成父亲那样的性格,相反,他十分珍视家庭生活。他不喝酒,不抽烟,也不拈花惹草,对待家人总是温情脉脉,与在生意场上不择手段、冷酷无情形成极大的反差。作为虔诚的教徒,洛克菲勒完全按照宗教信仰来支配自己的业余生活,他远离各种世俗的诱惑,只是偶尔听听音乐会,骑骑马,或和牧师们聊聊天。如果洛克菲勒听到

第一卷·第二章
富过六代的家族——洛克菲勒的赚钱心得

有人对自己做出"生意场的苦工"、"办公室的奴隶"之类的评价,他就会大发雷霆。

洛克菲勒认为,如果一个人把自己全部的时间都用在"为了钱而挣钱"上,那么,这个人将是最可鄙、最可怜的人。事实上,洛克菲勒也做到了这一点,劳逸结合,一张一弛,使自己的身体和心情得到调节,从而提高了工作效率。

人类70%的烦恼都跟金钱有关,而人们在处理金钱时,却往往十分盲目。

巴尔扎克是金钱的追逐者。他一生都在追求金钱,但金钱却从未光顾过他,使他成为"百万巨富"。但可贵的是,巴尔扎克没有成为金钱的奴隶。

《人间喜剧》作为一部社会风俗史,它反映了封建贵族和资产阶级上升的历史,特别是深刻地揭露了资本主义的"金钱关系"。正如巴尔扎克自己所说的:"写尽金银底下的丑恶。"在《人间喜剧》中,巴尔扎克深刻刻画了金钱所具有的毁灭性和逼人腐化堕落的魔力,并将其作为全部作品的中心主题。正如丹麦评论家勃兰克斯所说:巴尔扎克小说中的真正主角是谁呢?是没有姓名、没有性别的英雄——在资产阶级社会无孔不入、无所不在的权力——金钱。正是"金钱权力"这个角色成为《人间喜剧》情节发展和人物活动的推动力,决定了人物的关系和命运。

在那个金钱决定一切的时代,巴尔扎克命中注定要在金钱的魔影中生活——他无法选择,无力超脱。但是,难能可贵的是,巴尔扎克是"为写作而谋生,绝不是为谋生而写作"。

巴尔扎克一生都在和金钱打交道,他整个一生是靠欠债度过的。他从青年时代经营出版印刷业破产负重债开始,接连不断的企业经营上的惨败,破产与败诉的打击,以及他的不善理财、不善节俭、收支紊乱,使他一直是"旧债未了,又负新债",债台高筑,至死都未能还清。高利贷商人和债务监狱的执达吏始终追逼着他。他发出无奈的哀叹:"我差一点失去面包、蜡烛、纸张。执达吏迫害我像迫害一只兔子,甚至比对兔子还厉害。"债务的阴影时刻笼罩在巴

直达纽约
——主宰美国经济命脉的4大豪门

尔扎克的头上,使他一放下出神入化的神奇之笔"回到冷酷的现实",便感到心悸不安。为了躲债,他和债主们巧妙周旋。为了逃避执达吏的追捕,他挖空心思地隐藏行踪。人常说"狡兔三窟",巴尔扎克的藏身之处何止三处。

更为有趣的是,一天夜里,一个小偷爬进了巴尔扎克的房间,在他的书房里乱摸。巴尔扎克被响声惊醒,他一边悄悄地爬起来,点亮蜡烛,一边十分平静地微笑着对那个惊慌失措的小偷说:"亲爱的,别找了,我白天都不能在这书桌里找到钱,现在天黑了,你更别想找到啦!"

我们显然发现,当一个人面临金钱考验的时候,他的个性会明显地反映出来——是贪婪者,还是豁达者。常言道,欲速则不达。只为钱而活着,肯定就是一种错误的心理,自然会决定你一生的行为都会为钱所左右。这种人没有第二条路可走,他会在金钱面前变成奴隶,而忘记自己更有价值的目标。

在一个既脏又乱的候车室里,靠门的座位上坐着一个满脸疲惫的老人,他身上的尘土及鞋子上的污泥表明他走了很多的路。列车进站,开始检票了,老人不紧不慢地站起来,准备往检票口走去。忽然,候车室外走来一个胖太太,她提着一只很大的箱子,显然也要赶这班列车,可箱子太重,累得她呼呼直喘。胖太太看到了那个老人,冲他大喊:"喂,老头儿,你给我提一下箱子,我一会儿给你小费。"

那个老人想都没想,拎过箱子就和胖太太朝检票口走去。他们刚刚检票上车,火车就开动了。胖太太抹了一把汗,庆幸地说:"还真多亏你,不然我非误车不可。"

说着,她掏出一美元递给那个老人。老人微笑地接过。这时,列车长走了过来:"洛克菲勒先生,你好,欢迎你乘坐本次列车,请问我能为你做点什么事吗?"

老人微笑地说:"谢谢,不用了,我只是刚刚做了一个为期三天的徒步旅行,现在我要回纽约总部。"

那位胖太太吃惊地说:"什么?洛克菲勒?上帝,我竟让著名的石油大王洛

第一卷·第二章
富过六代的家族——洛克菲勒的赚钱心得

克菲勒先生给我提箱子,居然还给了他一美元小费,我这是在干什么啊?"

她急忙向洛克菲勒道歉,并诚惶诚恐地请洛克菲勒把那一美元小费退给她。

洛克菲勒微笑着说:"太太,你不必道歉,你根本没有做错什么。这一美元,是我挣的,所以我收下了。"

说着,洛克菲勒把那一美元郑重地放在了自己的口袋里。

在经济生活里,财富对每一个人都会产生一定的诱惑,正是这种诱惑,才使得人们去努力奋斗,去创造财富。有些人在财富面前失去了正确的心态,有的利用手中的权力攫取财富,有的不顾一切抢劫财富,有的坑蒙拐骗,发不义之财。很多人都不能正确面对财富,他们最终泯灭人性,误入歧途。正确的心态应该是靠自己的思想和智慧、靠自己的付出和劳动去创造财富或得到财富。

清朝山西太原有一名商人,他的生意做得红火,长年财源滚滚,虽然请了好几名账房先生,但总账还是要靠他自己来算。由于账目的进出又多又大,他每天很早就起来打算盘,常常要熬到深更半夜,累得他腰酸背痛、头昏眼花。夜晚上床后,他又会想到明天的生意,一想到成堆白花花的银子,他又兴奋激动得睡不着觉。这样,他白天忙得不能睡觉,夜晚又兴奋得睡不着觉,终于患上了严重的失眠症。

这名商人隔壁有一对靠做豆腐为生的小两口,他们每天清早起来磨豆浆、做豆腐,经常说说笑笑,小两口的日子过得快快活活、甜甜蜜蜜,墙这边的商人在床上翻来覆去、摇头叹息,对这对穷夫妻又羡慕、又妒忌。他的太太也说:"老爷,我们这么多银子有什么用,整天又累又担心,还不如隔壁那对穷夫妻,活得那么开心。"

这名商人早就认识到自己还不如穷邻居生活得轻松洒脱,等太太话音一落,他便说:"他们是因为穷才这样开心,如果我让他们富起来,他们就不会这么开心了,很快我就会让他们笑不起来。"说着,他翻下床,从钱柜里抓了几把金子和银子,扔到了隔壁小俩口的院子里。

隔壁小俩口正在边唱歌边做豆腐，突然听到院子里"扑通"、"扑通"的响声，提灯一照，只见是闪闪的金子和白花花的银子。他们连忙放下手中的活，慌手慌脚地把金银拣回来，心情紧张极了。然而他们却不知把这些财富藏在哪里好，藏在房里怕不保险，藏在院里怕不安全。

从此，再也听不到隔壁小俩口的说笑声，更听不见他们唱歌的声音。这名商人和他太太开玩笑说："你看，他们再笑不起来、唱不起来了吧！早该让他们尝尝富有的滋味！"

其实，面对财富，我们应该保持一种平常心态，有一点现代意识，积极地创造财富，快乐地享受财富，尽已所能，知足常乐。而真正的成功者，应该是"看不到"自己头顶的光环的，而且那些光环也并不能让你改变什么，就像洛克菲勒认为自己尽管富甲天下却仍是个老头儿一样。

5.受到不公平的待遇时，请保持沉默

"人生是不公平的，你要习惯适应它。"这是比尔·盖茨赠给青年朋友的10句话之一。比尔·盖茨是清醒的，也是冷酷的，他用这句话告诉青年朋友们一个事实：那就是人生不公平。

很多时候，从很多年前起，青少年朋友们就被家长和老师教育要追求公平，要信任公平，这个世界是公平的，生活是公平的。但是，成为世界首富的比尔·盖茨却告诉青年朋友们世界不公平、生活不公平、人生不公平，他没有告诉青年朋友们要改变这样的不公平，要抗拒这样的不公平，而是要青年朋友们适应这个不公平。

在这一点上，比尔·盖茨是清醒的，也是真实的。很多时候，我们的教育往往遮盖了这个真实，也遮盖了这个现实，这导致了我们的教育跟现实脱轨，以

第一卷·第二章
富过六代的家族——洛克菲勒的赚钱心得

致我们的青年朋友们在走出学校之后,突然发现书本上写的和现实世界格格不入,深深地陷入了尴尬与无奈中。

为什么有些人美丽漂亮,有些人丑陋庸俗;有些人高,有些人矮;有些人能一目十行,有些人"十目"都看不了"一行";有些人家财万贯,有些人寅吃卯粮;有些人生在贫困战乱的地区,有些人生在富裕安定的国家?一句话,这个社会没有绝对的公平,如果社会真的绝对公平了,反而是另一种不公平。

作为一个在商海中闯荡沉浮的创业者,要时时刻刻明白这一点,以平常心接受这个现实,在不公平的人生中找到自我,平衡心态,通向成功。

毕业于河北工艺美术学校的阎士杰,为了求取更多的知识,攀登更高的平台,打算去天津美院自费进修油画专业。但是,进修需要的费用对当时的阎士杰来说却是一笔巨款。为了凑够进修费,阎士杰动起了脑筋。当时,元宵节快来了,他认为卖灯笼会很赚钱。可惜的是,因为种种原因,那一年的灯会取消了,他的算盘落空了。这次的挫折并没有让阎士杰失望,他决定转行做装修生意。1987年,他用东凑西借的1000元钱创办了一家装修公司。

因为受过专业的艺术教育和熏陶,阎士杰有着比普通人更加敏锐的眼光和更加专业的水准,他以艺术家特有的"完美主义",把装修做成了一门艺术。很快,阎士杰和他的装修公司就出名了,一时间生意兴隆得不得了,连邢台市市长也慕名而来,聘请阎士杰的装修公司去装修一个机场候机室,但是,只给了他一个月的时间。市长对他说:"如果你不行,我马上请别的装修公司。一个月后,飞机场必须通航。"

阎士杰答应市长之后就后悔了,因为他看到要装修的候机室竟是一个20世纪50年代的破机库,机场空旷得甚至能把狼给招来,工人们只能住在羊圈里。可是,已经答应下来的事情是不能随便更改的,毁约的话就是在砸自己的饭碗,以后自己的公司也没有办法混了。阎士杰带着手下一帮工人开始没日没夜地拼命,整整一个月,他和手下的装修工人形同乞丐。就是这一群累得和乞丐差不多的人,按时完工了。

从飞机场改建工程完工后,阎士杰的装修公司更是名声大振,他一面圈进财富,一面向外扩张,短短几年时间,就完成了原始积累。阎士杰开始向更大的目标前进,他靠自己的智慧和努力,成功改变了自己的人生。

生活不可能时时处处都去适应我们,也不可能为了适应我们而发生改变。既然生活无法适应我们,那么我们就必须学会去适应生活。

面对困境,抱怨是无济于事的,也是苍白无力的,只有通过努力才能改善处境。许多成功的人往往就是在克服困难的过程中,形成了高尚的品格。相反,那些常常抱怨的人,终其一生,也无法产生真正的勇气、坚毅的性格,自然也就无法取得应有的成就。与其毫无意义地抱怨和唠叨,不如去寻找那些值得欣赏的东西,赞美它,支持它,拥护它,理解它,你就会发现结果大不相同。嘲弄和抱怨只是慵懒和懦弱无能的最好诠释。

生活中,许多人所犯的一个错误便是为自己、为他人所受到的不公平感到遗憾,认为生活应该是公平的,或者认为终有一天会是公平的,于是他们抱怨、叹息、等待……其实生活本来就不是绝对公平的,现在不是,将来也不是。一味地沉浸在探究生活的公平与不公平中,将会使你虚度时光,陷入困境。只有正视生活中的这种不公平,努力生活,努力工作,才能找到属于自己的那份公平,把不公平甩在身后。

其实,所谓的公平,只是每个人对自己不同的期望值而已。你认为的公平未必就是真正公平的,而真正的公平也未必是你所认可的"公平"。因此,我们要拥抱生活中的不公平,学会接受它,这样才可以去改变它,影响它。

承认人生并不公平需要一种勇气,但是,我们必须认识到这一点,只有认识到这一点,才能激励我们去尽己所能,而不再自我感伤。只有承认生活是不公平的客观事实,并接受这不可避免的现实,放弃抱怨、沮丧,以平常心、进取心对待生活,我们才能离公平更近。

6.先让自己的脑袋富起来,口袋自然也就富起来了

洛克菲勒曾说:"即使现在我全身的衣服被扒光,被扔到一片荒凉的沙漠中,只要有一个商队经过,我就能够在很短的时间内变成百万富翁。我一直认为,有头脑的人到什么地方都能够创造财富。"

诚如洛克菲勒所说,一个人如果想成为富人,就需要多动脑筋,先让自己的脑袋富起来,口袋自然也就富起来了。

一名叫凯尼的年轻人随着家人移居到了乡下。

有一天,凯尼在外边散步,他走了很远,忽然看到一头驴。由于在城里很少看到驴,凯尼很感兴趣,于是他和这头驴的主人商量能不能把驴卖给自己。

驴的主人是一位农夫,他想了想说:"好吧,不过买下这头驴最少需要100美元,你有吗?"凯尼笑着从自己的衣兜里掏出100美元递给农民。接到钱后,农民对凯尼说:"这样吧,你把你家的地址告诉我,我明天给你送过去。"凯尼将家里的地址告诉农民后便离开了。

第二天,农民找到凯尼,非常沮丧地说:"年轻人,实在抱歉,你昨天买的那头驴死了,实在是太不幸了。"

凯尼回答:"那真是太不幸了。没关系,你把钱还给我就行了。"

农民说:"更糟糕的是,你昨天刚给了我钱,我便把它花了。现在,我既不能给你驴,也不能还你钱了。"

凯尼想了想说:"那你将那头死驴带过来给我吧,就算我花100美元买了头死驴。"

听了这话,农民惊讶地看着凯尼,他疑惑地问:"一头死驴,你要它做什么?"

凯尼笑着说:"我想办一次抽奖活动,死驴可以作为奖品。"

直达纽约
——主宰美国经济命脉的4大豪门

农民瞪大眼睛说:"这可不行。这真的不行。你这样做简直是在骗人,有谁会要一头死驴做奖品呢?我看还是算了吧,要不我给你打张欠条,100美元我以后还给你便是了。"

凯尼回答:"放心吧,不会出问题的。"

一个月后,农民来找凯尼,问他那头死驴最后怎么处理的。

凯尼说:"我办了一场抽奖活动,在这次活动中,我赚了1000美元,我把那头死驴作为唯一的奖品给了中奖者。"

农民惊讶地问:"那人家没有跟你拼命吗?奖品居然是一头死驴!"

凯尼说:"只有那个中奖的人会埋怨我,我给了他100美元了事。其他人都怪自己运气不好,没有抽中奖。"

十几年后,凯尼成了美国安然公司的总裁。

很多时候,我们就像故事中的农民一样,总是一根筋,只能眼睁睁地看着别人挣钱。对一名真正的富人来说,他们在任何条件下都能够通过自己的思考,把智慧变成财富。这就是富人和穷人的区别。

世界上渴望成为富人的人很多,但真正成为富人的人却很少。只有充分利用自己的大脑,思考出让自己迅速致富的方法,才能真正成为富人。记住:没有"富脑袋"支撑的"富口袋",迟早有一天会变成"穷口袋"的。

所以,想成为富人,就必须拥有富人的头脑,不然,你会一直在贫穷中叹息,永远与财富无缘。

这是一个各方面都日新月异的时代,这个世界每一天都在发生着改变。有人说,在这个世界上,唯一不变的就是"一直在变"。不但客观的事实在变,人们对世界的认识也在变。同一个人在不同的环境下、不同的时间里,认识事物的角度也不尽相同,这也是一个不断变化的过程。

在不断的变化中,只有懂得创新,才能跟得上时代的潮流,才能在变化中应对自如。或者可以这样说,任何变化"变"出来的都是"新"东西,只有适应并能持续创造出这些"新"东西,才能在社会上立足。

很多人不理解变化的精髓,以至于他们搞不清为什么别人能成功,自己

第一卷·第二章
富过六代的家族——洛克菲勒的赚钱心得

却不能;为什么别人能发财,自己却不能。其实,关键在于你是否能够"以变应变",不断寻求突破。

美国密歇根大学生物学教授卡尔·韦克曾做过这样一个有趣的实验:将6只蜜蜂和6只苍蝇装进一个玻璃瓶中。将瓶子平放,让瓶底朝着窗户。

实验的结果出人意料。蜜蜂最后都死在了瓶子里,苍蝇却全部逃生了。之所以会出现这样的情况,是因为那些蜜蜂总是一成不变地认为光线最明亮的地方一定就是出口。于是,它们一次又一次向瓶底飞去,撞了回来,又重新再飞,就在这不断的反复中,最终力竭而死。苍蝇则完全不对光亮抱任何希望,它们在瓶子里四处乱飞,最终全部逃离了空瓶。

最后,卡尔·韦克总结说:"不懂得随机应变的人很难获得成功。那些在困难面前不断改变,不断调整自己的人,最终能够战胜困难,获得成功。"

苍蝇和蜜蜂的实验,实际上表明了两种思维模式的不同。有些人思维僵化,总是抱着一成不变的眼光看待问题,即使失败了也不求改变,结果肯定难逃再次失败。如果脑筋"活"一点儿,能够不断改变自己做事的方式,就能够在改变中适应变化,并在变化中获得新生。

可见,在成功面前,"变"是前提。只有不断变化,你才能更加适应这个社会。"灵活多变"也是创新的基本要求。在思考和解决问题时,思维灵活、随机应变的人能够达到一种没有任何制约的自由。面对这个瞬息万变的社会,我们需要增加自己的应变能力。

心理学研究表明,能觉察到环境的变化并顺势做出改变的人,比那些偏执于一隅的人更容易获得成功。在一个问题面前,能尽量提出多种设想、多种答案,以扩大选择余地;考察影响事物质和量的因素时,能灵活地变换角度,从而产生新的思路,而当思维受阻时,又能马上转向另一个方向;能用心寻找最优答案,保证问题以最佳的途径解决……这些都是现代社会对成功者的要求。

刘峰是软件工程专业的大学毕业生。在上学期间,他获得了国内一所知

直达纽约
——主宰美国经济命脉的4大豪门

名机构的软件工程师认证,这使得他很快得到当地最大的一家软件公司的面试机会。电话里约定的时间是星期三上午10点,地点是名都大厦15号楼3单元2505室。

星期三那天,刘峰准时到了名都大厦,他发现门口站着30多位前来应聘的人。刘峰走上前去一问才知道,原来保安不让进门。这些人反复强调说自己是来应聘的,但保安却告诉他们,并没有接到这家公司的通知。到了门口却进不去,许多人等了一会便失望地离开了。

刘峰站在那里想:"这可是本地最大的软件公司,他们不可能拿招聘开玩笑。不管怎么说,我还是先想办法进去再说。"想到这里,刘峰灵机一动,装作若无其事地走到保安面前,轻松地说:"我是你们经理的一个朋友,他约我过来谈点事。如果不信,你可以打电话问他。"保安信以为真,客气地请刘峰进了门。

走进大厦后,刘峰赶忙按电梯,想乘电梯到25楼一探究竟。在刘峰旁边,还站着三位混进来的应聘者。可是,电梯发生了事故,根本不能用。这时,几个人站在那里议论开了。有人说:"我想还是回去吧,好不容易混进来,电梯还不能用。"另一个人说:"不如我们走楼梯上去吧。"听了这话,又有人说:"爬个三四楼还可以,这可是25楼啊。万一爬上去这家公司真的不招聘,我们岂不是白爬了?"

刘峰想了想,直奔楼梯而去。旁边几位应聘者问他:"你真的打算爬到25楼啊?如果人家真不招聘,你可白忙活了。"刘峰笑着说:"既来之,则安之。这个世界本来就是变幻莫测的,它变我也变,大不了就当健身了。"几个人对刘峰嘲笑了一阵后,各自离开了,刘峰则顺着楼梯一直爬到25楼。

当刘峰气喘吁吁地走进面试的房间时,发现几位面试官都坐在那里,似乎等了很久了。刘峰开始上前主动介绍自己,还没有讲完,一位面试官便打断了他的话:"你们的简历都是我们精心挑选的,既然你能来到这里,说明考核已经通过了。现在,你被正式录取了,下周一来公司办理入职手续。公司提供五险一金,试用期三个月,月薪是8000元,转正后月薪是15000元。"两年后,刘峰被破格提升为公司副总,年薪100万元。

第一卷·第二章
富过六代的家族——洛克菲勒的赚钱心得

凡是在这个社会中脱颖而出的人,都经历过很多挫折与磨难,经历过很多变化,并在变化中不断地改变着自己。俄国著名物理学家列别捷夫说:"平静的湖面很难出现技艺高超的水手,一成不变的环境很难造就出优秀的人才。"真正的人才,都是经过变化的考验,并能够适应各种变化的人。

7.没有行动就没有结果

洛克菲勒非常乐于工作,他在信中提到他的第一份簿记员工作经历:"那时我每天天刚亮就去上班,办公室里的鲸油灯很昏暗,但那份工作从未让我感到枯燥乏味,反而很令我着迷和喜悦。办公室里的一切繁文缛节都不会让我对它失去热情,而结果是雇主不断地为我加薪。"洛克菲勒认为,乐于工作的人,专心致力地投入,自然能获得成功。

"天堂或地狱都由自己建造。如果你赋予工作意义,不论工作大小,你都会感到快乐。自我设定的成绩不论高低,都会使人对工作产生乐趣。如果你不喜欢做的话,任何简单的事都会变得困难无趣。

"初进商界时,常听说,一个人想爬到顶峰需要牺牲很多。然而,岁月流逝,我开始了解很多正爬向顶峰的人,他们并不是在'付出代价'。他们努力工作是因为他们真正喜爱自己的工作。任何行业中往上爬的人都是完全投入正在做的事情,且专心致力,衷心喜爱所从事的工作,他们自然就成功了。"洛克菲勒这段话对想出人头地的社会新人,保证启发良多。

行动,现在就开始吧!

洛克菲勒是个果敢十足的行动派。他一再告诫儿子——行动!他说:"没有行动就没有结果,世界上所有的东西都是由一个个想法付诸行动所得来的。"

"很多人承认,没有智慧基础的知识是没用的,但更令人沮丧的是即使有知识和智慧,如果没有行动,一切空谈。"

直达纽约
——主宰美国经济命脉的4大豪门

"缺乏行动的人都有一个坏习惯:喜欢维持现状、拒绝改变。这是一种深具欺骗和自我毁灭的坏习惯。一切都在变化之中,正如人会生死一样。没有不变的事物,但因内心的恐惧,对未知的恐惧,许多人抗拒改变,即使现状多么令人不满,他们都不敢向前跨出一步。"

"人生中最令人感到挫折的,莫过于想做的事太多,结果不但没有足够的时间去做,想到每件事步骤繁多,而被'做不到'的情绪所慑退,以致一事无成。"

"要有现在就做的习惯、积极主动的精神,戒除精神散漫的习惯,要决心做个主动的人,不要等到万事俱备以后才去做,因为这世上永远没有绝对完美的事。"

培养行动的习惯,不需要特殊的聪明智慧或专门的技巧,只需要努力耕耘,让好习惯在生活中开花结果即可。

"执行出错"带来的危害远不如"行事犹豫不决"带来的危害大,静止不动的事物比运动中的事物更容易损坏。

一位智商一流、持有大学文凭的才子决心"下海"做生意。有朋友建议他炒股票,他豪情冲天,但去办股东卡时,他犹豫道:"炒股有风险啊,等等看。"

又有朋友建议他到夜校兼职讲课,他很有兴趣,但快到上课了,他又犹豫了:"讲一堂课才20块钱,没有什么意思。"他很有天分,却一直在犹豫中度过。两三年了,还一直没有"下"过海,最终碌碌无为。

一天,这位"犹豫先生"到乡间探亲,路过一片苹果园时,望见的都是长势喜人的苹果树。他禁不住感叹道:"上帝赐予了这个主人一块多么肥沃的土地啊!"

种树人一听,对他说:"那你就来看看上帝怎样在这里耕耘吧。"

世界上有很多人光说不做,总在犹豫;有不少人只做不说,总在耕耘。

成功与收获总是光顾那些有了成功的方法并且付诸于行动的人。过分谨慎和粗心大意一样糟糕。

第一卷 · 第二章
富过六代的家族——洛克菲勒的赚钱心得

如果你希望别人对你有信心,你就必须用令人信赖的方式表现自己。过度慎重而不敢尝试任何新的事物,对你所造成的伤害,就像不经任何考虑就突发执行某件事的后果一样严重。

没游过泳的人站在水边,没跳过伞的人站在机舱门口,都是越想越害怕。人处于不利境地时也是这样。治疗恐惧的办法就是行动,毫不犹豫地去做。再聪明的人,也要有积极的行动。

有一个6岁的小男孩,一天在外面玩耍时,发现了一个鸟巢被风从树上吹掉在地,从里面滚出了一只嗷嗷待哺的小麻雀。小男孩决定把小麻雀带回家喂养。当他托着鸟巢走到家门口的时候,他突然想起妈妈不允许他在家里养小动物。于是,他轻轻地把小麻雀放在门口,急忙走进屋去请求妈妈。在他的哀求下,妈妈终于破例答应了。小男孩兴奋地跑到门口,不料小麻雀已经不见了,只看见一只黑猫正在意犹未尽地舔着嘴巴。小男孩为此伤心了很久。但从此他也记住了一个教训:只要是自己认定的事情,绝不可优柔寡断。这个小男孩长大后最终成就了一番事业,他就是华裔电脑名人——王安博士。

在人生中,思前想后、犹豫不决固然可以免去一些做错事的可能,但更大的可能是会失去更多成功的机遇。

在四川的某个偏远地区有两个和尚,其中一个贫穷,一个富裕。

有一天,穷和尚对富和尚说:"我想到南海去,您看怎么样?"富和尚说:"你凭借什么去呢?"穷和尚说:"一个饭钵就足够了。"富和尚说:"我多年来就想租条船沿着长江而下,现在还没做到呢。你凭什么去?"第二年,穷和尚从南海归来,把去南海的事告诉富和尚,富和尚深感惭愧。

穷和尚与富和尚的故事说明了一个简单的道理:说一尺不如行一寸。没有果敢的行动,一切梦想都只能化作泡影。"现实"是此岸,"理想"是彼岸,中间隔着湍急的河流,"行动"则是架在河上的桥梁。

但是这个世界上,有些人看上去并没有付出多少努力,却获得了成功、权力和财富,而有些人一直在行动,在努力,却不断地遭受着挫折和打击,无论他们怎样努力,也不能实现自己的野心、愿望和理想。这究竟是为什么呢？难道是他们的行动出了问题吗？我们说要行动,是要有个正确目标的行动,而不是不切实际的乱行动。如果是错误的行动,带来的危害会让我们一生都无法挽回。想好自己努力的方向,就去行动吧！

8.做好人生的"减法",幸福与成功不能用物质的丰裕与否来衡量

洛克菲勒,美国标准石油公司的缔造者,他在短短的几十年里,积累了惊人的财富,成为举世瞩目的大富豪。

那么,在他53岁时,洛克菲勒又成就了什么呢？

不幸的是,53岁时,他却成了忧虑的俘虏。充满忧虑及压力的生活早已摧毁了洛克菲勒的健康,他的传记作者温格勒说:"他在53岁时,看起来就像个僵硬的木乃伊。"

洛克菲勒53岁时,因为莫名的消化系统疾病,他的头发不断脱落,甚至连睫毛也无法幸免,最后只剩几根稀疏的眉毛。温格勒说:"他的情况极为恶劣,有一阵子他只得依赖酸奶为生。"医生们诊断他患了一种神经性脱毛症。后来,他不得不戴一顶扁帽。不久以后,他订做了一个500美金的假发,从此,一生都没有脱下来过。

洛克菲勒原本体魄强健。他是在农庄长大的,有着宽阔的肩膀,迈着有力的步伐。可是,在多数人的巅峰岁月——53岁时,他却肩膀下垂、步履蹒跚。

洛克菲勒是世界上最富有的人,却只能靠着简单的饮食为生。他每周的收入高达几万美金——可是他一个星期能吃得下的食物却要不了两块钱。医生只允许他喝酸奶,吃几片苏打饼干。他的皮肤毫无血色,那只是包在骨头上

第一卷·第二章
富过六代的家族——洛克菲勒的赚钱心得

的一层皮。他只能用钱买最好的医疗，使他不至于53岁就去世。

为什么？完全是因为忧虑、惊恐、压力及紧张。事实上，洛克菲勒已经把自己逼近坟墓的边缘。他永远无休止地、全身心地追求目标。据亲近他的人说，每次赚了大钱，他的庆祝方式也不过是把帽子丢到地板上，然后跳一阵土风舞；可是如果赔了钱，他就会大病一场。一次，他运送一批价值4万美金的粮食取道太湖区水路，保险费需要150美元，他觉得太贵了，因此没有购买保险。可是，当晚伊利湖有飓风，他整夜担心货物受损。第二天一早，当他的合伙人跨进办公室时，发现他正来回踱步。

洛克菲勒叫道："快去看看我们现在还来不来得及投保。"合伙人赶忙奔到城里找保险公司。可等他回到办公室时，发现洛克菲勒的心情更糟。因为洛克菲勒刚刚收到电报，货物已安全抵达，并未受损。于是，洛克菲勒更生气了，因为他们刚刚花了150美元投保。

事实上，是洛克菲勒自己把自己搞病了，他不得不回家卧床休息。想想看，他的公司每年营业额达50万美元，他却为区区150美元把自己折腾得病倒在床上。他无暇游乐、休息，除了赚钱及教主日祈祷，他没有时间做其他任何事情。

他的合伙人贾德纳与其他人以2000美元合伙买了一艘游艇，洛克菲勒不但反对，而且拒绝坐游艇出游。

贾德纳发现洛克菲勒周末下午还在公司工作，就央求他说："来嘛，约翰。我们一起出海。航行对你有益。忘掉你的生意吧！来点乐趣嘛！"洛克菲勒警告说："乔治·贾德纳，你是我所见过的最奢侈的人。你损害了你在银行的信用，连我的信用也受到牵连，你这样做，会拖垮我的生意的。我绝不会坐你的游艇，我甚至连看都不想看。"结果洛克菲勒在办公室里待了整个下午。

永远缺乏幽默，永远只顾眼前，是洛克菲勒整个事业生涯的写照。即使坐拥百万资产，他却一直担心财富可能随时失去。马克·汉纳说过："这是一个为钱疯狂的人。"

洛克菲勒住在俄亥俄州克利夫兰市时，曾向邻居吐露真言，说他希望能被人爱，可是他却是如此寡情与多疑，以致没有几个人真正喜欢他。

直达纽约
——主宰美国经济命脉的4大豪门

洛克菲勒的部属与合伙人都很畏惧他。具有讽刺意味的是:洛克菲勒也同样怕他们,他怕他们把公司的秘密泄漏出去。

洛克菲勒对人性几乎没有丝毫信心。有一次他与一位石油提炼专家签了10年的合约,他要那个人承诺不告诉任何人,包括他的妻子。洛克菲勒经常挂在嘴边的一句话:"闭上嘴,好好干活!"

正逢洛克菲勒事业巅峰、财源滚滚的时候,他的个人世界却崩溃了,标准石油公司也一直灾祸不断——与铁路公司的诉讼、对手的打击,等等。

遭到他无情打击的对手,没有一个不想把他吊在苹果树下的,威胁要他性命的信件如雪片般飞入他的办公室。

洛克菲勒开始雇用保镖防止敌人杀他。他很想忽视这些仇恨,一次,他自我解嘲地说:"踢我,诅咒我,你还是拿我没办法!"但是他终究是个凡人,他无法忍受憎恨,也无法承受忧虑。他的健康状况开始恶化了,对这个新的"敌人"——由身体内部发出的疾病,他感到极为茫然与迷惑。

后来,医生告诉他一个惊人的事实,他或者选择财富与忧虑,或者他的生命。医生还警告他:再不退休,"就死路一条"。他终于退休了,可惜退休前,忧虑、贪婪与恐惧已经摧毁了他的身体。

当全美最著名的女作家艾达·塔贝尔见到他时,真是大吃一惊。她写道:"他的脸上饱经忧患,他是我见过的最老的人。"

"老"? 怎么会呢?

洛克菲勒比麦克阿瑟反攻菲律宾时还要年轻几岁呢。可是他的身体状况极差,以致艾达·塔贝尔感到他太可怜了。当时她正着手写一篇讨伐标准石油公司的文章,她没有任何理由同情这位一手建立起这个超级"八爪鱼"的首脑,然而,当她看见洛克菲勒在教主日急切地渴求他人同情的目光时,她说:"我心中涌起一种从未有过的感觉,而且那个感觉十分强烈,那就是我为他难过,我了解孤独恐惧的滋味。"

医生竭尽全力挽救洛克菲勒的生命,他们要他遵守三项原则——这三项原则,终其一生,他都牢牢记住。这三项原则是:

(1)避免忧虑,绝不要在任何情况下为任何事烦恼。

第一卷·第二章
富过六代的家族——洛克菲勒的赚钱心得

(2)放轻松,多在户外从事温和的运动。

(3)注意饮食,每顿只吃七分饱。

洛克菲勒严格遵守这些原则,因此他捡回了一条命。

他退休了,他开始学习打高尔夫球,从事园艺,与邻居聊天、玩牌,甚至唱歌。他开始想到别人。

这一生他终于不再只想着如何赚钱,而开始思考如何用钱去为人类造福。总而言之,洛克菲勒开始把他的亿万财富播撒出去。

洛克菲勒基金会的出现在人类历史上是史无前例的,也可以说是独一无二的。

洛克菲勒了解到世界各地众多具有远见卓识的人正在从事许多有意义的工作,很多人都在进行研究,有人想成立大学,有许多医生在努力与疾病战斗——可是,因为缺乏经费,致使"胎死腹中"的情况太多了。因此,他决定帮助这些人类先驱者,不是像过去那样把他们收买过来,为自己赚钱,而是为他们提供经费,帮助他们。

今天,你我都应该为盘尼西林和其他数十种使用洛克菲勒捐赠经费完成的发明而真诚地感谢洛克菲勒。以前儿童患脑膜炎的死亡率曾高达4/5,现在我们子女的生命不再受脑膜炎的威胁,这也是洛克菲勒的功劳。

洛克菲勒开心了,他彻底改变了自己,使自己成为了毫无忧虑的人。事实上,后来,当他遭受事业重创时,他也不肯因此而牺牲一晚上的睡眠时间。

这个重创是他一手创办的标准石油公司被勒令罚款,这是美国当时最大的一笔罚款。美国政府裁定标准石油公司垄断,直接违反了美国"反托拉斯法"。诉讼持续了5年,全美最杰出的法律精英都加入到了这场历史最久远的法庭战争,但最后,标准石油公司败诉了。

当法官宣判时,辩方律师都担心洛克菲勒无法承受——他们显然并不了解洛克菲勒的改变。

当天晚上,一位律师打电话通知洛克菲勒,他尽可能平静地叙述这个判决,接着他说出了心中的顾虑:"我希望你不要因为这个判决而难过,洛克菲

直达纽约
——主宰美国经济命脉的4大豪门

勒先生。希望你今晚能安心睡觉。"

洛克菲勒立即回答:"约翰森先生,不要担心,我决心好好睡一觉。你也不要放在心上,晚安!"

这几句话居然出自一位曾为150美元而失眠的人的口中——洛克菲勒用了很长的时间才学会克服忧虑。这就是为什么他53岁时差点丧命,最后却能活到98岁的原因。

幸福与成功不能用物质的丰裕与否来衡量。拥有更多的财富,可能会令人更加窒息,而非让你感觉轻松与惬意。更大的房子、更好的车子未必能为你带来更多的幸福。对许多人来说,他们所拥有的东西,到头来反而控制了他们自己。因为想要拥有得越多,自然得付出越高的代价。

如果你发现自己也被某种"东西"压得喘不过气来时,你有一个再清楚不过的选择:做"减法"。做好你人生的"减法",也许"减法"过后,你会得到用"加法"得不到的成功。

李妍是一家外企的企业策划总监,而她自己则一再强调这只是她的社会职位。相比之下,她更愿意将自己定义为一个白天匆匆忙忙、夜里独自幽怨的女子。白天,总是有忙不完的业务,这让她每天即使回到家中还是感觉精疲力竭。

"当坐在电视机前一个频道接一个频道逐一掠过的时候,依稀回忆起童年周末的下午坐在电视机前幸福地等待《猫和老鼠》上演的时光。而现在的生活就如同电视频道一样,太多的选项反而让人找不到幸福在何方。"李妍在自己的微博中如是写到。

但是半年后,当同学再次见到李妍时,发现她再无半点颓废模样,反而是元气十足、精神饱满,让人无法将她与之前的那个形象联系起来。再三追问之后,李妍开心地说出了这样一个词:减法生活。

减法生活,顾名思义就是将不需要的麻烦从生活中减去。它是一种让生活尽量简单化的状态,是一种倾听内心的声音,忠实于真实想法的生活方式,是一种化繁为简,获得幸福,并懂得享受幸福的能力。

而李妍所信奉的正是如此。原本疲于在各种应酬中奔波的她,开始注重

第一卷·第二章
富过六代的家族——洛克菲勒的赚钱心得

起自己的生活品质,她把每周日的应酬推掉,决定给自己一个真正的休息日。

李妍说:"一直以来,我的工作都是没有空闲的。休息日要工作,周末也没有闲暇时间。我生活中的一切仿佛都只有两个字:工作。但是自从领悟'减法生活'的真谛之后,我把一些不必要的应酬推掉了,周日的时间雷打不动地做自己想做的事情:可以看看书,可以去逛街,当然也可以见见朋友,但是绝对不谈工作。"

从李妍红润的脸颊上就能看出,她的"减法法则"让她的生活有了更多的快乐。

那么,"减法生活"到底要"减"去哪些东西呢?

这个问题,苏菲知道。苏菲是一家合资企业的广告部经理助理——一个标准的女白领。喜欢小资生活情调的她,却也承受着工作之中沉重的压力。为了维持自己的生活步调,苏菲总结出了自己的"减法法则"。在她看来,"减法生活"既是一种生活态度,又是一种时间统筹方式。

苏菲说,"其实很多时候大家都想过自己喜欢的那种生活,可是却又担心工作完不成,无法向上级交代。一来一去,不仅没有做到'减法',反而凭空给自己增添了很多压力。'减法生活'的改变程度与你的意愿程度是等比相关的。"

除去改变的意愿,"减法生活"就是要帮你认清什么是重要的,什么是不重要的。给自己的工作划定好时间,将重要的优先做,将不重要的合并或者丢弃,这就实现了"减法"的效果。而在这一阶段,统筹方法的应用很重要。

苏菲说,"有很多时候我都要同时面对不同的工作,不论是文件处理,还是联系业务,或者是出去应酬,这些都属于工作范围之内的事情。但是如果把它们都完成的话,显然就会'被工作牵着鼻子走'了。这个时候我就会好好想想哪些是必须完成的,哪些是即使完成不了或者推迟完成也不会有影响的。"

苏菲举了她工作中的一个例子来说明这一点。苏菲的工作任务之一就是与各个相关企业维持联系,每个月都有一个拜访工作登记,一个月需要去至少4家公司,和其业务部门进行联系,互通消息。苏菲说,"一般去做业务联系谈工作的时间最多就一个小时。但是别人做一次访问要一天,大量的时间都是用来参加应酬。我不否认这些应酬可以拉近双方的关系,但是工作关系其实也并不一定非要靠这些来维持的。"

在我们的人生中,强为己有的东西却并不会让我们感到满足和快乐,反而会成为一种压力和负担,搅扰我们平静的生活。所以,我们在做任何事情之前,不妨先问自己这样两个问题:我能不能做好? 我能不能从中获取快乐? 然后再去想能从中得到什么好处。

美国心理学家埃伦·兰格提供了"减法创意学"的秘诀:

(1)踢开评价的施压;
(2)去除对错误的恐惧;
(3)不迷信绝对的规则;
(4)抛开社会的比较;
(5)打破天赋的迷思;
(6)摆脱"知"的盲点。

延伸阅读:

洛克菲勒留给儿子的信——运气靠策划

亲爱的约翰:

有些人注定要成为令人眩目的王者或伟人,因为他们有非凡的才能,譬如,老麦考密克先生,他长着一颗能制造运气的脑袋,知道如何将收割机变成收割钞票的镰刀。

在我眼里,老麦考密克永远是位野心勃勃且具商业才能的实业巨子,他用收割机解放了美国农民,同时也把自己送入全美最富有者的行列。法国人似乎更喜欢他,盛赞他为"对世界最有贡献的人"。哦,这真是一个意外的收获。

第一卷·第二章
富过六代的家族——洛克菲勒的赚钱心得

这位原本只能做个普通农具商的商界奇才说过一句深奥的名言:"运气是设计的残余物质。"

这句话听起来的确让人颇费脑筋,它是指运气是策划和策略的结果,还是指运气是策划之后剩余的东西呢?我的经验告诉我,这两种意义都存在。换句话说,我们自己创造自己的运气。我们的任何行动都不可能把运气完全消除,运气是策划过程中难以摆脱的福音。

老麦考密克洞悉了运气的真谛,打开了运气过来的大门。所以,我对老麦考密克的收割机能行销全球,成为"日不落"产品,丝毫不感到奇怪。

然而,在我们这个世界上,很难找到像老麦考密克先生那样善于策划运气的人,也很难找到不相信运气的人和不误解运气的人。

在凡夫俗子眼里,运气永远是与生俱来的。只要发现有人在职务上得升迁,有人在商海中势如破竹,或有人在某一领域取得成功,他们就会很随便,甚至用轻蔑的口气说:"这个人的运气真好,是好运帮了他!"这种人永远不能窥见一个让自己赖以成功的伟大真理:每个人都是他自己命运的设计师和建筑师。

我承认,就像人不能没有金钱一样,人不能没有运气。但是,要想有所作为,就不能等待运气光顾。我的信条是:我不靠天赐的运气活着,但我靠策划运气发达。我相信好的计划会左右运气,甚至在任何情况下,都能成功地影响运气。我在石油界实施的"变竞争为合作"的计划恰恰验证了这一点。

在那项计划开始前,炼油商们各自为战,利欲熏心,结果引发了毁灭性的竞争。这种竞争对消费者来说当然是个福音,但油价下跌,对炼油商们却是个灾难。那时候绝大多数炼油商做的都是亏本生意,他们正一个一个滑入破产的泥潭。

我很清楚,要想重新有利可图并将钱永远地赚下去,就必须驯服这个行业,让大家理性行事。我把它视为一种责任,然而这很难做到,这需要一个计划——一个将所有炼油业务置于我麾下的计划。

约翰,要在获取利益的猎场上成为好猎手,你需要勤于思考、做事小心,能够看到事物中一切可能存在的危险和机遇,同时又要像一个棋手那样研究

直达纽约
——主宰美国经济命脉的4大豪门

所有可能危及你霸主地位的各种战略。我彻底研究了形势并评估了自己的力量,决定将大本营科利佛兰作为我发动统治石油工业战争的第一战场,待征服了在那里的二十几家竞争对手之后,再迅速行动,开辟第二战场,直至将那些对手全部征服,建立石油业的新秩序。

就像战场上的指挥官,选择攻击什么样的目标,要首先知道选择什么样的火器才最奏效一样。要想成功实现将石油业统一到我麾下的计划,需要一个彻底解决问题的手段,那就是钱,我需要大量的钱去买下那些生产过剩的炼油厂。但我手头上的那点资金不足以实现我的计划,所以我决定组建股份公司,把行业外的投资者拉进来。很快,我们以百万资产在俄亥俄州注册成立了标准石油公司,第二年资本就大幅扩张了三倍半。但何时动手却是个学问。

富有远见的商人总善于从每次灾难中寻找机会,我就是这样做的。在我们开始"征服之旅"前,石油业一片混乱,一天比一天没有希望,科利佛兰90%的炼油商已经快被日益激烈的竞争压垮了,如果不把厂子卖掉,他们就只能眼睁睁地看着自己走向灭亡。这是收购对手的最好时机。

在此时采取收购行动,似乎不太道德,但这的确与良知无关。企业就如战场,战略目标的意义就是要造成对己方最有利的状态。出于战略上的考虑,我选择的第一个征服目标不是不堪一击的小公司,而是最强劲的对手克拉克·佩恩公司。这家公司在科利佛兰很有名望,且野心勃勃,想要吃掉我的明星炼油厂。

但在对手决定之前,我总要先下手为强。我主动约见克拉克·佩恩公司最大的股东,我中学时代的老朋友——奥利弗·佩恩先生。我告诉他,石油业混乱、低迷的时代该结束了,为保护无数家庭赖以生存的这个行业,我要建立一个庞大、高绩效的石油公司,并欢迎他入伙。我的计划打动了佩恩,最后他们同意以40万元的价格出售公司。

我知道克拉克·佩恩公司根本不值这个价钱,但我没有拒绝他们,吃掉克拉克·佩恩公司就意味着我将取得世界最大炼油商的地位,将为迅速把科利佛兰的炼油商捏合在一起充当强力先锋。

这一招果然十分奏效。在以后不到两个月的时间里,就有22家竞争对手

第一卷·第二章
富过六代的家族——洛克菲勒的赚钱心得

归于标准石油公司的麾下,并最终让我成为了那场收购战的大赢家。而这又给了我势不可挡的动力,在此后的3年时间里,我连续征服了费城、匹兹堡、巴尔的摩的炼油商,成为了全美炼油业的唯一主人。

今天想来,我真是幸运,如果当时我只感叹自己时运不济,进而随波逐流,或许我早已被"征服"掉了。但我策划出了我的运气。

世界上什么事都可以发生,就是不会发生不劳而获的事。那些随波逐流、墨守成规的人,我不屑一顾。他们的大脑被错误的思想所盘踞,以为能全身而退就值得沾沾自喜。

约翰,要想让我们的好运连连,我们必须要精心策划运气。而策划运气需要好的计划,好的计划一定是好的设计,好的设计一定能够发挥作用。你需要知道,在构思好的设计时,要首先考虑两个基本的先决条件:第一个条件是知道自己的目标,譬如你要做什么,甚至你要成为什么样的人;第二个条件是知道自己拥有什么资源,譬如地位、金钱、人际关系,乃至能力。

这两个基本条件的顺序并非绝对不能改变,你可能先有一个构想、一个目标,才开始寻找适于这些资源的目标。还可以把它们混合一处,形成第三和第四种方法,例如拥有某种目标和某种资源。为实现目标,你必须选择性地创造一些资源,也可能拥有一些资源和某个目标,你必须根据这些资源,适时提高或降低目标。

你根据资源调整目标或根据目标调整资源之后,就有了一个基础——可以据以构思设计的结构,剩下的东西就是用手段与时间去填充,和等待运气的来临了。

你需要记住,我的儿子,设计运气,就是设计人生。所以在你等待运气的时候,你要知道如何引导运气。试试看吧。

爱你的父亲
1900年1月20日

第三章

成就伟大的习惯

——洛克菲勒的启示

> 我的座右铭是：人始终要保持活力，永远坚强、坚毅，不论遭遇怎样的失败与挫折，这是我唯一能做的事情。我自己能够理解，我做什么才会让自己感到快乐，什么东西值得自己为之效命。根本的期望，就像清洁工手中的扫把，将扫尽你成功之路上的所有垃圾。
>
> ——约翰·戴维森·洛克菲勒

第一卷·第三章
成就伟大的习惯——洛克菲勒的启示

1.善于找借口是懦弱者的行为

洛克菲勒有一个朋友,叫斯科菲尔德,是名船长,他喜欢打高尔夫球,但是总是输,他输得有些气急败坏,一怒之下把他那根漂亮的高尔夫球杆扔上了天,结果他只得再买一根新球杆了。

但洛克菲勒比较喜欢船长的性格,他认为,人生奋斗的目标就是求胜,打球也是一样。斯科菲尔德船长还有一个令人称道的优点,尽管输球会令他不高兴,但他认为赢本身并不代表一切,而努力去赢的做法才是最重要的。所以在输球之后,他从不为自己找借口。事实上,他可以以年龄太大、体力欠佳来解释他输球的理由,为自己讨回颜面,但他从来不这样做。

在洛克菲勒看来,借口是一种思想病,而染有这种严重病症的人,无一例外的都是失败者,当然一般人也有一些轻微的症状。但是,一个人越是成功,就越不会找借口。处处亨通的人,与那些没有什么作为的人之间最大的差异,就在于他是否找到了借口。

只要稍加留意你就会发现,那些没有任何作为,也不曾计划要有番作为的人,经常会找到一箩筐的"草帽"来帮助他掩盖:为什么他没有做到?为什么他不做?为什么他不能做?为什么他不是那样的……失败者为自己料理"后事"的第一个举动,就是为自己的失败找出各种理由。

很多人都想创业,但他们似乎都有一个同样不创业的理由:我没有钱,我要是有钱的话……似乎只要有钱,他就一定能成功。其实,我们到今天还没有成功,就是因为我们一直在为自己找各种借口。

阿里巴巴无疑是中国互联网史上的一次奇迹,这次奇迹是由马云和他的团队创造的。但是阿里巴巴创业开始,钱也不多,50万——是18个人东拼西凑起来的。50万,是他们全部的家底。然而,就是这50万,马云却喊出了这样的

直达纽约
——主宰美国经济命脉的4大豪门

宣言:我们要建成世界上最大的电子商务公司,要进入全球网站排名前十位。

那是1999年。1999年,中国的互联网市场已经进入了白热化状态,国外风险投资商疯狂给中国网络公司投钱,网络公司也是疯狂地烧钱。50万,只不过是新浪、搜狐、网易这样大型的门户网站的一笔小小的广告费而已。阿里巴巴在创业之初是相当艰难的,每个人的工资只有500元,公司的开支恨不得把1分钱掰成两半来用。员工外出办事,发扬"出门基本靠走"的精神,很少打车。据说有一次,大家出去买东西,由于东西很多,实在没办法了,只好打的。大家在马路上向的士招手,来了一辆桑塔纳,他们就摆手不坐,一直等到来了一辆夏利,他们才坐上去,因为夏利每公里的费用比桑塔纳便宜2元钱。

曾经因为资金的问题,阿里巴巴到了几乎维持不下去的地步。8年过去了。2007年11月6日,阿里巴巴在香港联交所上市,市值200亿美元,成为中国市值最大的互联网公司。马云和他的创业团队由此缔造了中国互联网史上最大的奇迹。

人们对不愿意去做的事情,总是要找出千万个借口来推脱,他们很喜欢找各种各样的理由来证明自己为什么做不到。其实,在每一个借口的背后,都隐藏着丰富的"潜台词",只是我们不好意思说出来,甚至我们根本就不愿说出来。我们所找的借口让我们暂时逃避了困难和责任,心理上得到了一些慰藉。但是,找到借口的代价是非常巨大的,它给我们带来的危害一点儿也不比其他任何恶习少。

这是某企业的一次季度会议。

营销部门张经理首先发言:"最近销售做得不好,我们有一定的责任,但是最主要的责任不在我们,竞争对手纷纷推出新产品,比我们的产品好,所以我们很不好做,研发部门要认真总结。"

研发部门李经理接着说:"我们最近推出的新产品是很少,但是我们也有困难呀,我们的预算很少,就连少得可怜的预算,也被财务部门削减了!"

财务部门刘经理说:"是,我是削减了你们的预算,但是你们要知道,公司

第一卷·第三章
成就伟大的习惯——洛克菲勒的启示

的采购成本在上升,我们当然没有多少钱。"

这时,采购部门王经理跳起来:"我们的采购成本是上升了10%,可是为什么,你们知道吗?日本地震难道你们不知道吗?老百姓都在抢盐了,碘的价格能不上升吗?"

"哦,原来如此呀,这样说,我们大家都没有多少责任了,哈哈哈哈!"张经理、李经理、刘经理、王经理齐声说。

总经理说:"这样说来,我只好去考核日本为什么地震了?"

就像这个案例中的情景一样,销售部销售不好,责任在产品;产品不好,责任在预算;预算之所以少,是因为成本高,盈利少;而成本之所以提高,责任在采购;而采购成本高,则是因为日本地震……

听起来很可笑,但生活中却真的有很多类似的情况——每个人都可以把原因往别人身上推,每个人都能在别人那儿找到借口。他们不愿意承担风险,不想承认自己的问题。也许,这样的逃避行为可以使他们暂时逃脱公司的处分,但最终的结果呢?

最好的做法不是先怪罪别人,把责任推个一干二净,而是应认真问自己:

"我可以多做点什么事情来解决这个问题呢?"

"我可以从目前的情形中吸取什么经验教训呢?"

"我如何才能摆脱困境,向前推进呢?"

在工作中,无论遇到任何棘手的问题,都要保持积极向前的态度,做一个敢于面对问题、善于解决问题的优秀员工,做职场中的楷模。抬起头,向前看,根据目前的情况确定最佳的行动路线。

很多员工总是会被那些所谓的问题难住,于是觉得工作不好开展,找不到出路,最后越做越难,最终放弃。其实,问题就相当于"出路",你能够发现、提出的问题越多,你的"出路"就越多。抓住机遇就相当于"选路",在路多的情况下,才有更多的选择。

联想集团在成立之初,只是为一些国外的企业代理或加工一些电脑的配

直达纽约
——主宰美国经济命脉的4大豪门

件。由于其人才、技术的限制,企业的工作效率低下,经常不能满足国外企业的需求,因而失去了许多客户。

在一次为国外著名厂商做显示器的时候,客户的要求非常严格,甚至有些强人所难。联想集团经过多次改进后,产品仍然不能达到客户的要求。当时,交货期限将至,客户发出最后通牒,到期如交不了货,将终止与联想的合作,并且要求联想依照合同承担相关的经济责任。

为了维护客户和公司的利益,联想集团只能在柳传志的严格监督下,加班加点地改进不合格的地方。经过全体员工的努力,联想集团终于在规定的日期做出了让客户满意的产品——这不但维护了企业的信誉,更主要的是加强了双方的合作,促使双方的业务往来越来越密切,同时也为联想集团的快速成长营造了更好的外部环境。

客户的要求是一个棘手的问题,看似无法达到,但只要勇敢去面对,将苛刻的条件当成是前进的动力,让问题逼着自己成长,再大的问题也就不会成为问题了。假如你放弃,或者你在规定的时间内不能够完成目标任务,那么,你就会在激烈的市场竞争中失去信誉,失去合作的机会。

你一定要明白的是:问题不可能因为你的回避而自动消失,推卸责任也只能使问题更严重。最好的办法,就是做个有心人,主动承担起自己的责任,主动寻找有效的解决办法。

通常情况下,工作中遇到的问题,很大程度上并不是某件事情本身产生的,而是由你自身的某种缺陷造成的。很多人不及时地从自身寻找突破口,而是怨天尤人、缺乏行动,结果他们只能被问题所淹没,有的甚至不得不离开自己的工作岗位。如果遇到问题时我们能积极地从自身寻找原因,寻找能够使自己发展的突破口,就会得到积极的效果。

高森和严诺都是同一家公司的业务员,他们差不多是同时进入这家公司的。

作为初涉营销领域的新人,他们都不同程度地面临着人际关系、业绩不如意等问题,但是高森得到了升迁,而严诺却离开了公司。为什么呢?

第一卷·第三章
成就伟大的习惯——洛克菲勒的启示

原来,严诺在种种问题的压力下总是抱怨自己的运气不好,抱怨周围的同事瞧不起他,如此一来,他自己心里承受的压力越来越大,以至于工作中的问题变得越来越严重,最后不得不辞职离开了公司。

严诺有着很严重的退缩心理,在这种消极心理的影响下,他一遇到工作和人际关系中的问题无法解决的时候就想逃避,而不从自身去寻找解决问题的突破口。严诺没有认识到,不管在哪一家公司都会遇到同样的问题,这种怨天尤人的态度是不可取的。

相反,高森在遇到和严诺同样问题的时候,他首先是综合分析自己的问题,然后再针对自己的不足,积极学习,以弥补自己的缺陷。要做好营销,首先就要搞好周围的人际关系,因此与他人的沟通和交流是必不可少的。为了锻炼自己的口才,高森总是积极地在各种场合锻炼自己,并抓住每一个发言的机会。另外,他平时还积极地找上司和同事沟通,并且学会了从别人的角度看问题。

由于高森积极地改变自己,他在市场开发中取得了很好的成绩。同时,他还针对自己的陋习,比如工作时的惰性心理等进行了改变。高森在改变自己的过程中,他工作中的问题也逐渐得到了解决。他的业绩不断地增长,最后升为部门主管。

高森的成功,应该归功于他在遇到问题时积极地从自身寻找解决问题的办法,积极地改变自己。俗话说:"变则通,通则久。"在工作中遇到问题时,不妨多从自身的角度考虑,及时改变自己不适应工作的那些缺陷。另外,每个人每天都要面对新问题,因此,你考虑问题的角度、解决问题的办法,也要随问题的不同而改变。

只要你肯直面自己身上存在的问题和不足,从现在开始积极行动,改善自己不良的工作状况,提升自己的价值,总有一天你会取得进步。对员工而言,当遇到问题和困难时,能否主动去找方法解决,而不是找借口回避责任,找理由为失败辩解,对你在职场中能否成功发展具有决定性的作用,同时,这一点也是一流人才的核心素质。

洛克菲勒鄙视那些善找借口的人,因为那是懦弱者的行为。洛克菲勒也同情那些善找借口的人,因为借口是制造失败的病源。

他觉得,一旦一个失败者找出了一种"好"的借口,他就会抓住不放,然后总是拿这个借口对他自己和他人解释:为什么他无法再做下去,为什么他无法成功。

起初,他还能自知他的借口有多少是在撒谎,但是在不断重复使用后,他就会越来越相信那完全是真的,相信这个借口就是他无法成功的真正原因,结果他的大脑就开始怠惰、僵化,但他却从不愿意承认自己是个爱找借口的人。

洛克菲勒曾经说过:"思路一转变,原来那些难以解决的困难和问题,就会迎刃而解。"试想,即使你找到了为自己开脱的理由,也不能将现有的问题解决。主动地寻找解决方法才是日后成才的基石。一个一流的员工,绝对是奉行这样的理念的:不找借口找方法,方法总比问题多。

2.懂得装傻的人才是真聪明

洛克菲勒对儿子说过:"世界上只有两种人头脑聪明:一种是活用自己的聪明人,例如艺术家、学者、演员;一种是活用别人的聪明人,例如经营者、领导者。后一种人需要一种特殊的能力——抓住人心的能力。但很多领导者都是聪明的'傻瓜',他们以为要抓住人心,就得依据由上而下的指挥方式。在我看来,这非但不能得到领导力,反而会使领导力降低很多。要知道,每个人对自己受到的轻视都非常敏感,被看矮一截会使他丧失干劲。这样的领导者只会使部属无能化。"

有时候,自作聪明的人是傻瓜,懂得装傻的人才是真聪明。

《后汉书·班超传》语:"今君性严急,水清无大鱼。"指水太清了,鱼就无法

第一卷·第三章
成就伟大的习惯——洛克菲勒的启示

存身。这是饱经沧桑的前辈留给后人的一条办事准则。在处理人事关系的问题上，一定要铭记这一点。

明成祖年间，广东布政使徐奇进京朝见皇上，顺便带了一些岭南的藤席准备馈赠给朝廷中的官员。不料，京城的巡逻官把这些藤席截获，并将徐奇馈赠礼品的人员名单呈给了明成祖。

明成祖反复看了几遍名单，见其中唯独没有太傅杨士奇的名字，觉得有必要问个究竟，于是立即召见了杨士奇。杨士奇解释说："当初徐奇受命赴广东任布政使，离行前众官员都作诗为他送别，所以徐奇这次回京特用藤席回赠。那一次臣正好有病在身，没有赠诗给徐奇，不然的话，我这次也在馈赠之列。今天众官员的名字虽然都在礼单上，但他们不一定会接受徐奇的礼物，再说藤席乃岭南特产，徐奇馈赠藤席只是为了表达谢意，不会有别的目的。"

杨士奇这番话讲得自然得体，使明成祖对他的疑惑打消了，也原谅了徐奇。明成祖还命人把名单烧了，从此再也没有过问此事。

在封建时代，皇权是至高无上的，"君疑臣必死"。如果杨士奇借此机会炫耀自己的清廉，不仅不会得到赞赏，而且会加重明成祖对他的疑心。杨士奇故意将自己牵扯进来，说明自己与别人没有什么不同，从而赢得了明成祖的信任。更妙的是，杨士奇此举不但挽救了自己，也免除了徐奇的祸事。

刘睦是东汉明帝的堂侄，自幼好学上进，喜好结交有学问的名儒，长大后被封为北海敬王。他忠孝仁慈，礼贤下士，深受百姓的爱戴。

有一年岁末，刘睦派一名官员去都城洛阳朝贺。临行前，他问这位官员："如果皇上问起我现在的情况，你想怎样回答呢？"

官员不假思索地说："您德高望重，忠心耿耿，是百姓的再生父母。下员虽然愚鲁，但此区区小事定能向皇上禀报清楚。"

刘睦听后，连连摇头："你若这样说，就把我给害了！"

见官员一副迷惑不解的样子，刘睦又接着说："你见到皇上之后，就说我自承袭王爵以来，意志衰退，行动懒散，每日只知吃喝玩乐，对正业毫不用心。"

刘睦善于守拙，不想让皇上知道他是一个精明的人。因为在当时，凡是有志向的皇室成员，很容易受到朝廷的猜忌，弄不好就会招来杀身之祸。刘睦故

直达纽约
——主宰美国经济命脉的4大豪门

作糊涂人,实在是明哲保身的妙计。

隋唐著名才子薛道衡,13岁时就能讲《左氏春秋传》,隋高祖时,做内史侍郎。大业五年,他被召进京,当时已是自负才气的隋炀帝杨广在位。薛道衡为了显示自己的文章水平,呈上了《高祖颂》,隋炀帝看了就很不高兴,说:"这只是文词漂亮而已。"

有一次,隋炀帝与下臣谈天,说自己才高八斗,可傲视天下文士,御史大夫乘机说薛道衡自负才气,不听训示,有"无君之心"。于是隋炀帝便下令把薛道衡绞死了。

看来,由于薛道衡不懂得深藏不露、明哲保身,得罪了不少人,不但有隋炀帝,也有那个进谗言的御史大夫,甚至可能还有其余的那些大臣,否则怎会没人替他求情于隋炀帝呢?

因为锋芒太露而把人得罪光了,薛道衡算得上是一个典型。韩信也算是一个。

韩信是汉朝的第一大功臣:在汉中献计出兵陈仓,平定三秦;率军破魏,俘获魏王豹;攻下代,活捉夏说;破赵,斩成安君,捉住赵王歇;收降燕;扫荡齐;历挫楚军。连最后垓下消灭项羽,也主要靠他率军前来合围。司马迁说:汉朝的天下,三分之二是韩信打下来的;项羽,是靠韩信消灭的。

但是,功高震主,本来就犯了大忌,加上他又不能谦退自处,看到曾经是他的部下的曹参、灌婴、张苍、傅宽等都分土封侯,与自己平起平坐,心中难免矜功不平。樊哙是一员勇将,又是刘邦的姨夫,每次韩信访问他,他都是"拜迎送",但韩信一出门就要说:"我今天倒与这样的人为伍!"这样,韩信终于使自己一步步走上了绝路。

鲁哀公十一年,在一场抵御齐国进攻的战斗中,右翼军溃退了,孟之反走在最后充当殿军,掩护部队后撤。进入城门的时候,他用鞭子抽打马匹,说道:"不是我敢于殿后,是马跑不快。"

不矜功自夸,可以很好地保护自己。正如英国19世纪政治家查士德斐尔

第一卷·第三章
成就伟大的习惯——洛克菲勒的启示

爵士对他的儿子所说的：要比别人聪明——如果可能的话，却不要告诉人家你比他聪明。

著名的游侠郭解就是一个很能藏锋露拙、大智若愚的人物。在洛阳，有一位男子因与人结怨而处境困难，许多人出面当和事佬，但对方一句话也听不进去，最后只好请郭解出面，为他们排解这场纠纷。郭解晚上悄悄造访对方，热心地进行劝服，对方就逐渐让步了。

这时候，如果是一般人，一定会为自己的成功而沾沾自喜，急于示人，但郭解不同，他对那接受劝解的人说："我听说你对前几次的调解都不肯接受，这次很荣幸，能让你接受我的调解。但是，我作为一个外地人，却压倒本地有名望的人，成功地调解了你们的纠纷，实在是有违常理。因此，我希望你这次就当是我调解失败，等到我回去后，如果当地有威望的人再来调解，你才接受，怎么样？"

郭解的做法异于常人，但却是一种使自己免遭众人嫉恨的明智之举。他这样做，既保护了自己，又留下了为人称道的美名。谁又能说郭解不是大智慧者呢？正如洪应明在《菜根谭》一书中所说："藏巧于拙，用晦而明，寓清于浊，以屈为伸，真涉世之一壶，藏身之三窟也。"

以上举的例子，都说明做人宁可显得笨拙一些，也不可显得太聪明；宁可收敛一下，也不可锋芒毕露；宁可随和一点，也不可自命清高；宁可退缩一点，也不可太积极前进。

装傻带给你的好处很多很多。装傻的含义，是摆低姿态，变得谦虚。换句话说，就是瞒住你的聪明。越是聪明的人，越有装傻的必要，因为就像那句格言所说的——越是成熟的稻子，越垂下稻穗。

3.做公益不单与钱相关,而是指你有一种乐善好施的心态

洛克菲勒是美国历史上第一位亿万富翁,截至到1913年时,他聚集的财富大约为9亿美元,相当于现在的1900亿美元左右。

洛克菲勒于1937年病逝,享年98岁。在辞世之前,他完成了大部分财产的捐助,只留下2640万元的遗产,而且大都是国库券。他开创了美国的慈善事业。

洛克菲勒早期主要致力于对大学教育的捐助,主要有罗切斯特神学院、约翰斯·霍普金斯大学、浸礼会联盟神学院、瓦萨大学、丹尼森大学、印第安大学、巴纳德学院、康奈尔大学、耶鲁大学、哈佛大学等,而他捐助的金额及大学院校的范围在逐渐扩大。在1892年捐资创办芝加哥大学时,他一次就拿出了135万美元的巨款,且在随后几年中不断地予以资金支持。1903年,为帮助南方各州恢复内战时被破坏的教育系统,他创办了教育总会,因而他在当时也被称作"教育巨头"。

当洛克菲勒发觉到拥有健康的身体才能拥有平等的竞争时,开始资助医疗卫生事业,致力于消灭世界各地的疾病。在他的资助下,发现了盘尼西林,还发明了多种新药,使人类克服了脑膜炎、疟疾、肺结核、流行感冒、白喉等疾病。

洛克菲勒主要有4个大的慈善机构:医学研究院、普通教育委员会、洛克菲勒基金会和劳拉·斯佩尔曼·洛克菲勒纪念基金会。12年里,他一共为他的慈善机构投资了4.4亿多美元。

洛克菲勒慈善的心及他的慈善事业能够包容天下,他拥有国际性的慈善思想,例如,他帮助黑人,出资帮助他们研究新型药物,消灭困扰他们的十二指肠虫等。

特别值得一提的是,洛克菲勒基金会的慈善触角也延伸到了中国。例如,1915年起开始筹建的北京协和医学院,就是其在中国最大、最具代表性,也是该基金在华最为得意的一项投资。除此之外,该基金会还资助一些美国其他组织在华建立的医学教育机构,如齐鲁医科大学、湘雅医学院等。

第一卷·第三章
成就伟大的习惯——洛克菲勒的启示

20世纪二三十年代,该基金会开始涉猎我国自然科学领域,对一些学科的创建和发展予以了很大的资助。包括周口店"北京人"的挖掘和考古工作,向中国地质勘探部捐款成立"新生代研究所",建立遗传学科,以及后来的农作物品种改良研究、植物学研究、平民教育运动、社会科学与人文科学等方面。

公益是什么?很多人的第一印象是,所谓做公益,就是给贫困地区的孩子捐钱捐物。但在洛克菲勒看来,做公益不单与钱相关,它更是一种行动。只有通过点滴的行动,你才会变革,世界才会变革。

我国很多企业家也持着同样的看法。

马云很早就与公益结缘。2008年汶川地震后,阿里巴巴成立了一个虚拟团体——灾后重建小组,由马云亲自担任组长,1000多名员工自发参加;2010年3月,马云加入大自然保护协会(TNC)全球董事会,成为董事会中的第一位中国人;2011年1月,马云成为壹基金理事;2012年2月,"阿里巴巴公益基金会"正式成立,马云成为该基金会的第一号志愿者。

2012年阿里巴巴全球股东大会上,马云宣布,今后每年阿里巴巴将拿出千分之三的营业收入投入环保。马云说道:"现在,我们的空气不能呼吸了,水不能喝了,辛苦挣来的钱却不是让你享受生活,而是让你的生活越来越糟糕。只有每个人都意识到水和食品已经危害到了自己的生命,只有每个人都努力才有可能带来改变。假设我们没这个意识、没这个心态,三年后的深圳可能比今天的北京还不如。未来,我们的孩子能够呼吸到的空气,依旧是今天北京的空气,甚至比这更糟。"

2013年5月10日,阿里巴巴集团董事局主席兼CEO马云宣布,即日起不再担任阿里巴巴集团CEO职务,投身另一个领域——公益与环保。随后,他的新工作是接替经济学家胡祖六,出任下一任大自然保护协会(TNC)中国理事会理事长。

马云说:"每个人都有善心。公益的本质是唤醒爱,公益的职责是把每一个人的善良的心唤醒出来,让他们觉得:我也可以做公益。慈善是个人行为,公益是社会行为;慈善是你有钱就可以做,公益是每个人的权利。公益,人人可以参与。"

对公益与慈善的区别,有人形象地称之为"慈善授人以鱼,公益授人以渔"。公益不仅要帮助人解决眼前的困难,还要帮助人提高能力,最终让受益人自己解放自己。这其实正是道明了现代公益的核心价值观:助人自助。

尽管我们的生活中并不缺乏由一些社会组织和机构发起的慈善募捐和社会公益捐助活动,然而,它们给人的感觉总是浮于表面,像是在作应景文章,而对慈善捐助和社会公益活动缺乏一些长远的打算。很多企业又往往是迫于能尽快扩大企业的社会影响、提高企业和自身的社会知名度的压力的驱使下,而不得已在一些社会交际舞台上临时客串一把"慈善家"的胸怀和风范———慷慨解囊,捐出或多或少的一笔钱。

可以毫不客气地说,这些捐助举动大多难逃"一锤子买卖"之嫌——捐钱后就觉得是"万事大吉"了,当然,这同目前的慈善基金管理和运作不规范、不专业等相关,从而使这些捐助举动沦为"授人以鱼"之列,自然很难从根本上解决对社会弱势群体的救助帮扶。

当然,公益存在问题是不争的事实,但是我们也欣喜地看到,一些企业仍然在坚守公益的准则,踏踏实实地捐资助学。

王老吉公司把社会看作为是一种重要的外部资源,将公司的发展与社会的发展紧密联系起来。公司十分热心公益事业,他们为支持广州申办2010年亚运会,举办了专场足球比赛,发起万人签名"申亚"活动;为宏扬中华传统体育文化,公司赞助最不为商家看好的象棋比赛;公司经常为希望小学学生、残疾人、贫困大学生等社会弱势群体捐款,为他们提供援助。在这种文化的影响下,友爱、互助的精神蔚然成风,公司员工中不少人都有资助对象。此外,公司出版了《健康人生宝典》等书籍,免费向社会大众赠送,投入巨资拍摄《岭南药侠》电视剧,组织王老吉艺术团到处演出,到机关、农村慰问,等等。这样做,一方面宣传了公司产品,将幸福文化传播到了社会;另一方面也是在为社会创

第一卷 · 第三章
成就伟大的习惯——洛克菲勒的启示

造幸福。王老吉公司在为社会尽责的同时,也从社会中获取了信任和支持,有力地推动了企业的发展。

从目前的情况看来,关于公益的争议还将持续下去。而对正在建设和谐社会的中国而言,要从根本上解决弱势群体的问题,实现整个国家的强盛,我们更希望看到实实在在的公益,"授人以鱼"终究不如"授人以渔"。

4.授人以鱼,不如授人以渔——洛克菲勒的"教子经"

1942年,珍珠港事件爆发之后,大亨约翰·洛克菲勒的孙子——戴维·洛克菲勒正在犹豫是否立刻报名参军,他刚刚有了自己的第一个孩子,按照美国当时的规定,属于需要抚养家庭的III-A级,暂时不会被招募。

过了几天,戴维的母亲和他进行了一次谈话。他母亲一直是一个反战主义者,但是她逐渐注意到希特勒对美国以及欧洲文明中最深层次的价值观念构成了巨大的威胁。

很多年后,成为摩根大通银行董事长的戴维·洛克菲勒在回忆录中写道:"毫无疑问,长期以来,母亲一直害怕的就是她与我之间的那次谈话。她非常温柔但非常坚定地表达了自己的观点:美国必须通过战斗来保卫自己的生活方式,符合条件的男子应当应征入伍,履行自己的职责,他们不应当等待被招募,那是他们的'责任'——我记得她说出了这个词的时候,既柔和又郑重。我吃了一惊,并非因为她看起来好像改变了自己对战争的看法,而是因为她在告诉我现在应当去战斗,并有可能在战斗中牺牲。"

洛克菲勒家族第三代有5名男丁,其中有4人直接或间接入伍参战,他们当中的一个参与了残酷的冲绳战役而负重伤,只有内尔森因为担任"美洲事务协调官"而免于服兵役。

无论此前对洛克菲勒家族有何印象,读到此处,谁都会感慨这个家族独到的

直达纽约
——主宰美国经济命脉的4大豪门

价值观,以及他们坚守这种价值观的决心。战后,洛克菲勒第三代的5个男丁都在商业和政治领域中取得了非凡的成就,其中内尔森还担任了美国副总统。到今天,洛克菲勒家族已经历经百年,延绵到了第6代,依然保持着旺盛的影响力,他们还在积极地参与文化、卫生与慈善事业。这个家族之所以有这么大的影响力,除了与这个家族富可敌国的财力以及他们在全球深厚的人脉关系有关以外,还和这个家族与生俱来的价值观和责任感也有着很大关系,甚至是决定性的关系。

与很多人想象的不同,洛克菲勒家族的孩子们在年轻时手头并不宽裕。"祖父在谈到慈善事业时所说的话是发自内心的:给人带去伤害的最便捷途径就是给他钱。而且他觉得这句话特别适合他自己的孩子们。"在回忆录中,戴维这样谈到洛克菲勒家族对财富传承的观念。1915年,戴维的父亲41岁,当时他只拥有标准石油公司25万美元的股票。当时,老洛克菲勒看着自己的儿子正挣扎着应付自己的感情问题,寻找他在这个世界上的位置,肩负着超出他承受能力的责任。老洛克菲勒认为把巨额财富放到孩子的身上也无济于事。

而到了20多年后,戴维上大学期间,除了学费以外,每年的生活费是400美元。有的时候,他的确手头拮据,不得不请求父亲提前给钱,而这又给了父亲教导他的机会。例如,在1935年的一封信里,他父亲这样对他说:"财富越多,人越容易失去头脑,这句老话很有道理。"戴维结婚的时候,他的全部积蓄只有4000美元,刚够买一个订婚戒指。

而在人脉关系的利用上,洛克菲勒家族也不仅仅是介绍生意那么简单,他们更看重见识与知识的提升。戴维很年轻的时候就被频频邀请去参加英国王室和使馆的舞会,并结识了后来的美国总统肯尼迪;他在欧洲旅行的时候,一个姨妈安排他去拜访已经身患癌症的弗洛伊德;他在学校的导师是熊彼特和哈耶克,同学是萨缪尔森;甚至在他考虑毕业后职业选择的时候,邀请他共度周末并给他建议的是加拿大的总理。

所谓"富不过三代",只是由于很多家族留给后代太多的钱——最傻的父母给孩子很多钱,有能力的父母会给孩子搭建人脉网络,最聪明的父母灌输给孩子价值观和责任感。

5. 竞争与合作——所谓托拉斯

随着洛克菲勒的"石油帝国"的发展，因公司本身庞大而导致的难以控制的危险性也越来越大。洛克菲勒清醒地看到这一弊病并开始重视起来。

正在这时，洛克菲勒在一本公开发行的刊物上发现一篇文章，里面写道："小商人时代结束，大企业时代来临。"他感到这与自己的垄断思想不谋而合，就对文章予以了高度评价，并以高达500美元的月薪聘请文章的作者多德为法律顾问。

多德是个年轻的律师，他"走红"后，就千方百计为洛克菲勒的公司寻找法律上的漏洞。一天，他在仔细研读《英国法》中的信托制度时，突然产生出灵感，提出了"托拉斯"这个垄断组织的概念。

所谓托拉斯，就是生产同类产品的多家企业不再各自为政，而是以高度联合的形式组成一个综合性企业集团。这种形式比起最初的"卡特尔"，即那种各自独立的企业为了掌握市场而在生产和销售方面结成联合战线的方式，其垄断性要强得多。

在多德的"托拉斯"理论的指导下，洛克菲勒在1882年1月20日召开了标准石油公司的股东大会，组成了9人的"受托委员会"，掌管所有标准石油公司的股票和附属公司的股票。洛克菲勒理所当然地成为该委员会的委员长。随后，受托委员会发行了70万张信托证书，仅洛克菲勒等4人就拥有46万多张，占总数的2/3。就这样，洛克菲勒如愿以偿地创建了一个史无前例的联合事业——托拉斯。在这个"托拉斯"结构下，洛克菲勒合并了40多家厂商，垄断了全国80%的炼油工业和90%的油管生意。

"托拉斯"迅速在全美各地、各行业蔓延开来，在很短时间内，这种垄断组织形式就占了美国经济的90%。很显然，洛克菲勒成功地造就了美国历史上一个独特的时代——垄断时代。

19世纪80年代，标准石油公司进一步向西欧和中国扩大海外市场，美国的工艺已使标准石油公司的产品优于欧洲人的产品，因而标准石油公司赢得

直达纽约
——主宰美国经济命脉的4大豪门

了欧洲大部分地区的煤油市场。在中国,标准石油公司为自己开创了一个全新的市场。它分送掉几百万盏廉价的油灯,帮助中国人"点燃"了标准石油公司在中国的煤油,被人们称之为"点燃亚洲的光明之灯"。就这样,标准石油公司一步一步地把石油市场从欧洲扩展到亚洲,进而扩展到全世界。

1884年,洛克菲勒把标准石油公司的总部由克利夫兰迁到纽约市百老汇街26号,使标准石油公司成了一家全世界最大的石油集团企业。约翰·洛克菲勒亦成了全世界知名的"石油大王"。标准石油公司几经更名,最后正式定名为美孚石油公司。

美国早期的富豪,多半靠机遇成功,唯有约翰·洛克菲勒是个例外。他并非多才多艺,但异常冷静、精明,富有远见,凭借自己独有的魄力和手段,白手起家,一步一步地建立起他那庞大的"石油帝国"。

在洛克菲勒漫长的一生中,人们对他毁誉参半,有人认为他只不过是极具野心、唯利是图的企业家,也有人恭维他是个慷慨的慈善家。但不管怎样,作为美国历史上第一个十亿富翁,作为石油巨子,他在相当一段时期控制着全美国的石油资源,并创设了"托拉斯"企业制度,在美国资本主义经济发展史上占有重要的一席之地。

我们需要学习的,正是洛克菲勒这种竞争与合作的精神。

一头狮子和一匹野狼同时发现了一只小鹿,于是它们俩商量好共同追捕那只小鹿。它们之间合作得很好,当野狼把小鹿扑倒时,狮子便上前一口把小鹿咬死。但这时狮子起了贪心,不想和野狼平分这只小鹿,于是便想把野狼也咬死。可是却遭遇野狼拼命抵抗,后来野狼虽然被狮子咬死了,但狮子也受了重伤,无法享受美味。

这个故事讲述的道理就是人们常说的"你死我活"或"你活我死"的游戏规则。试想,如果狮子不是那么贪心,而与野狼共享那只小鹿,岂不就皆大欢喜了吗?我们常说人生如战场,但是人生毕竟还不是战场。战场上的敌对双方

第一卷·第三章
成就伟大的习惯——洛克菲勒的启示

不消灭对方就会被对方消灭。而人生赛场不一定如此,为什么非得争个鱼死网破、两败俱伤呢?合作双赢不是更好吗?

在社会交往中,在我们每个人的潜意识中,竞争与合作是相辅相成的,是相互平等、互为补益的关系。但是由于现今社会竞争现象的普遍出现,在涉及双方的合作中,一些人就好像不太重视竞争与合作之间的这种相互关系。有很多人认为,竞争就是"你死我活",竞争的双方就不能有合作的机会,竞争的双方就似乎注定是为利益而对立的"冤家"对头。其实,如果要在竞争与合作之间选择的话,选择与竞争对手合作的人才是聪明人。

"商场上没有永远的朋友,也没有永远的敌人"。这句蕴含哲理的名言揭示了竞争与合作之间的辩证关系——竞争不排斥合作。美国商界有句名言:"如果你不能战胜对手,就加入到他们中间去。"现代竞争,不再是要拼个"你死我活",而是要追求更高层次的竞争与合作。现代企业追求的不再是"单赢",而是"双赢"和"多赢"。

有一种"龟兔双赢"理论。龟兔赛了多次,互有输赢。后来,龟兔合作,兔子把乌龟驮在背上跑到河边,然后乌龟又把兔子驮在背上游过河去。这就是"双赢"。竞争对手也可以是你的合作伙伴。

蹩脚兔子因为骄傲,在第一次赛跑中失利之后,它进行了深刻的反思,并决心和乌龟进行第二次较量。乌龟接受了蹩脚兔子的挑战,结果这次蹩脚兔子轻松地战胜了乌龟。

乌龟很不服气,它主张再赛一次,并由自己安排制定比赛路线和规则。蹩脚兔子同意了。当蹩脚兔子因遥遥领先乌龟而洋洋自得时,一条长长的河流却挡在了它面前。这下蹩脚兔子犯难了,只得坐在河边发愁。结果乌龟慢慢地赶上来,再慢慢地游过河而赢得了比赛。

几番大战后,龟兔各有胜负,它们也厌倦了这种对抗,最终达成协议,再赛最后一次。于是人们便看到了这样的场面:陆地上兔子背着乌龟跑,水中乌龟背着兔子游,最后它们同时到达终点……

直达纽约
——主宰美国经济命脉的4大豪门

目前,有些观念过多地强调个人奋斗,而忽略了告诉人们应该怎样与他人合作以取得成功,更忽略了告诉人们如何在竞争中不伤害别人。在一些人中流行的"丛林哲学"价值观,即所谓弱肉强食,优胜劣汰,为了达到个人目的,可以不择手段,这无疑是极不可取的。

要知道,竞争应以不伤害别人为前提,竞争应以共同提高为原则。竞争不排斥合作,良好的合作可以促进竞争。应在竞争中互相帮助,从而达到"双赢"。

俗话说:"一个篱笆三个桩,一个好汉三个帮。"想成就一番大事,必须靠大家的共同努力。诺贝尔经济学奖获得者莱因哈特·赛尔顿教授有一个著名的"博弈"理论:假设有一场比赛,参与者可以选择与对手是合作还是竞争,如果采取合作策略,双方可以像鸽子一样瓜分战利品,那么对手之间浪费时间和精力的争斗就不存在了;如果采取竞争策略,双方要像老鹰那样互相争斗,那么胜利者往往只有一个,而且即使是获得胜利,也要被啄掉不少羽毛。

纵观古今中外,凡是那些在事业上成功的人士,不都是善于合作的典范吗?现代社会中的现代企业文化,追求的是团队合作精神。所以,不论对个人还是对公司,如果单纯地竞争,只能导致双方关系恶化,使自己的成长停滞;只有双方互相合作,才能真正做到"双赢"。

6.速度决定一切,时间就是金钱

洛克菲勒认为,失败与成功的最大分水岭只有五个字——我没有时间。他经常问他的儿子:"你是否曾经想过,在短短的一分钟里,你能做些什么?"

美国的一位保险人员自创了"一分钟守则",他要求客户们仅给他一分钟的时间,让他介绍自己的服务项目,若一分钟到了,他便会自动停止自己的话题,并感谢对方给予他这一分钟的宝贵时间。由于他遵守自己的"一分钟守则",所以他在自己一天的时间经营中,工作效率几乎和业绩成正比。

第一卷·第三章
成就伟大的习惯——洛克菲勒的启示

"一分钟到了,我说完了"。这是他在工作时最常说的一句话。

因为信守"一分钟"的承诺,他的信誉在同行和客户中都很好,同时他也让客户了解到要珍惜这一分钟的服务。

有一家公司为了提高开会的效率,特地买了一个闹钟,开会时,每个人只准发言6分钟。这个新制订的规则不但使开会更有效率,也让员工分外珍惜开会时的讨论,把握发言时间。

大多数人在时间管理上都会出现问题。时间是生命的重要元素之一,如果无法掌握一大段时间,不妨先从一小段一小段的时间开始经营。如果我们想要成功,就必须重视时间的价值才行。

有句话叫做"时间就是金钱"。如今我们已处在信息时代的最前沿,时间也变得越来越有价值起来。与其说"时间就是金钱",倒不如称为"时间就是成功"更合适。顾名思义,约见某个人时,也要遵从这样的原则:彼此都在交换有价值的时间,因此要把时间用得有意义。

明确来讲,在某种程度上而言,急性子的人更容易在商场出人头地。

当你的上司吩咐你做一项工作的时候,一定会告诉你一个截止的时间:在何时之前完成。如果你没有听到这样的话,那是你的上司忘记说了,你要自己主动确认。

这里要奉劝一句,一定要赶在截止日期之前提前完成,哪怕是提前一天也好。因为把任务尽快完成提交给上司,得到上司的意见更为重要。

此时你和上司之间的关系便是客户与主顾之间的关系。也就是说,上司是你的主顾。对方是不是很满意?如果不满意,什么地方需要修改?认真理解这些之后,再按照对方的意思进行调整。算上这些修改的时间,也不要把工作拖到快要到规定时间的时候。

如果你把工作任务拖到规定的时间才提交,即使上司感到不满意也能让你勉强过关,或者也许还会亲自动手帮你修正一下,但不管怎样,你都只会给上司留下这样一个印象:"他怎么还没有交上来?"如果你提前一两天提交,就会得到上司具体的指示:"这里和这里,我有些不满意。"然后你只要更正一下被指出来

直达纽约
——主宰美国经济命脉的4大豪门

的部分就可以了。于是,你在上司眼中的印象就会得到好转:"这人做事很快!"

这就是商业社会的价值观。跟那些慢慢调查客户咨询意见之后再做出回答的人相比,那些四处奔走、时刻牢记快速反应的人则要更胜一筹。

生存、发展的机会可能只有有限的几个,却往往会有一大群人去拼抢,如果你只是"尽力",是远远不够的。要想比别人优秀,就要比别人跑得快。只要自己觉得好,就立刻付诸行动。这就是"果决精干",这一点至关重要。

两个人一起去山里游玩,正当他们兴致勃勃地欣赏山中的美景时,突然发现一只熊正在离他们不远的地方盯着他们。

两个人都十分害怕,因为他们手无寸铁,根本谈不上与熊搏斗并将其打死。

此时,其中一人在短暂的害怕之后,稍微镇定了一下,迅速弯腰下去把鞋带系好,做好逃跑的准备。

另一个人对他说:"你这样是没有用的,你不可能跑得比熊快。"

那个准备跑的人回答说:"我不需要跑得比熊快,我只要跑得比你快就行了。"

在这里,我们姑且不要去谈论道义上的问题,只需要记得:当面临别无选择的"囚徒困境"时,我们只有力争比对手跑得快,才可能让自己获得最好的处境。

再来仔细分析一下,那个准备逃跑的人面临的选择有以下几个:

(1)不逃跑,被熊吃掉;

(2)逃跑,被熊吃掉;

(3)逃跑,得以生还。

在这些选择里面,如果他选择逃跑,会有生还的机会,而他的朋友选择不逃跑,则生还的机会自然属于他;若他的朋友选择逃跑,就需要一个附加的条件——他跑得比他的朋友快,这样才能使自己得以生还。

所以,在这一博弈过程中,他只有比朋友跑得快,才能够生存。

在残酷的生存竞争中,知道谁是你真正的竞争对手非常关键。有时候你干得不一定比"敌人"好,但至少要比同事强。今天与昨天相比,我们很容易满足,因为我们可以看到自己的进步,这是必要的。但我们还要同别人比,看看

第一卷·第三章
成就伟大的习惯——洛克菲勒的启示

自己的相对速度。

很多时候,我们心里会想:自己已经努力改进了,也取得了不小的进步,可以放松一下了。自己与自己的过去比,是完全有必要的。我们应该看到自己的进步,坚定自己前行的信心,但是请别忘了,还要抬头看看四周:他们干得怎么样?是否跑得比我快?有没有值得我学习的地方?

在这个世界上,我们要想确定自己的位置,必须借助参照物。人都是在比较中生存的。换句话说,就如同我们一群人后边追着一群狼,只要你跑不过别人,倒霉的就是你。

得到了启示,就要付诸实践,觉得没意思,放弃就是了——即便是三天打鱼,也算实践了三天,总要强过那些三个月、三年都不打鱼的人。

自1950年一家名为"沃尔顿小店"的商店在阿肯色州的本特维拉市开业的近半个世纪以来,沃尔玛的创始人萨姆·沃尔顿一直把最大可能地向消费者提供最低价位的商品作为沃尔玛的经营宗旨,而沃尔玛的成功也得益于这个简单而又平凡的道理——天天平价。

如果说"天天平价"是沃尔玛最大的竞争优势。那么沃尔玛又是怎样实现其"天天平价"的承诺呢?

其实,在"天天平价"的坚定承诺背后,是沃尔玛几十年积累起来的一种基于时间的强大竞争优势——一种依赖先进计算机系统支持的物流体系。它包括:

(1)高效率的配送中心。

沃尔玛的供应商根据各分店的订单将货品送至沃尔玛的配送中心,配送中心则负责完成对商品的筛选、包装和分检工作。沃尔玛的配送中心具有高度现代化的机械设施,送至此处的商品85%都采用机械处理,这就大大减少了人工处理商品的费用与时间。

(2)迅速的运输系统。

沃尔玛的机动运输车队是其供货系统的另一无可比拟的优势。沃尔玛拥有30个配送中心,2000多辆运货卡车,保证进货从仓库到任何一家商店的时间不超过48小时,相对于其他同业商店平均两周补货一次,沃尔玛可保证分

直达纽约
——主宰美国经济命脉的4大豪门

店货架平均一周补两次。快速的送货，使沃尔玛各分店即使只维持极少存货也能保持正常销售，从而大大节省了存贮空间和费用。由于这套快捷运输系统的有效运作，沃尔玛85%的商品通过自己的配送中心运输，而已倒闭的竞争对手凯马特只有5%。其结果是沃尔玛的销售成本因此低于同行业平均销售成本2%～3%，成为沃尔玛全年低价策略的坚实基石。

(3) 先进的卫星通讯网络。

巨资建立的卫星通讯网络系统使沃尔玛的供货系统更趋完美。这套系统的应用，使配送中心、供应商及每一分店的每一销售点都能形成连线作业，在短短数小时内便可完成"填妥订单→各分店订单汇总→送出订单"的整个流程，大大提高了营业的高效性和准确性。

正是在这套完善的物流体系支持下，加之出色的管理，使沃尔玛对时间优势的发挥达到了极致——沃尔玛通过反应速度优势获得了超过同行3倍的增长率，利润也在竞争者平均获利水准的两倍之上，从而促使沃尔玛形成了整体强大的竞争优势。

"我们已经进入一个全新的竞争时代，在新的竞争法则下，大公司不一定打败小公司，但是快的一定会打败慢的——你不必占有大量资金，因为哪里有机会，资本就很快会在那里重新组合。速度会转换为市场份额、利润率和经验"。思科CEO钱伯斯这篇著名的《速度致胜论》，其实可以为沃尔玛的成功作最好的注脚。

市场竞争已进入一个全新的时代。企业过去赢得竞争优势靠的是成本、质量、技术、渠道等，但现在，这一切都已不再是唯一的优势，而如何以速度取胜已为越来越多企业关注的重点——如何在最短的时间内，以最低的成本，为客户提供最高价值的产品？

在通常情况下，企业构建基于时间的竞争优势有以下三点原则：

一、以客户需求为导向的时间竞争优势

以客户需求为导向就是根据客户需求的变化，快速地调整企业的设计、生产、销售等环节，在最短时间、以最大让渡价值满足客户要求。

第一卷 · 第三章
成就伟大的习惯——洛克菲勒的启示

戴尔电脑通过完善的供应链管理,以市场为导向制定企业发展战略,能够在最短时间内影响顾客的个性化需求,不仅实现了"零库存"——降低库存及资金成本,而且因为对顾客需求反应迅捷,赢得了更多顾客的信赖。正是依靠着这种以客户需求为导向的时间竞争优势,戴尔不仅在竞争激烈的电脑行业站稳了脚跟,还一举打败惠普、IBM等老牌厂商,成为电脑业的老大。

二、以技术为导向的时间竞争优势

以技术为导向就是通过快速创新的方式,缩短新产品的推出时间,在最短时间以最大的产量占据市场。这一原则,在更新速度迅速的IT行业、手机行业表现得最为明显。

三、以营销为导向的时间竞争优势

随着产品更新换代不断加快,设计和产品的生命周期变短,产品在生产出来之后如果不能够快速销售出去,其价值将不断地降低。同时,缓慢的销售速度将会令企业增加流通、仓储方面的成本。如果快速地销售成为企业能够获得利润的最大因素——以营销为导向的时间竞争优势就是最有效的方法。

贝通公司是美国一家制造新型电子现金出纳机的小公司,在竞争激烈的出纳机市场中,贝通公司的发展举步维艰:无论是资金实力、技术实力,还是经验积累,贝通公司都难以与同行业的其他强大竞争对手竞争。

新上任的CEO索夫曼经过对市场及竞争对手情况的仔细分析,他认为贝通公司虽然规模小、成立时间短,但机制灵活是公司的最大特点。从机制灵活的基础上,贝通公司唯一可以发展的竞争策略就是构筑以营销为导向的时间的竞争优势——从而避开从资金、技术研发上与强大竞争对手进行直接交锋。

贝通公司以营销为导向,通过流程再造的方式完全改变了旧的工艺流程,打破了以往设计与制造、设计与销售部门之间脱节的现象,将三者之间的矛盾冲突减至零,大大缩短了产品从设计到制造再到推出市场的生产周期,赢得市场占先优势。在短短几年时间内,贝通公司在营销导向的时间优势战略的指导下,在美国出纳机市场上取得了骄人成绩,不仅击败了诸多竞争对手,还一跃成为行业的冠军。

7.专心致志,衷心喜爱从事的工作

初进商界的人常常听到,一个人想爬到高峰,需要牺牲很多。然而,很多正爬向高峰的人,却并不是在"付出代价"。他们努力工作是因为他们真正地喜爱自己所从事的工作。任何行业中,往上爬的人都是完全投入正在做的事情,且专心致志的。衷心喜爱所从事的工作,你自然也就离成功不远了。

热爱工作是一种信念。怀着这个信念,我们能把绝望的大山凿成一块希望的磐石。一位伟大的画家说得好,"痛苦终将过去,但是美丽永存。"

但有些人显然不够聪明,他们有野心,却对工作过分挑剔,一直在寻找"完美"的雇主或工作。事实是,雇主需要准时工作、诚实而努力的雇员,他只将加薪与升迁机会留给那些格外努力、格外忠心、格外热心、花更多时间去做事的雇员,因为雇主在经营生意,而不是在做慈善事业,他需要的是那些更有价值的人。

不管一个人的野心有多么大,他至少要先起步,才能到达高峰。一旦起步,继续前进就不太困难了。工作越是困难或令人不愉快,越要立刻去做。如果等的时间越久,那些问题就会变得越困难、可怕。这有点像打枪一样,你瞄的时间越长,射击的机会就越渺茫。

工作是一种态度,它决定了我们快乐与否。

同样都是石匠,同样在雕塑石像,如果你问其中的一个:"你在这做什么?"他们中的一个人可能就会说:"你看到了嘛,我正在凿石头,凿完这块我就可以回家了。"这种人永远视工作为惩罚,在他嘴里最常吐出的一个字就是"累"。

另一个人可能会说:"你看到了嘛,我正在做雕像。这是一份很辛苦的工作,但是酬劳很高。毕竟我要养活我的太太和四个孩子,他们需要温饱。"这种人永远视工作为负担,在他嘴里经常吐出来的一个词就是"养家糊口"。

第三个人可能会放下锤子,骄傲地指着石雕说:"你看到了嘛,我正在做

第一卷 · 第三章
成就伟大的习惯——洛克菲勒的启示

一件艺术品。"这种人永远以工作为荣,以工作为乐,在他嘴里最常吐出的一句话是"这个工作很有意义"。

如果你视工作为一种乐趣,你的人生就是天堂;如果你视工作为一种义务,你的人生就是地狱。检视一下你的工作态度,那会让我们都感觉愉快。

洛克菲勒是一个野心家,他受雇的休伊特·塔特尔公司是一个锻炼他的能力、让他一试身手的好地方。休伊特·塔特尔公司代理各种商品销售,拥有一座铁矿,还经营着两项让它赖以生存的技术,那就是给美国经济带来革命性变化的铁路与电报。它把洛克菲勒带进了妙趣横生、广阔绚烂的商业世界,让他学会了尊重数字与事实,让他看到了运输业的威力,更培养了他作为商人应具备的能力与素养,所有的这些都在洛克菲勒以后的经商中发挥了极大效能。可以说,没有在休伊特·塔特尔公司的历练,洛克菲勒在事业上或许要走很多弯路。

后来,每当想起在休伊特·塔特尔公司的工作经历时,洛克菲勒的内心就不禁涌起感恩之情——那段工作生涯是他一生奋斗的开端,为他打下了奋起的基础,他永远对那三年半的经历感激不尽。

天堂或是地狱都有由自己建造的。如果你赋予工作意义,不论工作大小,你都会感到快乐;不论你自我设定的成绩高低,你都会对工作产生乐趣。如果你不喜欢做的话,任何简单的事都会变得困难、无趣;当你叫喊着这个工作很累人时,即使你不卖力气,你也会感到精疲力竭。反之就大不相同。事情就是这样。

8.不要问自己能不能做得更好,要问自己怎么样才能做得更好

洛克菲勒厌恶手下人说"不可能"。"不可能"是失败的用语,一旦一个人被"那是不可能"的想法所支配,他就能生出一连串的想法证明他想的没错。

他的手下罗杰斯就犯了这种错误。罗杰斯是个传统的思考者,他的心灵都是麻木的,他的理由是:这已经实行一百年了,因此一定是个好办法,必须维持原样,又何必冒险去改变呢?而事实上,往往只要用心去想办得到的原因,就可以达成,那些"普通人"总是憎恶进步。因此,无论罗杰斯多么勤奋刻苦,总是在洛克菲勒那里得不到提升的机会。

洛克菲勒相信,做任何事都不可能只找到一种最好的方法,最好的方法正如创造性的心灵那样多。没有任何事物是在冰雪中生长的,如果我们让传统的想法冻结住我们的心灵,新的创意就无由滋长。

各种计划都不可能达到绝对的完美,这意味着一切事物的改良可以无止境地进行。

洛克菲勒深知这一点,所以洛克菲勒经常会再寻找到一些更好的方法。他不会问自己"能不能做得更好?"洛克菲勒知道自己一定办得到,所以洛克菲勒会问自己"要怎样才能做得更好?"

在数字化时代,绝对需要拥有一个开放式的头脑。任何墨守成规或固执己见人,都无法成为一个持续经营自己事业的成功者。

比尔·盖茨虽然没有大学毕业,但这并不减损人们对他的高度评价。他最宝贵的财富就是拥有一个开放式的头脑,这也正是造就他的成功和财富的人格特质之一,能说明这一点的最好例证就是微软公司在网络时代的战略转型。

在1993年,比尔·盖茨就以70亿美元的个人财富荣登"福布斯世界富豪排行榜"榜首。到1995年时,微软公司更是以操作系统和软件雄霸个人计算机市

第一卷·第三章
成就伟大的习惯——洛克菲勒的启示

场。但当时比尔·盖茨几乎犯了一个致命的错误,那就是他没有及时地意识到网络的加入将使整个信息技术产业和全球经济发生全面性的变革。但由于他随时保持对周围世界的敏锐度,并及时听取别人的意见,使他改变了自己的看法,适时调整了微软公司接下来的经营策略。

在20世纪90年代初,当网络奇迹般地由个人通信摇身一变而成为全球性的通信与计算机媒介之时,比尔·盖茨的微软公司正扩张得十分迅速,销售额较之前增长了两倍,达到38亿美元,员工也由1990年的5600人增至1993年的1.44万人,这主要归功于Windows操作系统软件的研发成功。

到了1993年,技术方面的"先知"发现了全球信息网(简称WWW或Web),它可以让你在网络上轻松地显示图表和照片。更为重要的是,你只需用鼠标在某个地方轻轻一点,全球信息网就可以让你在网络窗口间跳来跳去。然而,在当时的微软公司和比尔·盖茨看来,全球信息网不过是个普通的新鲜玩艺儿罢了。

比尔·盖茨说:"我是不去说'现在已清晰可见全球信息网将在今后几年里迅速发展'之类的话的。如果当时你们问我大多数电视广告是否会在广告内容中加入全球信息网网址,我会放声大笑。"而且比尔·盖茨和他的高层主管们还有更紧迫的事要去考虑:当时美国政府正在对微软公司进行反竞争行为的调查;微软还有个秘密小组正在创建一个服务项目来和"美国在线"一较高低;尤为重要的是,微软的众多工程师们正忙于研究即将上市的Windows 95。

因此微软公司对全球信息网的一系列公开活动一直不动声色。直至1995年秋,全球信息网的迅猛发展开始让微软公司心生警惕:它已对微软公司造成了威胁,已有约2000万人不用微软公司的软件而沉迷于网络。更糟的是,在太阳微系统公司所开发的一种新程序语言的推动下,全球信息网作为一种新式的"平台"正在崛起,这对Windows在个人计算机上的霸权地位,以及整个个人计算机时代都构成了威胁。

比尔·盖茨终于坐不住了。1995年12月,他举行了一次大型活动,表明微软公司打算全面参与并赢得这场网络时代的软件大战。微软公司将生产网络浏览器、网络服务器,并对微软公司现有的程序进行网络化。从那时起,微软公司总部的每个部门都进入了网际网络的时代。在这个有着35座建筑物的

直达纽约
——主宰美国经济命脉的4大豪门

"信息王国"里,每个角落都进行着网络项目的开发工作。

1996年2月份成立的网络产品开发部门中,员工人数增加到了2500人,这一数字比网景公司以及紧随其后的五大网络新贵的员工人数总和还要多。比尔·盖茨说:"目前,网络对我们来说最为重要,它将带动一切,我们希望我们的软件个个都是市场的主产品。"

为什么比尔·盖茨这么快就醒悟了?就是因为比尔·盖茨有一个开放式的头脑。很多市场的领导型企业之所以倒闭,都是由于其高层主管未能洞察到整个行业所发生的根本性变化。而比尔·盖茨对市场情况掌握得十分透彻:到1996年的6月,网络更为盛行,而网景公司成了全球信息网的新统治者,他们推出的Netscape网络浏览器至少占浏览器市场份额的2/3。

如果当时比尔·盖茨固执己见,那么可能真的就会出现这样的问题——微软公司可能会因网络的挑战而经营不善。但是比尔·盖茨没有给其他对手打败他的机会,他根据信息技术的最新发展,及时调整了自己的领导思维。在数字化时代,没有什么比及时调整自己的战略更重要的,而调整战略的前提就是需要拥有一个开放式的头脑。

当我们小有成就时,最忌讳自以为是、死守过去经验的工作态度。世界是充满变化的,若不能跟着潮流脉搏而调整自己的步伐,势必会被时代所遗弃。只有拥有开放式的头脑,如海绵般不停地吸取新知识,才能适应这个日新月异的时代。

9.创造力来自四个方面

早年,洛克菲勒用最新的设备来装备他的炼油厂,很快就以最高的效率、最低的成本而称霸于同行。不久以后,洛克菲勒还通过一系列企业吞并战,使得美孚石油公司快速地控制了全国1/5的石油产量。

第一卷·第三章
成就伟大的习惯——洛克菲勒的启示

然后,洛克菲勒又以其大量、稳定的货源相诱惑,同相关铁路公司组成了铁路大联盟——被称为"美国工业史上最残酷的死亡协定"。依照这一协定,参加此联盟的炼油企业都可在价格上获得折扣,而对那些中小型炼油企业,因为从没参加过联盟,就必须付出相当于联盟企业两倍价格的运费。面对洛克菲勒的"死亡协定",那些被排除在外的炼油公司在纽约组成了另一个联盟与之抗衡。但是,因为受不了洛克菲勒强大的打击,那些与之对抗的炼油企业纷纷投入到洛克菲勒的怀抱,多不胜数的石油开采企业也一个个相继落到洛克菲勒的手中。洛克菲勒还自己建造输油管,就是要掌握运输的主动权。19世纪70年代,美国经济发展处于低潮,可是,洛克菲勒就是在经济非常不景气的年代中,完成了垄断美国石油市场的霸业。

在美国,洛克菲勒成立了其历史上第一个托拉斯组织——美孚石油公司,作为控制全国各地美孚系统企业的中心。到20世纪初,逐步建立起一个全世界无人与之相抗争的美孚销售网,近而形成了世人所称的"石油联合国"。当时,欧洲及东方市场上出现了新对手,由荷兰皇家壳牌石油、诺贝尔石油等联合结成的欧洲石油联盟——德国银行财团。在欧洲市场,洛克菲勒用低得惊人的价格销售石油,将欧洲石油联盟打击得无力招架,溃不成军。后来经过与德国银行的周旋之后,洛克菲勒才对瓜分欧洲石油市场销售量达成协议,美孚石油占了75%。

在那个时候,40美元才能买一桶煤油,而炼一桶原油的成本只要30多美分。年轻的洛克菲勒认定:"只要改变一下产品,就可以使产品值钱得多,也就能获得高额的利润。"他所说的"改变一下产品",用今天的话说就是"加工增值"。于是他不停地办炼油厂,十几家几十家地购买炼油厂,最后终于将美国整个国家的炼油业都垄断了。

运输又是一道至关重要的工序。宾夕法尼亚铁路拥有在油田和东部港口之间行驶的火车,迫使洛克菲勒在把他的煤油和其他产品运到东部市场去时,必须按其所索取的价格支付运费,以及满足其所提出的各种条件。于是他就同铁路公司组成了"铁路大联盟"——垄断运输货源(石油),操控运输价格。

在此后的工作中,开采和销售成了最重要的两道工序。于是,洛克菲勒进军

直达纽约
——主宰美国经济命脉的4大豪门

俄亥俄、新泽西、墨西哥湾……向中东、向全世界的油田进军。除此之外,他还通过购买的方法和兴办销售公司,最终形成了一个无与伦比的石油销售网。

通常情况下,创造力主要在以下四个方面里得以体现出来:一是拥有好的主意,二是创造决策环境,三是评估附加价值,四是持续改善的意愿。洛克菲勒的表现尤其突出在第一、第三方面。

洛克菲勒以其疯狂的冒险精神、高超的经营头脑、远见卓识的预测、冷静果断的决策、贪婪无比的垄断意识和"刽子手"的手腕,创立了实力非常雄厚的洛克菲勒财团,不仅操纵着美国的经济,而且还影响着美国的政治。洛克菲勒财团培养、造就出来的达瑞斯、拉斯克、基辛格等人,一个个都成为美国历史上影响力十分强烈的国务卿。

延伸阅读:

洛克菲勒留给儿子的信——忠诚于自己

亲爱的约翰:

心情好一点了吗?如果还没有,我想,你需要了解点什么。

你需要知道,在这个世界上,绝大多数的人都不免受到一种特殊力量的驱使,这种力量可以轻而易举地剥落紧裹我们人性的外衣,将我们完全裸露在阳光下,并公正地将我们圈定在纯洁与肮脏的图版上,以致让我们所有的辩护都变得苍白无力。无论我们多么伶牙利齿,它就是检验我们人性的试金石:利益。

换句话说,利益是光照人性的影子,在它面前,一切与道德、伦理有关的本质都将现形,且一览无余。也许你认为我的话有些绝对,但我的经历就是这样告诉我的。

我不是人类史学家,我不知道他们将对人之所以高尚与丑恶做出何种解释,但我的人生历程让我坚信:利益似乎无坚不摧,它可以把本可彼此平静度

第一卷·第三章
成就伟大的习惯——洛克菲勒的启示

日的人、种族、国家拉将在一起,使彼此尔虞我诈、刺刀见红。在那些骗局、陷阱乃至诽谤、污蔑和诋毁,以及残酷无情的血腥争斗和强盗式的掠夺中,你都会发现追逐利益的影子。在这个意义上,与其说我们是自己心灵的主人,倒不如说我们是利益的奴隶更准确。

我可以断言,在这个世界上,除去神,没有不追逐利益的人。自你走入与人往来的那一刻起,一场旷日持久的人生谋利游戏就开始了。在这场游戏中,人人都是你的敌人,包括你自己。你需要与自己的弱点对抗,并与所有将快乐建筑在你痛苦之上的恶行而战。所以,当我看破这一切之后,我一直坚守着一个原则:我可以欺骗敌人,但决不欺骗自己。回击正在射杀我的敌人,永远不会让我的良心不安。

儿子,请不要误会我,我无意要将我们这个世界涂上一层令人压抑、窒息的灰色;事实上,我渴望友谊、真诚、善良和一切能滋润我心灵的美好情感,我相信它们也一定存在。然而,很遗憾,在追名逐利的商场中,我难以得到这种满足,却要经常遭遇出卖和欺骗的打击。直到今天,我还能清晰地记得数次被骗的经历,那才叫刻骨铭心哪。

最令我痛心的一次被骗发生在克利夫兰。当时炼油业因生产过剩几乎无利可图,很多炼油商已经跌落到破产的边缘。还有,克利夫兰远离油田,这就意味着与那些处在油田的炼油厂相比,我们因此要付出高昂的长途运输费用,而使自己处于不平等的地位。我决心改变它,要大规模收购在死亡线上挣扎的炼油厂,形成合力、统一行动,让每个人的钱包都鼓起来。

我告诉那些濒临倒闭的炼油厂主,我们在克利夫兰处于不利地位,为共同保护自己,我们必须要做些什么。我认为我的计划很好,请认真想一想,如果你感兴趣,我们会很高兴与你共同磋商。也由于善良的愿望和战略上的考虑,我买下了许多毫无价值的工厂,它们就像陈旧的垃圾,只配扔到废铁堆里。

但有些人竟然如此邪恶、自私和忘恩负义,他们拿到我的钱后便与我为敌,肆无忌惮地撕毁与我达成的协议,卷土重来,用废铁变成金子的钱购置设备、重操旧业,并公开敲诈我,要我买下他们的工厂。这些人都曾要求我诚实,让我出个好价钱收购他们即将瘫痪的工厂,我做到了,然而,结果却令人痛

直达纽约
——主宰美国经济命脉的4大豪门

心。在那一刻,我的心情糟透了,我甚至自责自己不该太诚实、不该太善良,否则我也不会落到四面楚歌、一筹莫展的境地。

最令我不可接受的,是在谋利游戏中,今天的朋友会变成明天的敌人。这种情形常有发生。我的两位教友就曾无节制地多次蒙骗我。看在上帝的份上,我不想历数他们的罪恶。但我可以告诉你,当我知道我一直被他们欺骗的时候,我震惊了,我不明白与我一同祷告、虔诚地发誓要摈弃骄傲、纵欲和贪婪之心的人,何以如此卑鄙?!

历经种种欺骗与谎言,我无奈地告诉自己:你只能相信自己,只有如此,你才不会被人蒙骗。我知道这种略带敌意的心态不好,但这个世界有太多太多的欺骗,"提防他人"是我们不可或缺的生存技能。

跟混蛋打交道,会让你变得聪明。那些邪恶的"老师"教会了我许多东西。如果现在谁要想欺骗我,我估计会比翻越科罗拉大峡谷还要难,因为那些"魔鬼"帮我建立了一套与人打交道的法则,我想这套法则对你会有所帮助:我只有在对自己有利无害的情况下,才表现自己的感情;我可以让对手教导我,但我永远不教导对手,无论我对那件事的了解有多深;凡事三思而决,不管别人如何催促,不考虑周全决不行动;我有自己的真理,只对自己负责;小心那些要求我以诚相待的人,他们是想在我这里捞到好处。

我知道,欺骗只是谋利游戏中的策略,并不能解决问题。但我更知道,谋利游戏在夜以继日地进行着,所以,我必须从早到晚保持警惕并且明白:在这场游戏中,人人都是敌人,因为每个人都先顾及自己的利益,而不管是否对他人有利。重要的是如何保护自己,并随时随地地备战。

儿子,命运给予我们的不是"失望之酒",而是"机会之杯",振作起来!发生在华尔街的那件事,并没有什么了不得,那只是你太相信别人而已。不过,你需要知道,好马不会在同一个地方跌倒两次。

爱你的父亲
1899年11月29日

第二卷

约翰·皮尔庞特·摩根

—— 像巨人一样支配着整个金融世界

提起约翰·皮尔庞特·摩根这个名字,全世界都会震动,在19世纪末20世纪初,他是华尔街的『朱庇特』,民间的银行家,美国金融帝国的霸主,更是公认的世界债主,他像巨人一样支配着整个金融世界。

1907年,华尔街面临崩盘的危难之际,他更是临危受命,凭借一己之力,发挥了相当于『中央银行』的作用。他力挽狂澜,稳定了美国的金融秩序,避免了国家经济的灭顶之灾。他是美国经济发展史上一个重要的人物。

人物简介

1837年4月17日,约翰·皮尔庞特·摩根出生在美国康涅狄格州哈特福德城。

1852年,约翰·皮尔庞特·摩根不幸罹患了很严重的风湿病,父亲把他送到亚速尔群岛疗养。

1854年,约翰·皮尔庞特·摩根中学毕业,举家迁往伦敦。父亲又把他送到了瑞士日内瓦的希利学院。

1856年,约翰·皮尔庞特·摩根进入德国的下萨克森州格丁根大学就读。

1857年,纽约华尔街爆发经济恐慌。约翰·皮尔庞特·摩根完成学业,回到美国,进入邓肯-舍曼公司工作。

1859年,约翰·皮尔庞特·摩根代表邓肯-舍曼公司到外地进货,无意间做成一笔咖啡生意,大赚一笔。

1861年10月7日,约翰·皮尔庞特·摩根与阿米莉亚·斯特奇斯结婚,3个月后妻子病故。同年,他离开邓肯-舍曼公司成立摩根商行,开始在纽约代理乔治·皮博迪公司的业务。由此,他走上了发迹的道路。

1862年,约翰·皮尔庞特·摩根利用美国内战时机,囤积黄金,并从中得利。

同年10月,在父亲的示意下,利用英美之间解决摩擦的协议,约翰·皮尔庞特·摩根再度出手,囤积了大量的黄金,第二天出售,攫取了丰厚的利润。

同年随着战争的升级,美国政府开始加大国债的投放力度,在战争结束前期,一次性就要投放4亿美元的国债,而约翰·皮尔庞特·摩根一次性就为政府解决了其中两亿美元的国债。

1864年,父亲为约翰·皮尔庞特·摩根物色了一个新的搭档,查尔斯·达布尼,并出资为他们成立了一家新公司,即达布尼——摩根商行。

1865年5月,约翰·皮尔庞特·摩根迎来了第二次婚姻,妻子叫做弗朗西斯·路易莎·特雷西。

1869年,约翰·皮尔庞特·摩根在萨斯科哈那铁路之战中胜利,任该铁路公司副总裁。

1871年,约翰·皮尔庞特·摩根的合伙人查尔斯·达布尼退休了,他们之间的合作关系也随之解除。同年,新成立的法国波尔多临时政府在经历了普法战争和巴黎公社革命的洗礼后,经济出现严重的危急情况,约翰·皮尔庞特·摩根为其消化掉了5000万美元的国债。

1879年,约翰·皮尔庞特·摩根取得纽约中央铁路的控股权。

1882年,约翰·皮尔庞特·摩根的年收入已达50万美元之巨,而摩根王国的权力重心,也渐渐由伦敦移至纽约。

1882年,约翰·皮尔庞特·摩根购买了一艘豪华游艇,这是他买的一系列豪华游艇中的第一艘,并将其命名为"海盗号"。随后他加入了纽约游艇俱乐部。这艘黑色船身的蒸汽游艇,以其165英尺的长度成为俱乐部游艇里的亚军,并标明了摩根家族的新恢弘气派。

1885年,约翰·皮尔庞特·摩根开始成为铁路公司之间的仲裁人及资助人,在"海盗号"上解决了宾夕法尼亚铁路和纽约中央铁路两公司的西岸铁路之争。

1888年,约翰·皮尔庞特·摩根买入了第一本文学作品的手稿,一部萨克雷的著作。至此,他开始了狂热地收购,日后成为世界上最大的艺术品收藏家。

1895年,约翰·皮尔庞特·摩根商行设立。约翰·皮尔庞特·摩根通过精心策划,挽救了金本位制度,并在短时间内控制住了美国黄金的出入。

1898年,约翰·皮尔庞特·摩根认购了墨西哥1.1亿美元的国债。此后,约翰·皮尔庞特·摩根还先后认购了西班牙政府和英国政府的国债,成为公认的世界债主。

1901年,约翰·皮尔庞特·摩根买下卡内基钢铁公司,成立U·S·钢铁。

1902年,北方证券公司被指控违反垄断禁止法,约翰·皮尔庞特·摩根败诉。

1902年，约翰·皮尔庞特·摩根建立了一家航运托拉斯，拥有120多艘汽船——世界上最大的私有船队，旨在垄断北大西洋的业务，此举比摩根财团的任何举动都更加严重地引起英国人本能的害怕，这其实是美国新的出口导向的自然延伸。

1906年，约翰·皮尔庞特·摩根答应邀请英国国王爱德华七世，参观他在王子门街13号的艺术收藏品。

1907年10月，华尔街发生恐慌。这次恐慌成就了约翰·皮尔庞特·摩根最后的辉煌。他虽已半退休，定期来上班，工作一两个小时，但这一时间，他的作用就相当于美国的中央银行。

第一章

与众不同的企业家

——影响美国经济的摩根

> "如果需要我说出我们这个行业的道德法规的话,我认为第一条法规就应该是:'永远不要为了迅速取得你赞成的某件东西而去做你不赞成的事情。'因为无论是领导一个企业还是驾驶一艘轮船,安全的捷径是不存在的。"
>
> ——约翰·皮尔庞特·摩根

直达纽约
——主宰美国经济命脉的4大豪门

1.父子协同作战,家族的重点培养

与其他白手起家的富豪不同,约翰·皮尔庞特·摩根大部分时间是在父亲的庇佑下完成早期的事业的。当然不能因此否定其个人的商业精明、手段和魄力,只是他的起点高,达到成功的进程就相对平稳一些。

1837年4月17日,约翰·皮尔庞特·摩根出生在美国康涅狄格州哈特福德城,尽管这个孩子看起来和其他的孩子没有什么不同,但是,有谁能想到,未来的华尔街风向标却将因他而改变,世界经济史和金融史也因他产生了划时代的改变。

约翰·皮尔庞特·摩根是犹太人的后裔,其祖上于17世纪初的时候随着新大陆的淘金浪潮移民美国。到祖父约瑟夫·摩根的时候,定居哈特福德。凭借着犹太人独有的商业天赋和传统,约瑟夫·摩根先后经营咖啡馆、旅馆等生意,并购买了汽船业和铁路业的股票。1835年,他投资成立了一家伊特纳火灾保险公司,但是天有不测风云,为了赔偿一场火灾,这家公司陷入破产的绝境。在其他投资人纷纷撤股的时候,约瑟夫·摩根反其道而行之,买入全部的股份并提高了保费的价格,而投保者也受那场火灾的影响,加大了火灾投保的力度。这样,约瑟夫·摩根的火灾保险公司起死回生,并且赢得巨额利润。

约翰·皮尔庞特·摩根的父亲朱尼厄斯·斯潘塞·摩根,是新英格兰地区成功的商人,自16岁开始从事商业活动,23岁就有了一家规模很大的干菜店。在19世纪50年代,朱尼厄斯·斯潘塞·摩根受雇于著名的银行家乔治·皮博迪,在伦敦经营美国国债、州债、股票及国外汇兑等买卖。而乔治·皮博迪一生没有子嗣,他退休以后,全部生意都由朱尼厄斯·斯潘塞·摩根来接管。由此,朱尼厄斯·斯潘塞·摩根坐镇英国伦敦,成为伦敦金融界令人另眼相看的风云人物。朱尼厄斯·斯潘塞·摩根沉稳冷静,为人内敛,态度和蔼,风度翩翩,举止文雅,却又严格自律。

第二卷·第一章
与众不同的企业家——影响美国经济的摩根

约翰·皮尔庞特·摩根的母亲朱丽叶·皮尔庞特·摩根身材矮小，相貌平平，体态丰满，身体孱弱，晚年的她更是久病缠身，经常蛰居在楼上的卧室里。约翰·皮尔庞特·摩根在继承了父亲优点的同时，也继承了母亲体弱多病的特点。

约翰·皮尔庞特·摩根在小的时候就显现出精力充沛、热情洋溢、桀骜不驯的特点，但是他的脾气和父亲完全不一样。父亲是喜怒不形于色的人，很少发火，而约翰·皮尔庞特·摩根却经常因为一些小事，只要它们稍不合自己的意就大动肝火，情绪很不稳定。而且由于他脸上常起皮疹，这使他更不愿意过多在人前展现自己，他在人多的时候显得怛怩不安，渐渐地，内心多少有些孤僻。这还不是最为严重的问题，除了精神的烦躁外，约翰·皮尔庞特·摩根少年时代经常患头疼、猩红热等病症，而且长时间得不到治愈，以至于他整个少年时代差不多就是在精神和肉体双重折磨下度过的。作为父亲，朱尼厄斯·斯潘塞·摩根对儿子极为担心，尤其是他的性格方面。看到事情严重性的父亲决心改造约翰·皮尔庞特·摩根，把他打造成自己生意上的接班人。

约翰·皮尔庞特·摩根很小的时候就受到祖父、父亲这种成功的经历和特殊的家庭氛围与商业的熏陶，他也展现出了"经济人"的天赋，比如，他每周的零花钱是25美分，他会把这笔钱的用处都一笔一笔地记在自己的小账本上，包括买糖花多少，买橘子花多少等。约翰·皮尔庞特·摩根一直保留着这个记账和写日记的习惯，即使是多年以后，当他带着妻儿出国旅行时，仍然随身带着一本账本，并且详细准确地记下他花销的每一笔钱。在他12岁的时候，别人看他的西洋片要交纳一定的费用，这也是他赚取零花钱的一个渠道。凭借自己的商业直觉，约翰·皮尔庞特·摩根从年轻时就敢想敢干，富有冒险和投机精神。

此外，约翰·皮尔庞特·摩根除了生活节俭以外，还有坚定不移的宗教信仰，在他一生中几乎从未动摇过。而且，更为可贵的是，约翰·皮尔庞特·摩根在笃信宗教信仰的同时，也严格遵守着他的信仰，不会在参加了教堂聚会、安慰了上帝之后，走出教堂便做出不符合信仰的事情。在他后来功成名就时，他还成为了一名虔诚的教区会员以及教堂监察员，并对宗教事业捐献了很多款项。

直达纽约
——主宰美国经济命脉的4大豪门

因为父亲商业版图的扩大,他们举家南迁,来到位于美国东北部大西洋沿岸,美国马萨诸塞州的首府和最大城市,也是新英格兰地区的最大城市——波士顿。约翰·皮尔庞特·摩根上了中学,他父亲的意思是让他在学校接触一些正统思维,做一个行为规矩的孩子,以利于他性格的改变。

1854年约翰·皮尔庞特·摩根从这里毕业,但在这个时期,他不幸罹患了很严重的风湿病。1852年,父亲把他送到亚速尔群岛疗养,几个月后他的身体才渐渐恢复,但是该病给他留下了后遗症,使他成了瘸子。

以后的日子里,由于经常伴随着种种疾病,约翰·皮尔庞特·摩根几乎每个月都需要卧床几天休养身体。身体的原因使约翰·皮尔庞特·摩根看起来更像是一个矛盾的综合体,他时而病恹恹的,无精打采、卧床不起,时而精力勃发,对任何事都充满了兴趣,专注于自己的事情,但这股精力耗尽之后又得卧床休息。

因为商业上的原因,朱尼厄斯·斯潘塞·摩根接触到了当时一些大的家族企业,如巴林家族和罗斯柴尔德家族,并受这些家族企业的启发,开始着手安排自己的儿子们,想把他们锻炼成自己商业上的助手和家族产业的继承人。这也是与银行家的事业特点相关的,银行家的事业需要代代相传,除保住资本以外,主要是传承信誉,他们需要为外贸提供融资,其出示的票据必须在遥远的地区也能承兑,哪怕是和这个银行家不熟悉,但是只要一提起这个银行家的名字就必须给人以信赖感,否则,这个银行家在业内也就不会有什么生意了。约翰·皮尔庞特·摩根有三个姐姐,萨拉、玛丽和朱丽叶,还有一个弟弟小朱尼厄斯,但在1858年12岁的时候就早夭了。

因此,约翰·皮尔庞特·摩根成了家里唯一的男孩,父亲的勃勃雄心也就完全寄托在他身上了。为此,朱尼厄斯·斯潘塞·摩根煞费苦心,首先要做的就是让约翰·皮尔庞特·摩根接受绅士教育。

1854年,约翰·皮尔庞特·摩根从英语学校毕业以后,父亲又把他送到了瑞士日内瓦的希利学院上学,两年后,又把他送到德国的下萨克森州格丁根大学,并为他选定了所修的课程,目的就是要他能够讲一口流利的外语,并熟悉全球贸易的形式和流程。在格丁根大学的学生俱乐部里,约翰·皮尔庞特·

第二卷·第一章
与众不同的企业家——影响美国经济的摩根

摩根正如父亲所愿,他切身感受到了朋友间坦坦荡荡的忠诚和友谊,这对他以后的发展大有裨益。但是,因为他脸上总是有疹子,使他还是不愿意过多地参与同学之间的交流活动。此外,他暴躁的性格也没有因此而得到多大的改善。而且,约翰·皮尔庞特·摩根并没有表现出对推理等智力上的游戏的好奇与偏爱,但是他的数学成绩非常好,尽管他还算不上是一名卓越的学生,这一点使他的教授建议他选择继续深造,以便将来能在数学方面有更深的造诣。与约翰·皮尔庞特·摩根的狂傲和粗野的外表很不相称、很不协调的是,他对艺术非常感兴趣,甚至达到痴迷的程度。他还有一些其他爱好,比如搜集邮票、一些名人、圣公会主教的亲笔签名,甚至是总统的亲笔签名,搜集彩色玻璃碎片,等等。

父亲朱尼厄斯·斯潘塞·摩根对约翰·皮尔庞特·摩根最放心不下、最为犯愁的就是他的坏脾气,于是就抓住一切可以抓住的机会对约翰·皮尔庞特·摩根进行教育,灌输自己的理念,想方设法培养他强烈的责任感,甚至在约翰·皮尔庞特·摩根21岁时,就直接对他说,"有一天我没有能力做任何事情了,那么你就是家里唯一可以拿主意的人了。你现在开始就必须要准备着承担这些责任,并时刻记在心中。"这样的训诫可以说分量相当重。

朱尼厄斯·斯潘塞·摩根的训诫给约翰·皮尔庞特·摩根打下了深深的烙印,可以这样说,他在有生之年一直支配着自己的事业和家庭,直到1890年逝世为止。

与同时期的在美国商业界拥有广泛影响力的人相比,约翰·皮尔庞特·摩根的成长具有不可比拟的优越性,如约翰·戴维森·洛克菲勒的父亲是名声不怎么样的商贩,而且洛克菲勒16岁就开始参加工作了;安德鲁·卡内基出生于纺织工人家庭,受经济危机影响,举家迁往美国后,13岁就开始工作。在后来富有影响力的银行家中,乔治·F·贝克出生于乡野;詹姆斯·斯蒂尔曼的父亲曾经比较富裕阔绰,但后来就潦倒了;著名的铁路组织者哈里曼、霍雷肖·阿尔杰等都是没有接受过高等教育,在孩童时代就开始努力工作,一心只关注商业,最后出人头地的。

直达纽约
——主宰美国经济命脉的4大豪门

当然,还有另外一些家族是通过继承了祖上的财富而成功的,比如阿斯特家族和范德比尔特家族。

但是,约翰·皮尔庞特·摩根的家庭在当时可以说是财富与社会地位都在与日俱增,他在20岁以前就有机会四处旅行,接受高等教育,并且认识了洛克菲勒、安德鲁·卡内基等普通人不可能接触到的国际知名人士。

2、胸怀责任感,并为之扎实地奋斗

责任是人存在的基础。责任能够激发个人的激情,发挥个人的创造力。责任心越强的人,生活越充实。那些伟人之所以能够做到不向困难低头,是因为他们胸中有一个罗盘,这个罗盘就是责任心,是责任心导引着他们在困境面前披荆斩棘,越过重重难关。

摩根11岁的时候转学到哈特福德公立中学,后来该校的同学评价说他"生活中总是随心所欲,根本没有做学生的样子,看起来就像一头小动物似的,不吸取什么教训"。晚年的摩根知道同学的评论后,向来严肃的脸上浮起几丝幽默的笑意,坦诚道:"确实从来没有吸取什么教训。"

有一次,因为在课堂上笑声太过响亮,摩根被老师从课堂上赶了出去。事后,摩根给老师写了一封义正词严的抗议书,里面说道:"斯蒂芬斯小姐,我要问问您到底为什么这样对待我。您是我的老师,我是一个学生,我不过是在课堂上发出的笑声大了点,您就那么狠心地对待我。我可以肯定地说,任何惩罚也别想把我的笑声给治没了。"他还警告斯蒂芬斯小姐,如果她仍旧这样对他的话,他将转到别的班级里去,或者干脆跳级。

年少的摩根就像一只桀骜不驯、精力过剩的小兽,如何把这只小兽拽到正道呢?朱厄尼斯知道,首要的任务应该是为小摩根寻找到一条发泄精力的渠道。小摩根如同一个充满蒸汽的火车头,如果不为他安装上一个排出蒸汽

第二卷·第一章
与众不同的企业家——影响美国经济的摩根

的安全阀,他一定会在其他歧路上发泄精力,很可能会招致难以预料的灾难。朱尼厄斯采取了一个明智的办法——灌输责任感。

朱尼厄斯经常提醒摩根说:"你在心里应当记着,现在正是你形成你自己性格的年龄,现在形成了好的性格,将来就会保持。你在这个时候留下的印象会是非常深的。"

为了培养摩根的责任感,朱尼厄斯为他买了很多有益的书,其中有一本是《乔治·华盛顿传》,督促摩根学习华盛顿总统身上责任感强、严格自律的特质。摩根按照父亲的指点,一章一章地仔细阅读,还把目录提要和章节内容逐个对照,以尽力领会书中的精髓内容。

此外,摩根的姑姑露西·古德温还送给他一本名为《年轻人的禁忌》的书,书中谈到酗酒、赌博、奢靡和偏离真理的危险性。这本书在摩根的心中留下了深刻的印象,60年后,在普若委员会的听证会上,摩根还多次提及该书的内容。

书本的陶冶作用固然重要,实践教育也不可忽视。朱尼厄斯经常带儿子参加股东们的旅行,在自己的公司给摩根分派活计,让摩根实实在在地感受到了自己肩负的家族事业的重担。

1850年,朱尼厄斯去英国住了3个月,期间摩根留在美国。父亲将13岁的儿子称为"上尉不在时的中尉",还对他说:"我希望你能管理好自己的事务,因为你现在已经长大了。"13岁的摩根当真如父亲所愿,承担起了自己的责任,定时给父亲写信,信中详细介绍当地政治情况、公司业务新动向,甚至连家中花园里草莓的长势都不厌其烦地向父亲作了汇报。

当其他孩子在任性和贪玩中度过轻飘飘的少年时光的时候,摩根的内心却被注入了有分量的精神质素。肩上要有重担,做事必然需要沉实、慎重、细致、勤勉、耐劳,这些精神素质一天天地增长,摩根的少年心也在一点点地得到充实,一旦这颗心被铸造出金子般的密度,不想发光都是一件不可能的事情。

当摩根进入成年人的赛场时,他和一般人的竞赛就好比一匹脚力强劲的马与一群浪荡惯了的驴在同一个跑道起跑,前者轻而易举地领先当然就毫无悬念了。

摩根受益于父亲的教诲,也不忘提醒儿子培养责任感。摩根向儿子解释,责任感就是"人存在的基础"。他说,根据平日的观察,责任感越强的人,生活越充实。

摩根平时喜欢读伟人传记,他发现,所有的伟人胸中都有一个罗盘——责任感。当他们面临困境的时候,就会在罗盘的指引下,认准方向,披荆斩棘,越过重重的难关。每次读到这些经历,摩根都会为他们不屈不挠的精神,感到由衷的赞佩。

摩根借鉴西尼卡的话说,"一个人若想达到'伟大'这座高峰,需要经历许多艰难险阻",面对这些艰难险阻,人们必须掌握超越的力量,而责任感则可以提供这种力量。

与那些伟人相反,现在生活水平提高了,愿意吃苦的人越来越少了。很多人遇到一点点困难就会牢骚满腹,更别提为了克服困难而甘愿付出努力。

摩根进一步说,其实,生活水平的提高并非总会造成"害怕吃苦"的现象。"害怕吃苦"的根本原因是时下的人们缺乏责任感。一个人如果不具备责任感,就无法对自己进行心性上的彻底的教化,既无从领悟事物的规律,也发挥不出克服困难的自由意志。

胸怀责任感,并为此去奋斗,并非什么自讨苦吃的事情,而是找到幸福的必由之途。唯有当责任感和奋斗成为生活的一部分的时候,人生的价值和存在的意义才会显现出来。

最后,摩根告诉儿子,人的命运全凭自己自由选择。其实是说,解决困难的决心操纵在我们自己手里,全凭我们自己自由选择。

3.享受赚钱的过程,并热爱它

1858年,约翰·皮尔庞特·摩根购买了生平第一支股票——他用积攒下来的生活费购买了5股太平洋邮轮公司股票,总共花费了315美元。

结果,这招致了憎恨投机的父亲的反对。朱尼厄斯·斯潘塞·摩根多次劝阻无效,在一封信中言辞恳切地写道:"我不希望你购买什么股票,或者在那方面费心思。从事股票投机,有多少人破了产。我希望你能够静下心来,专注于正常的商业事务……而且要下决心,不要去投机购买什么股票。"

当时经济不景气,很多人因为投资失误而倾家荡产,沦为纽约街头衣衫褴褛的流浪汉。然而,约翰·皮尔庞特·摩根显然没把父亲的劝告当回事儿,他很快又花762.5美元购入该公司10股股票。就在不久前,他以31.25美元的价格购买了密歇根中央铁路公司1股股票,一个月后出手,赚了一倍多。

这时候,他才不过是一个18岁的半大孩子,正在纽约邓肯·舍曼商行做实习生。

可是,即便做实习生,约翰·皮尔庞特·摩根也不老实。有一次,公司派他到古巴采购一批货物,轮船在新奥尔良港靠岸。摩根在街头闲逛时偶然遇到一位自称有大批上等咖啡要卖的货船船长。此人受委托到巴西购买咖啡,返回美国时买主却破产了,为了不使货物砸在手中,愿意半价出售。

约翰·皮尔庞特·摩根囊中羞涩,却装出一副有钱人的样子,大摇大摆地和对方谈起了生意。

那个窘迫的船长着急出手,看他一个小青年,本打算应付了事,可和他一谈话,他竟满口生意经,还煞有介事的样子,船长居然被他打动了。一番讨价还价,约翰·皮尔庞特·摩根买下了所有咖啡。当然,用的是公司的采购资金。

摩根兴冲冲地将消息报告给公司总部,不料却招致反对。公司领导责令他立即停止交易,否则后果自负。眼看稳赚不赔的买卖就这样断送了,约翰·皮尔庞特·摩根不甘心,向身在伦敦的父亲求助。

直达纽约
——主宰美国经济命脉的4大豪门

出人意料的是,老摩根居然答应了,同意偿还被他挪用的采购资金。约翰·皮尔庞特·摩根开始大笔吃进咖啡。

不久,巴西咖啡减产的消息传到纽约,咖啡价格直线攀升。摩根趁机抛出,大赚了一笔。

"享受赚钱的过程,并热爱它。"这是摩根从小的一个理念。他认为,虽然钱是可以生钱的,但世界上的钱是永远也赚不完的。正是因为有了这种心态,所以摩根能够享受赚钱的过程,而不是整日提心吊胆、担惊受怕;也正是因为这种心态,他才能够得到财富。

我们在赚钱的过程中,也必须要学习摩根的这种理念。因为每个人都要面对各种各样的困难,如果你选择了乐观,你至少还有一半的成功机会,但是你一旦选择了悲观,自暴自弃下去,那就永远没有翻身的机会,更别提享受赚钱的乐趣了。

《犹太人的智慧》羊皮卷上记载了两个故事:

第一个故事,是关于逆境的。

齐哈撒是一个著名的商人,经过多年的辛勤劳作,在他50岁的时候,成为了一个身家不菲的大富翁。但是,正当他春风得意之时,一场意想不到的灭顶之灾却突然降临。齐哈撒有一笔大生意做砸了,他不仅亏光了所有的钱,而且还为此欠下了一大笔债。他变卖了房子、田地以及家中所有值钱的东西,再加上几个朋友出资相救,这才偿还了所有的债务。就在齐哈撒遭受惨变之际,他的妻子带着孩子也离他而去了。此时此刻,齐哈撒内心的失落可想而知。穷困潦倒的他自觉没有脸面再待在这里,便决定离开家乡。

一路上,只有一条他心爱的狗和一本书与他相依为命。在一个大雪纷飞的夜晚,齐哈撒拖着蹒跚的步履来到一个偏僻的村庄。可是,村里没有一个人愿意接纳他,无奈之下,齐哈撒只好漫无目的地继续向前行。最后他终于找到了一个茅草棚,虽然破落不堪,但总算可以栖身。令他意外的是,茅草棚中竟然有一盏油灯。齐哈撒不由得长叹一声:"唉,虽然找不到可以吃的东西,但是

第二卷·第一章
与众不同的企业家——影响美国经济的摩根

能有一盏油灯看看书,也算上帝待我不薄啊。"他走到油灯旁边,用身上仅存的一根火柴将油灯点燃。油灯点起来后,齐哈撒仿佛觉得自己的身体也变得暖和起来。就在他拿出书来准备读的时候,一阵狂风吹进了窗户,将油灯吹灭了。立刻,四周又一次陷入了黑暗之中。随着黑暗的降临,齐哈撒的心也跌入了谷底。

正在这时,一声狗叫声给了他一丝慰藉。齐哈撒叹了口气,昏昏沉沉地睡过去了。第二天早上醒来,齐哈撒竟然发现与自己相依为命的猎狗也被人杀死在门外。抚摸着猎狗的尸体,齐哈撒悲痛欲绝,他觉得这个世界实在没有什么东西值得留恋了。这时,他对整个世界几乎绝望了。

齐哈撒环顾了四周,准备再看一眼这个令他痛苦的世界,打算跟这个冷漠的世界告别。此刻,他突然发现,整个村庄一片寂静。这个晴朗的早晨不应该这样安静,究竟发生了什么可怕的事情?齐哈撒心想,如果这么糊里糊涂地死掉,自己肯定会死不瞑目。于是他决定去看看到底是怎么回事。

当他来到村中时,出现在眼前的竟然是一幕惨绝人寰的恐怖景象:到处都是尸体,到处是一片狼藉。昨夜里到底发生了什么事情呢?依情形来看,恐怕这个村子昨夜遭到了匪徒的洗劫。齐哈撒猜测着,在村中找了一遍,最后发现除了自己,整个村庄竟然没有一个活口。

看到这里,齐哈撒不禁感慨道:这样一场大灾难让这么多村民都送了性命,而我这个想死的人竟然安然无恙,成了唯一的幸存者。难道说,就连上帝也希望我好好地活下去吗?我虽然失去了财富,失去了家人,甚至还失去了心爱的猎狗,但至少我还活着,这不正是人生最宝贵的财富吗?流浪后的他第一次感到生命的可贵,他决定坚强地生活下去。功夫不负有心人,在齐哈撒的努力下,他终于又一次东山再起,过上了富裕的生活。

第二个故事,是关于得失的。

拉尔斯是一个画家,而且是一个很不错的画家。不过没人买他的画,因此他想起来会有点伤感,但片刻之后就能够调整好。

"玩玩足球彩票吧。"他的朋友们劝他,"只花两马克便可赢很多钱!"于

直达纽约
——主宰美国经济命脉的4大豪门

是,拉尔斯花两马克买了一张彩票,并真的中了彩——他赚了50万马克。

"你瞧!"他的朋友都对他说,"你多走运啊!现在你还经常画画吗?"

"我现在就只画支票上的数字!"拉尔斯笑道。

拉尔斯买了一幢别墅并对它进行了一番装饰。他很有品位,买了许多好东西:阿富汗地毯、维也纳橱柜、佛罗伦萨小桌、迈森瓷器,还有古老的威尼斯吊灯。拉尔斯很满足地坐了下来,点燃一支香烟,静静地享受着属于他的幸福。

突然,他感到好孤单,便想去看看朋友。他把烟往地上一扔,在原来那间石头做的画室里他也经常这样做,然后他就出去了。燃烧着的香烟躺在地上,躺在华丽的阿富汗地毯上……

一个小时以后,别墅变成了一片火的海洋,随后,它被完全烧没了。朋友们很快就知道了这个消息,他们都来安慰拉尔斯:"拉尔斯,真是不幸呀!"

"怎么不幸了?"他问。

"损失呀!拉尔斯,你现在什么都没有了。"

"什么呀?不过是损失了两个马克。"

我们可以孜孜以求地去获取金钱,如果不幸失去金钱的时候,也要保持沉稳和坚毅。正是凭借这种良好的心态,才使得摩根这样的商业巨头们能在惊涛骇浪的商海中驰骋自如,临乱不慌,取得富甲天下的成就。

4.安全的捷径是不存在的

摩根并没有什么演讲天分,但在大家的游说之下,他最终同意在一次银行家的集会上演讲。这次集会是为了纪念老银行家乔治·F·贝克而举行的。摩根先生一字一顿地说:"如果需要我说出我们这个行业的道德法规的话,我认为第一条法规就应该是:'永远不要为了迅速取得你赞成的某件东西而去做

第二卷·第一章
与众不同的企业家——影响美国经济的摩根

你不赞成的事情。'因为无论是领导一个企业还是驾驶一艘轮船,安全的捷径是不存在的。"

没有人能只依靠天分成功。上帝给予了你天分,你的勤奋加上你的天分将使你变成天才。没有任何才能不需要学习,不需要后天的坚持和奋斗。

想做一番大生意不是一件很容易的事情,每一个富翁的财富都是在商海中经历了一番不同寻常的搏杀得来的。生意的圆满如同人生的圆满一样,意味着你必须走完全程,意味着你必须历经千难万险,意味着你就算身临绝境也要咬紧牙关继续向前奔跑,战斗到最后一刻。

"不要惧怕失败,即使被踩到泥土中,我们也不能甘心变成泥土,而要成为破土而出的鲜花。从绝望中寻找希望,人生终将辉煌。"说这番话的人叫俞敏洪,是新东方的一校之长。在从一个北大教师到一个"个体户"的过程中,俞敏洪可算是经历了一番折腾,用他自己的话说,好像他把以前从来没有经历过的事情都经历了,把一生中的挫折都尝过了。

当年,在北大教了4年书的俞敏洪看到他昔日的同学、朋友都相继出国了,他的心里也蠢蠢欲动起来,他开始紧锣密鼓地张罗着出国的事情。遗憾的是,在努力了3年半后,他的留学梦仍然无情告吹了。为了生计,也为赚点钱继续他的出国梦,俞敏洪在校外办起了托福班,为自己的出学学费快乐地忙碌着。他逐渐地感觉自己离那个出国梦一天一天地近了。

1990年一个飘落着细雨的秋夜,正当俞敏洪和他的朋友高兴地喝着小酒,聊着家常,描绘着他渐渐清晰的出国梦时,北大的高音喇叭响了,宣布了学校对他的处分决定。

学校这个处分决定被大喇叭连播3天,北大有线电视台连播半个月,处分布告在北大著名的三角地橱窗里锁了1个半月。北大的这种"礼遇",让俞敏洪再没有面子在北大待下去,他颜面扫地,只得选择离开。被赶出家门的北大教师被"逼上梁山",选择了做一个"个体户",一介书生,就此迈进"江湖"。

提起自己的成功,和自己往日为了生存而苦苦挣扎的经历,俞敏洪说:

直达纽约
——主宰美国经济命脉的4大豪门

"当一个人在绝境中为生存而奋斗时,他做什么都不会感到有心理障碍的。"

这就是俞敏洪成功的理由。从最粗糙、最低级、最简单的事情开始,点点滴滴地做起,不在乎世人的眼光与评价,即使身处绝境也毅然前行,不抛弃,不放弃,坚持到底。

漫漫创业路,如同让你在茫茫海上航行,有一帆风顺的时候,也有风浪袭头的时候。所以,在创业的过程中,总是伴随着困难和挫折。那些能够正确面对困难和挫折的人,财富的大门永远向他敞开;相反,那些面对挫折就一蹶不振的人,永远也无法到达胜利的彼岸。

生活中的挫折是考验我们的创业意志是否坚强的一个重要标准,成功历来只青睐那些即使面对绝境也绝不屈服、绝不放弃的人。

雅诗·兰黛就是这样一个坚强执著的女人。

这个从贫民窟中走出来的传奇美丽女性,凭着自己的努力,成为世界上最富有的女性之一。《时代周刊》将这位"化妆品女王"评为"20世纪最富有影响力的20位商业天才之一"。但没有几个人知道在雅诗·兰黛创业的过程中充满了怎样的曲折和艰辛。向化妆品王国进军的时候,雅诗·兰黛已经是两个孩子的妈妈,她创办的化妆品公司当时只有她一个人,生产、销售、运输、策划等都是她一肩挑,有时候接电话,她不得不经常变化嗓音,一会儿装经理,一会儿装财务部的总监,一会儿装运输部的负责人。但是,即使这样,她也没有一刻放弃自己的梦想与追求,以一种常人难以想象和理解的毅力坚持了下来。

不仅仅是雅诗·兰黛,很多超级富豪的创业史都充满了辛酸,他们都经历过创业的危机,都遭遇过生意和生活破灭的绝境。

松下幸之助决定创业时,他所有的钱加起来只有100元,连买一台机器都不够,加上他又不懂技术,艰难可想而知。为了渡过难关,他不得不先后十几次将妻子的首饰、衣服送进当铺。我们可以想象他在绝境中的迷茫、困惑和痛苦,这样的压力和苦难不是常人所能忍受的。但是,松下幸之助挺过来了,并且最终实现了他的财富梦。

第二卷·第一章
与众不同的企业家——影响美国经济的摩根

正如巴尔扎克所说:"世界上的事情永远不是绝对的,结果完全因人而异。苦难对天才是一块垫脚石,对能干的人是一笔财富,对弱者却是一个万丈深渊。绝境能造就强者,也能吞噬弱者。"

发明家爱迪生就是在面对一次次巨大的挫折时却毫不低头,他经受住了一次次的考验,并且从一次次失败中吸取教训,最终才取得了令世人瞩目的伟大成就。

在创业的路上,没有谁能够一帆风顺。有些时候困难往往会超乎你的想象,你在苦难和绝境面前产生动摇,甚至中途而退,都是很正常的。但是,每一个人、每一个企业、每一单业务的成功,都来自于积累,只有不断地积累,你才能不断进步和发展。

财富往往是"熬"出来的,很多富豪之所以能够白手起家,并不在于他们比我们更聪明,而在于他们比我们更能"熬"。看准了一件事,就绝不放弃,越"熬"就会越有希望。对很多创业的人来说,每个人的起点都一样,谁胜谁负,比的就是你"熬"的韧性和耐力。

5.诚信——使他成为毫无质疑的领导者

毋庸置疑,摩根集团是当今金融业中最强大的集团,那它是如何取得这样傲人的地位的呢?

摩根在事业方面的魄力,更多是与他日渐加强的对整个美国金融的控制力相联系的。他的父亲只是一个成功的金融商人,而他则成为了号令天下的"金融帝王",控制了铁路、钢铁、航运等多个工业的发展命运,他甚至依靠自己的权威,两次将美国从金融崩溃的边缘拉了回来,解决了当时美国总统束手无策的燃眉之急。纵观摩根两次代替政府挽救美国金融业的过程可以看

直达纽约
——主宰美国经济命脉的4大豪门

出：作为一个金融业霸主,摩根将国家信用、公司信用和个人信用看得是多么重要。他挽救美国金融的过程也是使美国避免成为一个无信用国家的过程。尽管他在金融业方面的种种经营手段饱受对手和社会大众的诟病,也可能导致了他控制下的产业工人不能获得较大的劳动报酬,但作为一个商业游戏规则尚不明朗时期的商人,他却有着非凡的维护商业信用的意识,从而也维护了自己的信用。这种意识,是美国商业精神里可贵的成分。他甚至提出,在衡量放贷条件时,要将借贷者的人格看得比他的抵押物更重要。

摩根的成功依靠他的才能,但更是他的诚信使他成为毫无质疑的领导者。没有任何一个银行家或金融家质疑过他的话,摩根的承诺就等同于摩根的行动。

台湾首富王永庆先生9岁丧父,16岁的时候在台湾南部嘉义县开了他人生的第一家米店。王永庆的小店开张后没有多少生意,原因是隔壁的日本米店具有竞争优势,而城里的其他米店又拴住了别的顾客。

于是王永庆决定降价销售,来吸引顾客。可是当他把米价调到每斗比别人便宜一两块时,他的小店还是没有生意。只有一个人在他那里买米,这个人是他父亲以前的朋友,他对王永庆说:"我之所以买你的米,不是因为你的价钱比别人便宜,而是我相信你父亲的为人。"

此时,王永庆的米店遇到了极大的困难。可就在这时候,他意识到店里唯一的顾客是靠死去的父亲吸引来的,这使他想通了一个问题,那就是:顾客买东西时更在乎店主的为人,而不是东西的价格。当时的大米加工技术比较落后,出售的大米中掺杂着米糠、沙粒和小石头,买卖双方都是见怪不怪。可是王永庆当时却把他店里卖的所有米中的米糠、沙粒和小石头挑得干干净净,每天他都要挑到凌晨一两点钟。这在当地引起了不小的轰动,一来二去,他的米店就成为了当地生意最红火的米店。

在你的事业发展中,如果能够像王永庆一样拥有良好的诚信,就等于为

第二卷·第一章
与众不同的企业家——影响美国经济的摩根

自己的事业打好了坚实的基础。

在社会生活中,人际关系常常表现为一种感情上的联系和心理上的相互吸引。无论是谁,谁在社会交往中的诚信度越高,谁建立起来的人际关系就越好,他的朋友也就越多,也就越能使自己得到温暖、勇气,从而增加自己的智能和力量。

如果你是个诚信的人,无论在任何情况下,你的同事和上司都会选择相信你。不论在什么情况下,他们都知道你不会掩饰,不会推脱,也不会为自己的行为辩解,他们了解你说的是实话。

那些取得巨大成功的人士都有许多共同的特点,其中之一就是诚实守信。

美国知名的房地产经营家乔治以诚实守信著称,大家都亲切地称他是"房地产大王"。乔治常对人述说他早期的一则故事。

当时他在伊利诺州开始担任房地产业务人员。有一幢房子由他经手出售,屋主曾经告诉他:"这栋房子整个骨架都很好,只是屋顶太老,早就该翻修了。"

乔治第一天带去看房子的顾客是一对年轻夫妇。他们说准备买房子的钱有限,很怕超支,所以想找一幢不需要大修的房子。看了之后,他们就喜欢上了这幢房子,特别是它的位置,想要马上搬进去住。这时,乔治对他们说:"这幢房子需要花7000美元重新整修屋顶!"

乔治知道,说出这幢房子屋顶的真相,这笔生意可能因此做不成。果然,这对夫妇一听到修屋顶要花这么多钱,就不肯买了。一个星期之后,乔治得知他们去找到另外一家房地产交易所,花较少的钱买了一幢类似的房子。

乔治的老板听说这笔生意被别人抢走了,非常生气,他把乔治叫到办公室。老板对乔治的解释很不满意,更不高兴他替那一对夫妇的经济条件操心。

"他们并没有问你屋顶的情况!"老板咆哮着说,"你没有责任说出屋顶要修的事实,主动说出这个情况是愚蠢的!你没有权利说,结果搞坏了事!"于是,便把乔治解雇了。

直达纽约
——主宰美国经济命脉的4大豪门

假如乔治不能正确认识这件事的话,他当时会想:"我把实话告诉了那对夫妇,真是做了傻事。我为什么要为别人操心呢?我再也不要那样多嘴,把佣金搞掉了。我可真笨!"

但是,乔治希望做个诚实的人——他受到的教育就是要他说实话。乔治的父亲总是对他说:"你同别人一握手,就算是签了合同,讲的话就得算数。如果你想长期做生意,就要讲公道。"乔治最关心的是自己的信用,而不是钱。他当时虽然很想把那幢房子卖掉,但绝不肯因此而损及自己的人格。即使丢掉了职业,他仍然坚信自己唯一的做事准则——就是把所有的真相统统说出来。

乔治向他帮过忙的一位亲戚借了些钱,搬到了加利福尼亚州,在那里开了一家小小的房地产交易所。过了几年,他就以做生意公道和说老实话出了名。这样做虽然使他丢掉了很多笔生意,但却使人们都知道他靠得住。最后,乔治终于赢得好名声,他的生意做得很兴隆,在全国各地都设置了营业处。

一个人之所以能拥有很好的人脉,是因为他的人格魅力征服了身边的所有人,他身边所有的人都愿意与他这样的人成为朋友。你我都一样,都希望能结交到诚实、守信、道德高尚的朋友,而不喜欢与"小人"做朋友。

6.喜爱读书到了极点的企业家

摩根喜爱读书到了极点。他自己兴建了一所图书馆,收藏了很多书籍,包括各种罕见的书籍和名人手稿,此外,还有埃及艺术品、文艺复兴时期的绘画和中国瓷器。这所图书馆目前已经成为纽约市的一个著名景点。摩根后来在图书馆旁边又加建了房屋,成为他在纽约的住所。摩根每天早上起来必会坐在自己的书房里博览群书。

他告诉儿子,读书的道理在于学习,因为你没有时间去体会所有的过失,

第二卷·第一章
与众不同的企业家——影响美国经济的摩根

必须在前人的错误中吸取经验教训。

世界时时刻刻都在前进和发展，但是关于企业如何去经营的诀窍，却几乎是没有变化的。因为这个世界上新的事情并不多，一个人一生的大部分时间都是在重复做某件事中度过的，一本名为《巴德雷特的常用引句集》的书就足以囊括古今的许多智慧。

通过读书，我们不仅能够轻而易举地获得前人的智慧，还会拓宽自己的视野。过去也好，现在也罢，所有的人都在历史的某一点上按照自己的意志和方式生活着，但书籍却让我们得以打破时空的局限，畅游于过去和现在之间，感受到智者们曾经感受到的一切。当自己的思想逡巡于如此浩瀚的人类文化大背景里，我们就会发现，自己的问题变得微不足道。借助智者的视角，有些问题也就有了解决之法。

看看书籍带来的好处吧。

摩根向儿子讲到亚伯拉罕·林肯的故事。林肯竞选总统的时候，很多人批评他缺乏经验，不适合做总统，但林肯看起来却一点儿都不在乎这种看法。他不但登上了总统的位子，还成为世上最卓越的总统之一。

摩根分析，努力是林肯制胜的一个原因，不过更加重要的原因是，在林肯年仅14岁的时候，他就把图书馆里的藏书全部读完了。林肯通过书本阅尽人生，书本磨炼了他洞达世事的智慧，因而他虽然缺乏实践经验，却同样可以熟稔地面对从未经历过的种种世界性问题。

摩根一再提到，企业家需要追求与众不同，因为这是所有成功者的共同特点。一个不敢尝试和他人不同的人，只能做跟随者，不可能成为领导者。可是，到底是什么造就了企业家的不同呢？又是什么使企业家敢于坚持自己的不同呢？书籍！

企业家们在博览群书的过程中建立起了独立的世界观和人生观，他们又依凭书里历练出来的眼光和智慧，发现了被一般人忽略的真理，从而选择出一条适合自己却异于常人的道路，并且勇敢执著地坚持走下去。

直达纽约
——主宰美国经济命脉的4大豪门

摩根回忆，自己当初花了十年的时间，获得了会计师资格证，却没有受聘进大公司当会计，而是进了一个名不见经传的小公司。当时同事们都嘲讽他的选择简直是发疯，但摩根一生事业的根基却正是奠定于那个小小的公司。在小公司合伙人、头脑过人的约翰的耳濡目染下，摩根将自己的脑力极大地开发出来，掌握了身为杰出企业家必备的素质。在众人眼里，一个是可以从事会计本行工作的大公司，一个是工作内容偏离会计本行的小公司；而在摩根眼里，一条是终生给别人打工的路，甭管这路有多么辉煌，这辉煌不属于自己，一条是自己历练领导本事的小路，可这路上的每一步都会将自己导向属于自己的未来。数年之后，当摩根的同事还在大公司打工的时候，摩根却独力办了一个更大的公司。

是什么赋予摩根智慧以及他坚持的勇气？摩根归功于他多年的读书所得。他告诉儿子杰克，要磨炼经营手腕，最重要的是博览群书。历史是人创造的，以人为主体的，体现了人们的思想和行为。从医学到投资、饮食疗法，以至运动等，领域相隔甚远的书籍里的知识其实都是相通的。多多地读书，就能培养融会贯通的智慧，这种智慧无论在哪个领域都具有指导意义，经营也不例外。

摩根的话杰克都听在心里，他也很爱读书，不久也像父亲一样，养成了每天早上博览群书的习惯。

摩根在介绍《巴德雷特的常用引句集》的时候，曾引用了霍美罗斯在公元前700年左右说到的一句话："儿子很少和父亲一样，几乎都比父亲差，青胜于蓝者是少数。"但事实上，论起守业来说，杰克做得非常优秀。此外，由于父亲在他的心智上施加了点点滴滴日积月累的关心和影响，杰克一生以父亲为荣，他在潜意识里模仿父亲，后来连着装上都和父亲没有二致。单看他们在同样的年龄拍的照片，人们往往分不清楚哪个是老摩根，哪个是小摩根。

说起读书，它在我们这个时代具备了更加不寻常的意义。

书籍的重要性再怎么强调都不为过。单单从实际的角度来说，日本作家胜间和代曾提到过她在旅行中的发现：凡是搭商务舱的人士，不是在读纸质

第二卷 · 第一章
与众不同的企业家——影响美国经济的摩根

书,就是在通过笔记本电脑学习、工作,不停致力于知识的吸收和生产,而反观搭经济舱的人,则多半在打电玩、看电影、睡觉。

在历史上,因为泛读而成为大学问家的例子俯拾皆是。鲁迅曾提过青年应该博览群书。他说,爱看书的青年,大可以看看本分之外的书,即使和本专业无关的,也要泛读。比如学理科的,偏要看看文学书,学文科的,偏要看看理科书。"看看别个在那里研究的究竟是怎么一回事。这样子,对别人、别事,可以有更深的了解。在'博'的基础上,要渐择而入于己所爱的一门或几门。"

康熙也是一个读书颇杂的人,词章、声韵、历算、律吕、自然科学等领域,他均有涉猎。他晚年谈到,治理天下50余年,尚无大过,均为书籍之赐。

著名物理学家杨振宁也赞赏博览群书这种行为。他对此有独到的领悟。他认为,既然知识是互相渗透和扩展的,掌握知识的方法也应该与此相适应。当我们在专心学习一门课程或潜心钻研一个课题的时候,如果有意识地把智慧的触角向邻近的知识领域伸去,很可能会在那些熟悉的知识链条中的一环得到意想不到的收获。不妨读一读那些相关专业的书籍,暂时读不懂也没关系,一些有价值的启示,往往正产生于半通不通之中。渗透性的学习方法,会使我们的视野开阔、思维活跃,从而提高学习的效率。

当代作家秦牧把泛读比作"鲸吞",把精读比作"牛嚼"。"鲸吞"指的是巨鲸进食,把整吨整吨的小鱼小虾吞入口中。人们应该以鲸的吃法来博览群书。一个人若想学点知识,如果只有精读,没有泛读,知识是强壮不起来的。

"牛嚼"是指老牛白天吃草,晚上深夜的时候,还动着嘴巴,把白天吃的东西再次反刍,嚼烂嚼细。我们对需要精读的东西,也应该这样反复多次地阅读、思考,以最大化地吸收知识的精髓。

著名数学家华罗庚则喜欢"厚薄"读书法。他认为,读书的第一步是把薄书读厚。就是说,要扎扎实实地细读,对每个概念、定理都要追根寻源、彻底清楚。这样一来,本来一本较薄的书,由于增加了不少内容,就被读厚了。第二步,也是更为重要一步,就是在第一步的基础上分析归纳,抓住本质,把握整体,做到融会贯通。把真正需要领悟的精髓记住,而这些东西通常并不多,这就把厚书读薄了。经过这样一个由厚到薄的过程,书里的知识就真正转化为了自己的知识。

书籍将历史的智慧齐齐收罗,无论是富兰克林、华盛顿、《圣经》里的人物,还是中国的孔子,他们都无不是历经苦难,才走向成功、收获智慧的。和他们相比,我们的努力还远远不够。

我们若想继续自己的人生之旅,就要先跨出第一步,然后步步为营。而每读一本有价值的书,都能够指引我们向着正确的方向前进一步。如果没有书本,我们将只能通过凭空想象来了解别人是如何为了解决问题而绞尽脑汁,但书本上却记录了一切,使我们如同亲身经历一般去深入别人的思维。

书籍增长了我们的智慧,拓宽了我们的心胸,鼓励我们超脱生活的平庸,去思考存在的理由,从而促使我们能够为更理想、更美好的人生而奋斗。它时时刻刻地在提醒我们:时不待我,切莫浪费时间。

7.一个人只有实现了许多伟大的目标,才会感觉自豪

杰克曾经问过父亲,幸福是什么?这同样是摩根终其一生不断思索的问题。他告诉儿子,每个人针对这个问题都会有不同作答,比如弗洛伊德认为,"幸福由快乐构成",阿多拉说,"幸福来自权力的追求"。不过,摩根认为这两种说法都略显苍白,他信服的是心理学家威客达·依·法兰克尔的说法——幸福源于成就感。

摩根认为,一个人只有实现了许多伟大的目标,才会感觉到自豪。比如,杰克的祖父朱厄尼斯每天都会定立计划,并且努力实施,如此一来,他每天的生活都充满成就感,直到80岁的时候,身体都很健康。朱厄尼斯对摩根说过,每天早上一睁开眼睛,只要有一些事情在等待他去完成,他就会过得健康快

第二卷·第一章
与众不同的企业家——影响美国经济的摩根

乐。自从过了85岁,需要朱厄尼斯去做的事情急剧减少,他的身体状态也就渐渐变差,大不如从前。

心理学家认为,人天生是目标的追求者,一旦达到一个目标,第二天就会为第二个目标启程上路了。你的孩子如果能像探险家一样在少年时定立下一生的目标,他将会在目标的指引下起跑、飞奔,纵然将会修正方向或在岔道稍事修整,但只要目标在前,他就会不断前行,最终成为走得最远的那个人。

心理学家曾经做过这样一个实验:

组织三组人,让他们分别向着10公里以外的3个村子进发。

第一组的人既不知道村庄的名字,也不知道路程有多远,只被告知跟着向导走就行了。刚走出两三公里,就开始有人叫苦。走到一半的时候,有人几乎愤怒了,他们抱怨为什么要走这么远,何时才能走到头,有人甚至坐在路边不愿走了。越往后走,他们的情绪也就越低落。

第二组的人知道村庄的名字和路程有多远,但路边没有里程碑,只能凭经验来估计行程的时间和距离。走到一半的时候,大多数人想知道已经走了多远,比较有经验的人说:"大概走了一半的路程。"于是,大家又簇拥着继续向前走。当走到全程的3/4的时候,大家的情绪开始低落,觉得疲惫不堪,而路程似乎还有很长。当有人说:"快到了!快到了!"大家又振作起来,加快了行进的步伐。

第三组的人不仅知道村子的名字、路程,而且公路旁每隔一公里就有一块里程碑。人们边走边看里程碑,每缩短一公里大家便有一小阵的快乐。行进中他们用歌声和笑声来消除疲劳,情绪一直很高涨,所以很快就到达了目的地。

心理学家得出了这样的结论:当人们的行动有了明确的目标的时候,就能把自己的行动与目标不断地加以对照,进而清楚地知道自己的行进速度与目标之间的距离,人们行动的动机就会得到维持和加强,就会自觉地克服一切困难,努力达到目标。

直达纽约
——主宰美国经济命脉的4大豪门

很多人日复一日地躺在安乐椅上，期待休息够了就去完成人生的远航。他们以为自己总会有机会、有时间去实现目标，却在不知不觉中浪费了很多金钱、时间以及心力，从事那些所谓的消除紧张情绪的活动。如果有人问他们将如何达到这个目标，他们会回答说，一定会有某种方法的。这些人无法成就他们的理想，就是因为他们从来没有真正定下生活的目标。目标就是对所期望成就的事业的真正决心，没有目标，任何事情都不可能发生，任何行动也不可能采取。如果一个人没有目标，他就只能在人生的旅途上徘徊，永远无法抵达任何目的地。

定立了目标的人才会获得人生的丰收。定立了目标的人会随时关注与自己的目标有关的人生际遇，就仿佛手持捕蝶网在原野里行走，而没有目标的人，则思维涣散，注意力无以聚焦，就好像空手行走的人。一旦际遇翩翩来临，前者自然会一把捕捉住际遇，后者则只好任由际遇飞来又飞走。

能保证你成功的，与其说是你卓越的才能，不如说是你追求的目标。对目标的向往会将人们的意志聚集起来，让你充满激情、不屈不挠地为实现目标而努力。

在对有目标的追求中，人们会自动产生坚韧不拔的决心，甘愿克服艰难险阻，完成单调乏味的工作，忍受其中琐碎而又枯燥的细节，从而顺利通过人生的每一个驿站，直抵终点。

一旦确立了切实可行的目标，就必须将其贯彻实施，不可发生丝毫动摇。那些目标不专一、左右摇摆的人，总是很容易寻找到遁词以躲避那些琐碎的工作，这些人是注定要失败的。与此相反，一旦我们目标专一，我们就会意识到所要完成的工作是不可回避的，如此，我们就会心甘情愿地带着轻松愉快的心情去迅速完成工作。

美国探险家约翰·戈达德原本是美国洛杉矶一个没有见过世面的孩子。15岁那年，他拟定了一生的志愿，这些志愿包括：攀登珠穆朗玛峰、乞力马扎罗山和麦特荷山，去尼罗河、亚马孙河和刚果河探险，驾乘大象、鸵鸟、野马和

第二卷 · 第一章
与众不同的企业家——影响美国经济的摩根

骆驼等动物,重走马可·波罗和亚历山大一世曾经走过的路,主演类似《人猿泰山》的电影,驾驶飞行器在空中遨游,遍阅亚里士多德、柏拉图等人的著作,写一本书,谱一首乐曲,去世界各国旅游,参观月球等,共计127个目标。

当他把梦想庄严地写在纸上之后,就开始了逐步的实施计划。16岁那年,他和父亲到佐治亚州的奥克费诺基大沼泽和佛罗里达州的埃弗洛莱兹探险。从那个时候开始,他的目标开始逐个地实现了。截止49岁时,他已经完成了127个目标中的106个。

心理学家认为,人类天生具有追求目标的机制。我们生来就是为了征服环境、解决问题、达到目标的。如果一个人没有目标,就会原地绕圈子,感觉生活没有意义,内心迷失;如果一个人对准没有价值的目标,就会表现出不安、生硬、唠叨、挑剔、吹毛求疵等负面情绪;一个人唯有找到有价值的目标,并尽力去实现它,才会感受到真正的满足和快乐,从而成就有价值的人生。

一旦树立起一个值得追求的目标,就要保持"前视"的习惯,向往它,期待它,争取它,要永远向前看,不要向后看。对未来的憧憬会让人永葆青春和活力。

8.比工作更重要的事情,是找到工作之外的爱好

在摩根的那个时代,人人都向往能够走进华尔街23号,在那座端庄朴素的大楼里赢得一个办公座位,因为那个座位等同于美国金融王国的高位,等同于荣誉、地位和金钱。不过,玫瑰有多美,它的刺就有多扎手,摩根财团的成员不仅需要具备超人的才干,还需要拥有过人的精力和耐力。

摩根财团的每个成员都承担着数倍于常人的工作压力。想想看吧,"美国铁路重组"这项工作是摩根财团里不到150人的团体完成的。在平常的日子里,华尔街23号就是整条街的"启明星",当夜幕还在四下里弥漫的时候,这里

直达纽约
——主宰美国经济命脉的4大豪门

已经灯火通明,成员们来来往往,已开始了一天的工作。

犀利的记者称摩根财团是一部"粉碎灵魂的巨型绞磨机"。确实如此,摩根执掌财团的那些年里,摩根的合伙人死于繁重工作的消息并不少见。不过记者又说,唯有摩根"一个人穿越了这部粉碎灵魂的巨型绞磨机,保持了他自己的健康、活力和精神"。

平心而论,摩根既推崇以身作则,又习惯全面掌控局面,他的工作压力并不在合伙人之下,而且摩根的身体从小就不够强壮,他到底是采用了什么独门秘方"穿越"了巨大的工作压力呢?

摩根既创造了自己的辉煌,他也充分以自己创造的财富和成功为资本,获得了浮华享受。玩游艇、包专列,他花在度假旅游及业余兴趣上的精力一点也不比花在生意上的少。当然,他可以为自己找到的最完美的理由就是:他的身体需要时时休息调养。生意之外,摩根最大的个人爱好就是收藏。他一生之中将大约一半的财富用于了购买各种艺术品。这种收藏的兴趣并非像镀金时代的那些富豪一样是为了提高自己的社会地位,以此炫耀财富,他的收藏是发自一种本能的热爱,到了后来还出于一种道义感——为了提高新兴的美国的文化品位,使其迅速达到可与欧洲相比的水平。事实上,摩根一生的收藏品的确起到了这种作用。

摩根对简单的事物和对复杂的事物一样喜爱。他最简单的两样爱好由于坚持得太久,以至于它们也能够成为摩根的个人标志:玩单人扑克牌、抽古巴雪茄。

摩根认为,工作重要,兴趣也很重要。如果一天24小时都心系于工作,人就会失去生活的平衡,迟早会危及身体健康。专注于兴趣,可以帮助人从工作的状态里解脱出来,获得休息和放松。利用假期做喜欢的事情也好,和家人共度快乐时光也好,都可以达到这个效果。一个保持生活平衡的人,是难以被挫败打倒的,因为他的工作态度合理,头脑清晰,不会受到生活中琐碎事情的干扰。

对此,摩根在对儿子的忠告中作了清晰的解释:工作之外的兴趣也很重要。

第二卷·第一章
与众不同的企业家——影响美国经济的摩根

就摩根来说,他缓解工作压力的最好方式就是乘船出海。摩根的事业在铁轨上一路狂飙突进,他的心却始终为烟波浩渺的大海所吸引。步入中年之后,海就越发成为他疗伤避风的港湾。自从游艇成为纽约豪门的娱乐新宠之后,摩根就毫不犹豫地加入了这场潮流中,他在1882年购买了第一艘豪华游艇。每当需要缓解压力的时候,摩根就会乘船出海。船在离岸的时候,将送行的朋友连带俗世的纷争和压力都留在陆地,直接驶入茫茫大海。摩根在海中自由自在地遨游,当他再度抵达岸边的时候,朋友们总会看到一个烦恼全无、焕然一新的摩根。出海遨游给予了摩根源源不绝的力量,引导他一路平安穿行通过种种压力地带。

当然,快乐不是以金钱来衡量的。我们纵然无力购买豪华游艇,但只要我们寻找到一个取悦内心的兴趣,就可借此脱离烦恼,从而激活快乐,进入属于我们的"逍遥大海"。

TIPS:快乐的16个小窍门

(1)凝视鱼缸
上世纪80年代的研究就证明凝视鱼缸可以减少压力,从而降低血压。
研究员把催眠术应用到无鱼的鱼缸和有鱼的鱼缸上,通过凝视无鱼的鱼缸和有鱼的鱼缸,从而得出结论:凝视各种类别的鱼缸都会降低人的血压,促进身体的幸福感。
经过证实,即便观看视频中的鱼也能够产生治疗效果。
(2)穿件黄色的上衣
黄色物体的波长相对来说较长,并具有刺激性。对色彩的研究表明,黄色可以提升人的乐观精神、自信心、自尊心、精神力量和友善感,甚至创造力。
穿着亮黄色的衣服,可以让我们更有精神,更有自尊心,甚至会带动我们周围的人,因为它也会触动周围人的幸福按钮。

(3)运用花朵的力量

最近的研究确定,花朵可能是给数百万自认为不是"起早的人"提神的最佳物品。

由哈佛大学和马萨诸塞州综合医院带领的一项行为研究的参与者证实,早些时候他们的积极感很低,但在清晨第一眼看到花朵之后就感觉更加幸福,更具活力。

(4)喝牛奶

乳制品富含蛋白质,能够降低你的身体对压力的反应,帮助你提升心情,并且增强记忆力。

如果牛奶会影响你的消化系统,那么可以尝试每次不要喝太多。

(5)看风景

研究还显示,医院的病患如果前往户外风景美丽的房间与只是面对冰冷的墙壁相比,在手术后恢复的时间更短,获准出院的速度更快。

这一理论可以这样理解,如果优美的风景可以帮助病患康复,那么它当然可以通过提升我们的心情,缓解我们的压力,从而提供给我们积极乐观的精神来帮助我们保持健康。

如果你窗外的风景并不宽广,那么尝试在身边放一些你喜欢的那些地方的图片或者照片。

(6)吃上一小口

特别的味道可以让你的记忆更清晰,恋旧感更强烈——如果那些味道所唤起的记忆是好的,那么就会降低你的血压,提升你的心情。

几种最佳的精神提升品:薄荷、燕麦小甜饼和香草。

(7)跳一跳来获得快乐

根据研究,跳30秒钟可以改善你的心血管健康,帮助你降低血压,令你情绪高涨。

你并不需要跳得很快,保持一般跳绳的速度就可以了。

(8)嚼口香糖

在一项回忆15个单词的测试中,嚼口香糖者比没有嚼口香糖的人要多记

第二卷·第一章
与众不同的企业家——影响美国经济的摩根

住两至三个词。原因何在呢?

根据英国诺桑比亚大学的研究,咀嚼口香糖能给大脑传递更多的氧气和葡萄糖,这不仅会增强你的注意力,而且还会提升你的整体心情和自信心。

(9)做一位"跳舞女王"

无论是恰恰舞、霹雳舞,或者波尔卡舞,它们不仅能提高你的肌肉紧实度和身体的协调性,还会帮助你增加精力,减少压力,同时降低你的血压。

(10)大声笑

观看情景喜剧或者以说笑为主的喜剧表演,看漫画,在网上找笑话,或者约个有趣的朋友出去走走——你将会发现自己的心情变好了。

研究证实,大笑可以缓解像皮质醇和肾上腺素这类的压力荷尔蒙水平,另外,它还能够促进像内啡肽和神经传递素这类的健康荷尔蒙生成。

不仅如此,发自内心的大笑还能够增加抗体生成细胞的数目,增强T细胞的效果。

所有这些都意味着你将拥有一个更强的免疫系统,同时感受更小的压力反应。供您参考:即便是假装的欢笑也能够传递给你一些抗压力荷尔蒙。

(11)整理杂物

多数人在置身于混乱状态中时,都会感觉有压力,带有沮丧感。无论这些杂物是成堆的物品或者凌乱的纸张,与杂物有关的压力会致使你的脉搏和血压比在健康状态时提升,同时你的压力荷尔蒙肾上腺素和皮质醇也会开始它们的不良作用。

(12)结交一位毛绒绒的朋友

饲养宠物者似乎看医生的次数更少,有沮丧感的时候也更少。但如果你没有饲养宠物,这并不是问题。

对附近的小动物表示你的友好,也会帮助你降低心率,降低血压。拜访宠物店或者去当地的保护动物协会做义工,都会让你从中得到幸福感。

美国的一项研究观察了正在服用高血压药物的男性和女性股票经纪人,开始对他们进行压力测试,那些坐在宠物旁边的人,其心率和血压会明显降低。

直达纽约
——主宰美国经济命脉的4大豪门

(13) 让身边的环境保持安静的状态

噪音会制造一种慢性应激,让身体进入一种警戒高的状态。

即便你在睡觉,你的身体也会继续对声音做出反应,生成压力荷尔蒙。这些可能会让你的心脏和血管产生变化,进而引发高血压、心脏病和中风。

为了让自己开心并放松,为自己创造一个安静的家庭环境吧。如果这难以实现,就前往当地的图书馆、书吧或者公园中的一块和平之地。

(14) 站得高

对"站直"方面的话题,是有一些说法的。

根据德国的研究,处于垂直身姿的参与者(与那些身体弯曲的人相比)在观看一些图画、描述个人理解时,他们写出的内容更具独到性,令人振奋。

糟糕的站姿不仅会拉伸你的肌肉、肌腱和韧带,磨损相关关节,甚至会影响你的内脏器官的功效。

(15) 不要让心中留有积怨

2001年的一项研究揭示了痛苦的记忆与压力反应程度之间的相互关系。

当这些实验对象在接受鼓励或抱有宽容的想法时,压力反应减少了。

2003年10月,一项对108名大学生所作的研究得到了相似的结果。其他很多研究也显示,宽恕可以降低人的沮丧感、悲痛感和焦虑感。

(16) 享受阳光的沐浴

抽时间外出是一个好主意,但其实仅仅居住在一个阳光可以进入的明亮的屋子中,就会带给你非凡的效果。

当阳光进入人眼,就会刺激大脑生产血清素,这会促使大脑中众多化学变化的发生,进而明显提升心情。

那么,如果你的房子在背阴的一面呢?你可以把窗户的里里外外擦干净,让房间感觉起来更明亮,也可以换上大瓦数的灯管,或者卷起窗帘。

第二章

性格即命运

——摩根的成功王道

> 资本比资金更重要,但最重要的是性格。
> ——约翰·皮尔庞特·摩根

直达纽约
——主宰美国经济命脉的4大豪门

1. 资本比资金更重要，但最重要的是性格

戴尔·卡内基曾说过："一个人的成功，85%归于性格，15%归于知识。"要想取得事业的成功，性格是一个十分重要的因素，尤其是那种招人喜欢、给人快乐、具有魅力的性格。

曾有一位美国记者采访晚年的摩根，问道："决定你成功的条件是什么？"摩根不假思索地说："性格。"

记者再问："资金和资本哪个更重要？"

摩根回答说："资本比资金更重要，但最重要的是性格。"

由此可知，性格决定命运，一个人的性格在人的一生中起着至关重要的作用。好的性格可以让你能屈能伸，知进知退，稳得住成功得意，也禁得起挫折失败，赢得起，也输得起。正是那些不同的性格，可以让人成就不世之功，也可以让人功败垂成。

19世纪，约翰·皮尔彭特从耶鲁大学毕业，前途看上去充满了希望。然而命运似乎有意捉弄他。皮尔彭特对待学生是爱心有余而严厉不足，他很快就结束了做教师的职业生涯。但他并没有因此而灰心，依然信心十足。不久他当了一名律师，准备为维护法律的公正而努力。但他的性格似乎一点都不适合这一职业，他认为当事人是坏人，就会推掉找上门来的生意；他认为当事人是好人，又会不计报酬地为之奔忙。对这样一个人，律师界当然感到难以容忍，皮尔彭特只好再次选择离去，成了一名纺织品推销商。然而，他好像并没有从过去的挫折中吸取教训。他看不到商场竞争的残酷，在谈判中总让对手大获其利，而自己只有吃亏的份。于是，他只好再改行当了牧师。然而，他又因为支持禁酒和反对奴隶制而得罪了教区信徒，被迫辞职……

第二卷·第二章
性格即命运——摩根的成功王道

1886年,皮尔彭特去世了。在他81年的生命历程中,他似乎一事无成。但是,你一定听过这首歌:"冲破大风雪,我们坐在雪橇上,快速奔驰过田野,我们欢笑又唱歌,马儿铃儿响叮当,令人心情多欢畅……"

这首家喻户晓的儿歌——《铃儿响叮当》,它的作者正是皮尔彭特。这是他在一个圣诞节前夜作为礼物,为邻居家的孩子们写的。因为他有着开朗乐观的性格、博大无私的胸怀、纯洁明净的内心,所以才能写出这样一首充满爱心和童趣的优秀作品。

由此看来,皮尔彭特之所以做不成称职的教师、律师和牧师,之所以在这些领域里一塌糊涂,就在于他的性格不适合这些职业。而他最适合的职业就是作家。可惜他选错了职业,最后落得如此结局。

皮尔彭特的故事告诉我们,再贵重的东西,如果用错了地方,也只能成为垃圾或废物。在人生的坐标系里,一个人占到好地盘,比什么都强。

所以,请先看看自己的位置错了没有。如果你的位置站错了,那么一开始你就错了,如果还要这样继续错下去,你可能会永久地在卑微和失意中沉沦。

让我们再来进一步探讨。爱因斯坦在科学上的贡献家喻户晓,而在20世纪50年代,爱因斯坦曾收到一封信,信中邀请他去当以色列的总统。爱因斯坦毫不犹豫地予以了拒绝。他在回信中写道:"我整个一生都在同客观物质打交道,因而既缺乏天生的才智,也缺乏经验来处理行政事务及公正地对待别人,所以,本人不适合如此高官重任。"

历史学家则认为,爱因斯坦是清醒而明智的,他的智慧和美德不仅在于他发现了"相对论",还在于他发现了自己。

有时一个人竭尽全力去做某一件事而没有成功,并不意味着他做其他事也不会成功。所以在行动之前,先要想一下,如果选择了一条不适合自己的道路,这就注定难以成功。

而我们很多人,他在人生道路上的错误往往从违背自己的性格时就开始了:售货员想要教书,而天生的教师却在经营着商店;本来只配粉刷篱笆的人却在画布上涂鸦;有人站在柜台里三心二意接待顾客的同时却梦想着其他职业。一位优秀的鞋匠为自己社区的报纸写了几行诗歌,朋友们就把他称为诗人,于是他竟然放弃了自己熟悉的职业,利用自己并不熟悉的电脑来写作……

难怪美国总统富兰克林会感叹:"有事可做的人就有了自己的产业,而只有从事天性擅长的职业,才会给他带来利益和荣誉。站着的农夫要比跪着的贵族高大得多!"

所以说,决定你是否是"最好"的标准,既不是看你物质财富的多少,也不是看你身份的贵贱,关键是看你是否拥有实现自己理想的强烈愿望,看你的性格优势能否充分地发挥。

2.归纳自己的性格,成功从认识自己开始

翻开摩根的奋斗史,不论是他成功地在欧洲发行美国公债,慧眼识中无名小卒的建议而大搞"钢铁托拉斯",还是他力排众议,甚至冒着生命危险推行全国铁路联合,都归结于他那倔强和敢于创新的性格。如果排除这一条,恐怕他有再多的资本也无法开创投资银行。

1998年5月,华盛顿大学有幸请来世界巨富沃沦·巴菲特和比尔·盖茨演讲。当学生问"你们是怎么变得比上帝还富有的?"这一有趣的问题时,巴菲特说:"这个问题非常简单,原因不在智商。为什么聪明人会做一些阻碍自己发挥全部功效的事情呢?原因在于习惯、性格和脾气。就像我说的,这里的每个人都完全有能力获得和我一样的成功,甚至超过我。但是有些人做得到,有些却做不到。做不到的那些人,是因为你自己阻碍了自己的发展,而不是这个世界不让你做到;你自己压抑了自己的性格、扼杀了自己的天赋。一句话,你自

第二卷·第二章
性格即命运——摩根的成功王道

己挡住了自己的路！"

仔细思考一下,你还在"自己挡住自己的路"吗?如果是,那么你永远也不可能成功。决定你成败的,不是你的尺寸大小——而是做一个最好的你。

正如一位诗人所说的:"如果你不能成为山顶上的高松,那就当棵山谷里的小树吧——但要当棵溪边最好的小树;如果你不能成为一棵大树,那就当丛小灌木;如果你不能成为一丛小灌木,那就当一片小草地;如果你不能是一只香獐,那就当尾小鲈鱼——但要当湖里最活泼的小鲈鱼。"

我们不可能设想让一个性格暴烈的人去搞公关、谈生意或做服务工作;让一个性格怯懦、柔弱的人去搞刑侦破案;让做事大大咧咧、马马虎虎的人去当医生或会计……与自己的性格不相符的职业,给你带来的不是收获与快乐,而是痛苦与堕落。

既然许多人都知道这些道理,为什么还会有人"入错行"呢?

原因主要有两个:一是对自己不了解;二是对职业不了解。

一个人选择职业的过程,就像谈恋爱和结婚的过程一样,开始的时候可能会为对方或英俊潇洒或美丽袅娜的外表所迷惑,对对方一见钟情,并很快沉醉于热恋中,乃至匆匆与对方结婚。爱情是浪漫的,婚姻却是现实的。进入现实的婚姻以后,如果对方的表现不是自己所希望的那样,那这段婚姻就很难长久地维持下去。

因此,选择职业时,最重要的是看你能否正确地分析自己——你是什么样的性格?你的性格适合从事什么样的职业?

下面列举了几种性格,可以帮你一一对号入座。当然,每个人的性格都不完全是"纯的",也可能是两种或三种性格的混合,请参考这个分类,归纳自己的性格,找到自己最适合做的行业,然后努力成为本行业里的佼佼者。

刚毅型

刚毅性格是刚与毅的结合,具有这种性格的人不仅性格刚强、刚烈,而且还具有坚强持久的意志力。他们的优点是意志坚定、行为果断、勇猛顽强、敢于冒险,善于在逆境中顽强拼搏,阻力越大,个人的力量和智慧就越能发挥得淋漓尽致。他们的办事效率高,处理问题时果断泼辣。他们有魄力,敢说别人不敢说的话,敢做别人不敢做的事。遇事通常自己做主,不依赖他人,不迷信权威,喜欢独立思考、独立工作。

缺点是易于冒进,权欲重,有野心。这种人常常盛气凌人、争强好胜,喜欢争功而不能忍,他们为人霸道,与人共事时缺乏谦让和商量,喜欢自己说了算。

具有这种性格的人适合在政治、军事等领域发展。他们目标明确,行为方式积极主动、坚决果断,故多适应开拓性或决策性的职业,如政治家、社会活动家、行政管理、群众团体组织者等,不适宜从事机械性的工作和要求细致的工作。

温顺型

温顺型性格的人逆来顺受,随波逐流,缺乏主见,由于缺乏果断性,常常因优柔寡断而痛失良机。但是,这种性格的人又有性情温和柔顺、慈祥善良、亲切和蔼、不摆架子、处世平和稳重等优点,他们能够照顾到各个方面,待人仁厚忠恕,有宽容之德。

更重要的是,这种人有丰富的内心世界和敏锐的观察力,他们在文学艺术等领域常常会如鱼得水。同时他们还擅长技能型、服务型工作,如秘书、护士、办公室职员、翻译人员、会计师、税务工作者、社会工作者,或从事专家型工作,如咨询人员、幼儿教师等,不适合从事要求能做出迅速、灵活反应的工作。

固执型

固执型的人在思想、道德、饮食、衣着上往往落伍于社会潮流,有保守的倾向。他们比较谨慎,该冒险时不敢冒险,过于固执,死抱住自己认为正确的东西,不肯向对方低头,不善于变通。他们有些惰性,不够灵活,而且不善于转移注意力。

但这种人又有立场坚定、直言敢说、倔强执著的优点。他们行得端、走得正,为人正统;他们做事踏实、稳重,兴趣持久而专注;他们善于忍耐,沉默寡言,情绪不轻易外露;他们具有较强的自我克制能力。

固执性格的人擅长独立和负有责任的工作,他们长于理性思考,办事踏实稳重,兴趣持久而专注。他们特别适合科研、技术、财务等工作,不适合做需与人打交道、变化多端的工作。

韬略型

韬略性格的人适合去做一些挑战性的工作,却不适合从事细致单调、环境过于安静的职业。这种人机智多谋而又深藏不露,他们思维缜密,心中城府深如丘壑,善于权变,反应也快,能够自制、自律,临危而不惧,临阵而不乱。缺点是诡智多变,因而不容易控制。

有这种性格的人,他们在紧张和危险的情况下能很好地执行任务,他们适宜从事具有关键作用和推动作用的工作。典型的职业有政府官员、企业领导、行政人员、管理人员、新闻工作者等。不宜选派这种人掌管财务、后勤供应等事。而且这种人往往表面谦虚,实际上不会吃哑巴亏。他们诡计多端,会算计。他们有野心,不甘居人后,更不愿寄人篱下。

开朗型

这种人交友广阔,待人热情,生性活泼好动,出手阔绰大方,处世圆滑,能赢得各方朋友的好感和信任。他们善于揣摩人的心思而投其所好,长于与各方面的人打交道,常混迹于各种场合而能左右逢源;善于打通各方面的关系,适合于做销售和公关工作;他们反应灵敏,善于与人交往,由于人缘好,他们处理起人际关系来得心应手,不容易得罪别人。

缺点是广交朋友而不加区分,悉数收罗。对朋友常讲义气,而往往原则性不强,很难站在公正的立场上看待事情的是非曲直,不适宜做原则性强的工作。

开朗性格的人比较适宜从事商业贸易、文体、新闻、服务等职业,演艺、新闻、保险、服务以及其他同人群交往多的职业能够充分发挥出他们的性格优势,但他们不适宜做与物打交道的技术性或操作性工作。

勇敢型

具有这种性格的人敢作敢当,富于冒险精神,意气风发,勇敢果断,有临危不惧的勇气。他们对自己衷心佩服的人能做到言听计从,对他忠心耿耿。他们适应能力强,在新的环境中能应付自如,反应迅速而灵活。

缺点是对人不对事，服人不服法，全凭性情做事。只要是自己的朋友，于己有恩，不管他犯了什么错误，都盲目地给予帮助。

在警察、企业家、领导者、消防员、军人、保安、检察官、救生员、潜水员等职业领域，这种性格的人将会如鱼得水。但这种性格却不适宜从事服务、科研、财务等要求细致的工作。

谨慎型

你若是一个谨慎型性格的人，你一定会受到这样一些责备：你疑心太重，顾虑重重；你缺少决断，不敢承担责任；你谨小慎微，一而再、再而三地错失机会；你缺少胆量，不敢开拓创新……不错，谨慎型性格的人的确有上述缺点，但是，千万不要忘记，谨慎性格的人却是世界上最精细、最理性的人。他们做起事来一丝不苟、小心谨慎；他们为人谦虚，思维缜密；他们讲究章法，井井有条；他们考虑问题既全面又深入……

他们适合做办公室和后勤等突变性少的工作，喜欢有规则的具体劳动和需要基本操作技能的工作，但缺乏开拓创新能力，不适宜从事要求大刀阔斧变革的职业。典型的职业有高级管理者、秘书、参谋、会计、银行职员、法官、统计员、研究人员、行政和档案管理。

狂放型

这种人行为狂放，桀骜不驯，自负自傲；他们为人豪放、豪爽，不拘小节，不阿谀奉承，常常凭借本性办事，同时做事好冲动，好跟着感觉走，因而他们对很多事情都看不惯，难以在实际工作中取得卓越成就。

他们一般具有想象力强、冲动、情绪化、理想化、有创意、不重实际等性格特征。适合在需要运用感情和想象力的领域里工作，但不擅长于事务性的职业。一个有狂放、冲动性格的人，如果有自知之明，就千万别往仕途上挤，免得身败名裂。

这些人喜欢表现自己的爱好和个性，喜欢根据自己的感情来做出抉择，喜欢通过自己的工作来表达自己的理想。适合从事那些创造型工作，如演员、诗人、音乐家、剧作家、画家、导演、摄影师、作曲家，或者是创意型工作，如策划、设计等。最不适合他们的职业则莫过于从政和经商。

第二卷·第二章
性格即命运——摩根的成功王道

沉稳型

这种人内心沉静、沉稳,沉得住气,办事不声不响。工作作风细致入微,认真勤恳,有锲而不舍的钻研精神,因此往往能成为某一个领域的专家和能手。他们感情细腻,做事小心谨慎,善于察觉到别人观察不到的微小细节。他们喜欢探索和分析自己的内心世界,一般来说,他们的性格略为孤僻,容易过分地全神贯注于自己的内心体验。

在别人看来,他可能显得冷漠寡言,不喜欢社交。缺点是行动不够敏捷,凡事三思而后行,容易错过生活中擦肩而过的机会。兴趣不够广泛,除自己感兴趣的事外,不大关心身边的事物。适应能力较差,虽然体验深刻,但反应速度慢,相对刻板而不灵活。

这种人喜欢按照机械的、别人安排好的计划和进度办事,爱好重复的、有计划的、有标准的工作。适合从事稳定的、不需与人过多交往的技能性或技术性职业。典型的职业有医生、印刷校对、装配工、工程师、播音员、出纳、机械师、教师及研究人员等。不适合做富于变化和挑战性大的工作。

耿直型

这种人胸怀坦荡,性情质朴敦厚,没有心机,有质朴无私的优点。情感反应比较强烈和丰富,行为方式带有浓厚的情绪色彩。他们富有冒险精神,反应灵敏。他们常常被认为是喜欢生活在危险边缘、寻找刺激的人。

缺点是过于坦白真诚,为人处世大大咧咧,心中藏不住事,大口没遮拦,有什么说什么,显山露水,城府不深。做事往往毛手毛脚、马马虎虎、风风火火,而因其直爽造成的人际关系方面的损失就更不必推算。同时,因性情耿直、脾气暴躁、不善变通,有时会一味蛮干,不听劝阻,该说的说,不该说的也说,常常会给自己招来麻烦。

具有这种性格的人适合从事具有冒险性、探索性或独立性比较强的职业,比如演员、运动员、航海、航天、科学考察、野外勘测、文学艺术等。但不适宜从事政治、军事等原则性强、保密性强的职业。

3. 发现性格的独特优势

当你的性格与职业相冲突时,你想改变的是你的职业还是性格?

生活中几乎人人都懂得绝不能削足适履这一道理,然而,为了职业而改变性格的人却比比皆是。

职业这双鞋,难道就真的需要用改变性格的巨大代价来适应吗?这是典型的本末倒置。

作为家族的第三代商人,摩根从小接受的是贵族式教育,他四方游历,视野广阔,养成了奢侈生活和享乐主义的习惯。相比之下,洛克菲勒是白手起家的富豪,他对财富的敛聚过程大于享受过程,由于从小接受的是中产阶级乃至贫困家庭的教育,使他终身对浸礼教信守不渝,并在其教义下过着节俭生活。洛克菲勒为人谨小慎微,注意细节,甚至给人刻板的感觉,而摩根则脾气暴躁,好冲动,更像一个性情中人。对生活和生意中的不爽之事,洛克菲勒选择隐忍的态度,而摩根则无法隐藏自己的不快,当他对公司的某一个合伙人感到不满时,便马上表露了出来,并希望那个合伙人出局。

从他给家人写的大量书信中可看出,摩根的内心丰富到了"多愁善感"的地步,这一点很像他的父亲。当然,他比父亲拥有更多的霸气、更强的叛逆心。他害怕孤独,对自己的身体健康充满担忧。他自小多病,而且难看的酒糟鼻给他的一生留下了阴影。他还患有间歇性发作的抑郁症,多次陷入神经衰弱的境地。如果摩根能用洛克菲勒那样粗壮的神经去对待公众舆论和政府反托拉斯调查的话,那他也不会在1913年便与世长辞。1912年掀起的反托拉斯调查风潮使他的神经骤然崩溃,健康状况迅速恶化,76岁时便因病逝世。

但是摩根个性上的缺陷并没有压抑他的才能而使其沦为平庸的"公子哥",从摩根的祖父约瑟夫到他的父亲,摩根家族的经商都很成功。也许正是

第二卷·第二章
性格即命运——摩根的成功王道

因为这种特殊的家庭氛围与商业熏陶,摩根从年轻时就敢想敢干,很富有商业冒险和投机精神。

19世纪末,一个男孩降生于布拉格一个贫穷的犹太人家里。随着男孩的一天天长大,人们发现他虽生为男儿身,却没有半点男子汉气概。他的性格十分内向、懦弱,也非常敏感多虑,老是觉得周围的环境都在对他产生压迫和威胁。防范和躲避的心理在他心中可谓根深蒂固、不可救药。

男孩的父亲竭力想把他培养成一个标准的男子汉。希望他具有风风火火、宁折不屈、刚毅勇敢的性格特征。在父亲那粗暴、严厉却又是很自负的斯巴达克式的培养下,他的性格不但没有变得刚烈勇敢,反而更加懦弱自卑,并从根本上丧失了自信心,以至于生活中的每一个细节、每一件小事,对他都是一个不大不小的灾难。

他在惶惑痛苦中长大,他整天都在察言观色,常独自躲在角落处悄悄咀嚼受到伤害的痛苦,小心翼翼地猜度着又会有什么样的伤害落到自己的身上。看他那样子,简直就没出息到了极点。这样的孩子,实在太没有出息了。你能够让他去当兵、去冲锋陷阵、去做元帅吗?不可能,部队还没有开拔,他也许就已当了逃兵。让他去从政吧,依靠他的智慧、勇气和决断力,要从各种复杂势力的矛盾冲突中寻找到一种平衡妥当的解决方法,那更是可望而不可即的幻想。他也做不了律师,懦弱内向的他怎么可能在法庭上像斗鸡似的竖起雄冠来呢?做医生,他则会因太多的犹豫顾虑而不能果断行事,那只会使很多的生命在他的犹豫延宕中遗恨终身。看来,懦弱、内向的性格,确实是一场人生的悲剧,即使想要改变也改变不了,因为他的父亲已作了很多努力。

然而,你能想象这个男孩后来的命运吗?这个男孩后来成了世界上最伟大的文学家,他在文学创作的领域里纵横驰骋。在这个他为自己营造的艺术王国中,在这个精神家园里,他的懦弱、悲观、消极等弱点,反倒使他对世界、生活、人生、命运等有了更尖锐、敏感、深刻的认识。他以自己在生活中受到的压抑、苦闷为题材,开创了一个文学史上全新的艺术流派——意识流。他在作品中把荒诞的世界、扭曲的观念、变形的人格,重新给我们解剖了一次,使我们对现代文明

直达纽约
——主宰美国经济命脉的4大豪门

这种"超级怪物"有了更深刻的认识,对人生和命运有了更沉重的反省。他给我们留下了许多不朽的文学巨著——《变形记》、《城堡》、《审判》。

他就是卡夫卡。

为什么会这样呢?原因很简单,性格内向、懦弱的人,他们的内心世界一定很丰富,他们能敏锐地感受到别人感受不到的东西。他们是外部世界的懦夫,却是自己精神世界的国王。这种性格的人如果选择了做军人、政客、律师,那么,他就选择了做懦夫;如果他选择了自己精神领域的事业,那么,他就选择了做国王。卡夫卡正是选择了后者。

所以,每一种性格都有它无可比拟的价值。千万不要为自己的性格烦恼,更不要去毁坏它。你所要做的就是发现自己性格的价值。如何做到这一点呢?

首先,要克服完美主义。

体谅自己不可能做到十全十美。因为这世界并不完美,家人、友人一样有缺点。十全十美是可遇而不可求的,所以,应当知足常乐。

要容忍、体谅,不但要与他人相处容易,亦要做到对自己的行为不致苛求。不要做时间的奴隶,尽可能地在时间限制内完成工作,记住"欲速则不达"。要明白讨好所有的人是不可能的,根本不必去尝试。"受欢迎"的本意是使他人赏识你这个人,而不是你的最好表现。尝试一下"畅所欲言",坦诚和直率能消除你许多障碍与心理压力。要对自己有信心,你和任何人一样有可取之处。勿过分自责,任何人都有彷徨的时刻;不必为"爱"与"恨"过分担心。勿自悲自怜,你的遭遇并不重要,你对遭遇的反应才是最重要的。

其二,要做到真正了解自己。

自知者明,自胜者勇。你可以通过比较法(与同龄、同样条件的人相比较)、观察法(看别人对自己的态度)、分析法(剖析自己,了解自己的工作成果)等来认识和了解自己。

其三,要树立符合自身情况的奋斗目标。

这样会使你有机会充分发挥自己的才智,"力所能及"的胜利能增加你的自信心。

第二卷·第二章
性格即命运——摩根的成功王道

其四,要不断扩大自己的生活经验。

每个人都要经历适应环境的过程。在这一过程中,你也许发挥了才干,也许暴露了缺陷。这没关系,正反两方面的经验都将促进你对自己的了解。

最重要的,是诚实坦率、平心静气地分析自己。要有勇气承认自己在能力或品质上的缺陷,肯定自己的长处,扬长避短。

幸福的富有并不单指物质富有,还包括精神富有。物质的富有只是满足了人的某种需求欲望,而精神的富有则让人感到生活更充实、快乐,这样的人生更有意义。精神的富有,包括很多内容,拿破仑·希尔为我们列出了以下几点。

(1)你可以对自己有很高的评价

成功的人物都会对自己有很高的评价。这需要积极的思想做动力。你有了这种思想,就会一直超越、一直前进。这些积极的思想包括——在我所认识的人中,你最有资格做这件事情;你要把自己的奋斗目标定得更高些……

你要常问自己,我是否已经使用了我最大的智慧与能耐呢?如果答案不是100%的话,那么你就应该做些改变才行。而首要的改变就是,把消极思想换成积极思想。所谓消极思想包括——我的条件还不具备做那件工作;我将一直处在贫穷之中;比我更具资格的人真是多如过江之鲫。你一旦陷入这样平庸的思想之中,将会停滞不前,直到你的思想有改变为止。

(2)你可以让自己显得很重要

每个人都认为自己很重要。但是,只有当人们感到迫切需要你的时候,你才真正变成"很重要"了。为达到这个目标,有个办法可供参考,即自己提高自己的知名度。首先你要吃透一个习俗:那些忙碌兴旺的人物,都被看成是人们最迫切需要的人。利用这个习俗,你可以找到提高知名度的有效办法。那就是,你可以为自己制造一种兴旺忙碌的形象,使别人知道你的顾客很多,你的崇拜者很多……总之,任何你所想要的美好事物,都给人留下一种"你已经有了很多"的印象。

人们都喜欢跟那些兴旺的人打交道,你越兴旺,跟你打交道的人越多;跟你打交道的人越多,你就越兴旺。一旦人们知道你是他们迫切需要的人时,你的事业也就跟着繁荣兴旺起来了。如此良性循环下去,你目前的繁荣兴旺就会引来更大的繁荣兴旺,造成你的事业永远昌盛不衰。

一个人能不能获得成功,并不在于他目前已经拥有了多少,而在于他正在计划要得到多少,这才是成功的关键。为此,你应该制订一个增加自我价值的计划,全速向真正美好的生活之路前进。这样,世人将给我们怎样的评价呢?回答是:正等于我们对自己的评价。

自我评价决定了别人对你的评价,这是一条定律。别人对你的评价高了,才能显出你的重要。

(3)你可以有充分的自尊

对每个成功者来说,他们最珍贵的财产就是"对自我的尊敬"。只要能保持这份"自我尊敬",你就能保持完美生活所必需的诸种要素:拥有朋友,被人崇拜,以及被人接纳。

其实这些精神财富是每个人都可以拥有的。每个人都能让自己富有起来,自己在其中充当主人的角色。

4.做擅长的事,想别人想不到的——成为新领域的精英

摩根头脑灵活,干起生意来游刃有余,并且总能想到别人从没想到过的招儿。他明白自己努力的方向,他的方向往往是做自己擅长的事情。因为他知道,如果做不擅长的事,就算再努力,顶多也就是不会被别人落下太远,但要想出人头地是很难的。而做擅长的事,则可以让他有可能成为那个领域的精英。

1862年,美国的南北战争已经爆发,林肯总统颁布了"第一号命令",实行了全军总动员,并下令陆海军展开了全面进攻。一天,克查姆——一位华尔街投资经纪人的儿子,摩根新结识的朋友,来与摩根闲聊。"我父亲在华盛顿打听到,最近一段北军的伤亡惨重",这消息马上触动了摩根那根敏感的神经。"如果有人大量买进黄金,汇到伦敦去,会使金价狂涨的!"摩根沉着地说道。

第二卷·第二章
性格即命运——摩根的成功王道

克查姆听了这话,对摩根佩服得五体投地,自己怎么就没想到呢?于是两人精心策划起来。最后,他们商量出了这么一个计划:先秘密地买下400万~500万美元的黄金,到手之后,将其中一半汇往伦敦,另一半留下,然后有意地把往伦敦汇黄金的事泄漏出去,这时,估计许多人都应该知道北军新近战败的消息了,金价必涨无疑,这时再把手里的一半黄金抛售出去。两人说干就干,而事情也一如他们所料,黄金价格眼见飞涨,不但纽约的金价上涨,连伦敦的金价也被带动得节节上扬,摩根与克查姆可谓大获全胜,发足了财。

在加拿大蒙特利尔市有一条很著名的街道叫圣劳伦斯街。在这条街上,有一家同样著名的熏肉店。这家熏肉店在当地既不占先机,也不占主流,但它却开得很有特色,很有名气。它的名气甚至使它成了城市的一个亮点,不仅当地的食客很多,外地来的也不少。很多旅游方面的杂志甚至把它列为蒙特利尔市的一个重要景点,各地游客都涌到了这里,使这里每天都要出现排队候餐的盛况。

这家熏肉店其实就是另一种形式的快餐食品店。这里可供选择的主食也简单得很,除了面包夹熏肉的三明治食品,还有烤牛排或牛肝,但最出名的当然还要数熏牛肉。这些东西的价格很便宜,也就是4~7加元左右,在当地仅相当于一个汉堡包的价钱。此外,它既是老外们可以接受的主流食品,又与当今最流行的汉堡包风味迥然不同。

据说,这家店做熏肉非常拿手,堪称"蒙特利尔一绝"。店里做的熏肉都是选上等牛肉为原料,制作过程也相对复杂。他们要先将牛肉腌十天以上,然后再熏十个小时。由于配料用的是祖传秘方,因此更增加了它的神秘色彩。所以,该店做出来的牛肉的确很香、很嫩,也很松软。

这家熏肉店在竞争激烈的饮食界傲然挺立,已传了三代,生意一直都很红火。

曾有人问,为什么不加开很多连锁店呢?这家店的犹太老板笑着说:"我们祖祖辈辈都只是擅长做熏肉而已,对开连锁,确实不太适合。"

直达纽约
—— 主宰美国经济命脉的4大豪门

如果你用心去观察那些成大事的人,他们几乎都有一个共同的特征,那就是不论才智高低与否,也不论他们从事哪一种行业、担任何种职务,他们都在做自己最擅长的事,都清楚自己该干什么。

1888年,作为银行家的里凡·莫顿先生成为美国副总统的候选人,一时声名赫然。1893年夏天,美国一位部长詹姆斯·威尔逊先生到华盛顿拜访里凡·莫顿。在谈话之中,威尔逊偶然问起对方是怎样由一个布商变为银行家的。里凡·莫顿说:"那完全是因为爱默生的一句话。事情是这样的,当时我还在经营布料生意,业务状况比较平稳。但是有一天,我偶然读到爱默生写的一本书,书中这样一句话映入了我的眼帘:'如果一个人拥有一种别人所需要的特长,那么无论他在哪里都不会被埋没。'这句话给我留下了深刻的印象,使我改变了原来的目标。

"当时我做生意,与所有商人一样,难免要去银行贷些款项来周转。看到了爱默生的那句话后,我就仔细考虑了一下,觉得当时各行各业中最急需的就是银行业。人们的生活起居、生意买卖,处处都需要金钱。天下又不知有多少人为了金钱,要翻山越岭、吃尽苦头。

"于是,我下决心抛开布行,开始创办银行。在稳当可靠的条件下,我尽量多往外放款。一开始,我要去找贷款人,后来,许多贷款人都开始来找我了。"

著名诗人歌德,因一度没能了解自己的特长,而白白浪费了10多年的时间,为此,他懊恼不已。但他还算幸运,至少最后找到了适合自己的路,因此我们的文学史上也就多了一颗璀璨的明星。

在美国西部,有一位著名的木材商人,他曾经做了40年的牧师,可一直无法成为一个出色的牧师。他考虑再三后,对自己的优势和弱点有了重新的认识,于是改变目标,开始经营商业。正是由于他的重新开始,最终成为一个全国知名的木材商人,富甲一方。

一个人由于找错了职业以致不能充分发挥自己的才干,这实在是件可惜的事情。但是,只要他能够认识到这个问题,就算晚了一些,也仍然有东山再

第二卷·第二章
性格即命运——摩根的成功王道

起的希望。只要找到正确的方向,就完全有可能走上成功之路。到那时,他一定会感到自己的生活和思想都焕然一新。

据调查,有28%的人正是因为找到了自己最擅长的事业,才彻底掌握了自己的命运,并把自身优势发挥到淋漓尽致的程度。这些人也自然都跨越出了弱者的门槛,从而迈进了成大事者之列。相反,有72%的人正是因为不知道自己的"对口职业",而总是别别扭扭地做着不擅长的事,因此,他们不能脱颖而出,更谈不上成大事了。

要想致富,就必须弄明白你能做什么。

首先要有明确的方向。

如果把人的一生看作是一次旅行的话,那么我们首先要做的就是设立一个目标。有了奋斗的目标,我们才可以没有负担地勇往直前。跟着目标走,才不会迷路,否则,即便你做再多盲目的努力都是徒劳而无用的。没有目标这正是那么多人容易迷失自我的原因。

美国著名的建筑设计大师赖特曾经向人们讲述了他小时候的一件事。

那时候赖特刚满9岁。在那年的冬天,有一次赖特跟着他的叔叔去邻村办一件事情。在途中,他们经过了一块积雪覆盖的田地。

当两个人走过雪地后,赖特的叔叔突然把他拉住了。他让赖特回头看看他们留在雪地上的脚印。这时候赖特发现,在田地上,自己的脚印歪歪扭扭,而旁边叔叔的脚印,却如离弦之箭的轨迹,从雪地一端笔直延伸至另一端。

叔叔指着他们的脚印认真地对小赖特说道:"你看,一路上,你先从树篱边开始走,走着走着却不知怎么就拐到了牛棚的边上,又从牛棚的边上再折到了另一面的小林子里。在小林子里,你看见鸟儿,就不时地跑上去扔几团雪。现在你看看你自己留下的脚印,乱成一团,根本就看不出你是要到哪里。"这时候叔叔又指着他自己的脚印说,"你看我的脚印,看上去清清楚楚,没有一点弯路,直接通向我们想去的地方。孩子,记住,这是个重要的教训。"

很多年以后,赖特在提及这段小事对自己的影响时说:"从那天起,我认

直达纽约
——主宰美国经济命脉的4大豪门

识到,绝不能为了一些琐事而错过生命中最重要的东西。要像我叔叔那样,一旦定下目标,就要一直朝着那个目标方向前进,绝不能中途迷失。"

的确,没有什么比迷失方向更为糟糕的了。因为没有一个具体的方向,人就会不知道何去何从。所以说,目标就是力量,奋斗才会成功。古今中外凡在智能上有所发展、事业上有所成就的人,无不有着明确而坚定的目标。

有位哲人说:"决心攀登高峰的人,总能找到道路。"当一个人下定决心之后,往往没有什么能阻止他达到目标。强烈的动机可以驱使人超越诸多困境,无需扬鞭自奋蹄。一旦有了成功的渴求,就会产生强烈的使命感与责任感,并为之拼搏,从而找到自我。因此,如果你还不能找到自己前进的方向,那么也许你这一生都会因此而衰败;而如果你有了方向,那么在未来的道路上,就将能勇往直前,获得最终的胜利。

清华大学校长曾送给毕业生一段话:"在未来的世界里,方向比努力重要。"的确,缺乏明确方向的人生是毫无希望的。当你有了一个明确的方向时,你会发现你的头脑是如此清晰明确。

其次要慎重选择。

在穿衣服的时候,如果我们把第一颗纽扣扣错了,那么下面的扣子肯定会跟着出错。同样,在人生中,如果我们前进的方向没有选对,那么不管我们有多么勤奋和努力,最终的结果也白费。你付出的努力越多,那么你就越偏离你想要到达的目的地。

有一个非常勤奋的年轻人,很想在各个方面超越别人。经过多年努力,仍然没有长进,他很苦恼,就向智者请教。

智者叫来三个弟子,嘱咐说:"你们带这个施主到五里山,打一担自己认为最满意的柴火。"年轻人和三个弟子沿着门前的江水直奔五里山。智者在门前等他们,首先回来的是那个年轻人,扛着两捆柴。智者让他在一边休息。一会儿,两个弟子用扁担各担着四捆柴也回来了,另外一个小弟子最后从江面驶来一个木筏,上面载着八捆柴。年轻人见状,急忙说道:"我开始就砍了六捆,扛到半路,扛不动了,扔了两捆;又走了一会,还是压得喘不过气,又扔掉

第二卷·第二章
性格即命运——摩根的成功王道

两捆;最后我就把这两捆扛回来了;可是大师,我已经很努力了。""我和他恰恰相反,"那个大弟子说,"刚开始,我俩各砍了两捆,我和师弟轮换担柴觉得很轻松;最后,又把施主丢弃的柴挑了回来。"划木筏的小弟子说:"我个子矮,力气小,别说两捆,就是一捆,这么远的路也挑不回来,所以,我选择走水路,自己打造了一个竹筏。"

智者用赞赏的目光看着弟子们,微微颔首,然后走到年轻人面前,拍着他的肩膀,语重心长地说:"一个人要走自己的路,本身没有错,关键是怎样走;走自己的路,让别人说,也没有错,关键是你走的路是否正确。年轻人,你要永远记住:选择比努力更重要,选错了方向,再努力也是失败。"

通向成功的道路有千万条,但请记住:所有的道路,都是你自己选择的结果。一步错,步步错,你有什么样的选择,也就决定了你今后会拥有什么样的人生,你今天的现状是你几年前选择的结果。成功与失败的区别也就在于此,成功者选择了正确的方向,而失败者选择了错误的道路。

很多时候,我们总是在做一些无谓的努力,就好比我们想要寻找金矿,却妄图在海滩上挖掘,这样做的结果就是我们只能挖出一堆堆的沙土,而绝对不可能找到金子。因此,不要在不必要的地方付出你全部的精力,若要有所收获,必须选择正确的方向。有时候,不妨停下前进的脚步,看看自己努力的方向是否选择正确了。

5.懂得人脉的重要性

人脉就好比一座无形的金矿,拥有了这座金矿,你就掌握了取之不尽的财富。富人认识到了这一点,所以富人富了;穷人没有认识到这一点,所以穷人穷了。一个人一辈子都认识不到这一点,于是,他穷了一辈子,就因为他不懂得人际交往的重要性。

直达纽约
——主宰美国经济命脉的4大豪门

生活中,我们每个人都拥有属于自己的"圈子",它决定了我们的地位和事业。但之所以彼此之间地位悬殊,就是因为我们的"圈子"有小有大,有好有坏。并不是所有的朋友都会在我们成长的道路上帮我们一把;相反,那些"质量"不高的朋友,只会成为拖我们后腿的包袱。

在摩根写给他儿子的信中,他曾经这样告诫自己的儿子:"我想你已经觉察到了,你的某些思想和观念正在发生着变化——因为你的那些朋友。我当然不反对你扩大社交圈,它可以增加你的生活情趣,扩展你的生活领域,甚或帮你找到知己或帮你实现人生理想的人。但有些人显然不值得你与他交往,比如,那些拘泥于卑微、琐碎的人。"

同时,摩根还讲述了自己在年轻的时候就拒绝和两种人交往:

"第一种人是那些完全投降、安于现状的人。他们深信自己条件不足,认为创造成就只是幸运儿的专利,他们没有这个福气。这种人宁愿守着一个很有保障却很平凡的职位,年复一年,浑浑噩噩。他们也知道自己需要一份更有挑战性的工作,这样才能继续发展与成长,但就因为有无数的阻力,使他们深信自己不适合做大事。

"明智的人绝不会为命运坐下来哀号。但这种人只会哀叹命运不济,却从不欣赏自己,把自己看成是更有分量、更有价值的人。他们失去了使自己全力以赴的感觉和自我鼓励的功能,反让消极占据了自己的内心。

"第二种人是不能将挑战进行到底的人。他们曾经非常向往成就大事,也曾替自己的工作大做准备,制订计划。但是过去十几年或几十年后,随着工作阻力的慢慢增加,为"更上层楼"需要艰苦努力的时候,他们就会觉得这样下去实在不值得,因而放弃努力,变得自暴自弃。

"他们会自我解嘲:'我们比一般人赚得多,生活也比一般人要好,干嘛不知足,还要冒险呢?'其实这种人已经有了恐惧感,他们害怕失败,害怕大家不认同,害怕发生意外,害怕失去已有的东西。他们并不满足,却已经投降。这种人有些很有才干,却因不敢重新冒险,才愿意平平淡淡地度过一生。"

摩根说,一个人的个性与野心,目前的身份与地位,同他与什么人交往有

第二卷 · 第二章
性格即命运——摩根的成功王道

关。如果一个人经常跟消极的人来往,他自己也会变得消极;如果他跟小人物交往过密,就会产生许多卑微的习惯。相反,如果经常受到大人物的熏陶,那么我们的思想水准也就会得到提高。经常接触那些雄心万丈的成功人士,也会使我们拥有迈向成功所需要的野心与行动力。

如果能够交上几个"质量"高的朋友,不仅可以得到情感的慰藉,而且朋友之间还可以互相砥砺,相互激发,成为你事业成功的基石。所以,交朋友时不可不选择,很多时候,结交的朋友就是改变我们命运的关键。但是,也并不是每一个有地位、有财富的成功人士都能成为"高质量"的朋友的。在人际交往方面,"二八定律"不失为择友的一大处方:即在我们全部的人际关系中,20%的关系给了我们80%的价值。例如,当你真正发生财务危机时,80%的所谓朋友不但不会主动借钱给你,甚至还会不接你电话,躲得远远的;大概还有20%的朋友愿意给你正面的影响和帮助;但能改变你命运的朋友,不会超过5%。

我们不可能对所有朋友都一视同仁,不要把精力和信任放在酒肉朋友上,应抽取80%的时间用在最重要、最牢靠、对你的人生最有影响和帮助的朋友上。时间和精力都非常有限,找出给你最大帮助的人,将时间放在重要的人际关系上,并且珍惜关键盟友,这是"二八定律"带给我们的珍贵建议。

我们罗列了以下几个问题,以帮助你确立你的人脉网中的关键人物——
有谁认得你?
谁曾与你合作共事过?
谁对你有良好的印象?
谁对你的做人或做事风格赞赏有加?
谁具有良好的声望,且与你亦有一些关系?
谁是你最大的客户?
谁可以为你引荐更多的客源?
谁曾受过你的帮助或指导?
谁的人缘较佳?
谁比较欣赏你的工作态度与精神?

直达纽约
——主宰美国经济命脉的4大豪门

思考以上问题,并根据问题写出你人脉网中的几个重要人物,这些人就是将有益于你的关键人物,你要做的就是与这些人物保持密切的联系。因为即使朋友关系再好,如果疏忽了联系,时间久了,也就没了感情。

所以,无论你的工作多忙,都要抽出时间给他们打个电话,发个邮件或发条短信,哪怕送去一个非常普通的问候。如果有时间,可以与朋友一起出去吃饭、聊天,或者喝杯茶,这都会让你们之间的关系保持恒温。

还有一点需要注意的是,不要随便将某个人从你的关键人物名单里剔除,比如对方忽然落魄了,你觉得他对自己没什么价值了,于是就终止了与其联系。其实,这是一种短视行为,俗话说"三十年河东,三十年河西",何况在今天这个日新月异的时代,一个人发迹或者翻身也许只要两三年的时间。如果你在一个人落魄的时候仍然像平时那样对待他,"冷庙烧热香",日后如果他的境况变好了,一定会成为真心帮助你的贵人。

有一位老总因犯了点错而失势,他昔日的一些朋友和部下都离他而去。他的心情很苦闷,感到世态炎凉,一度丧失了生活的信心,动了自杀的念头。这时,他的一个部下不怕受连累,主动来见他,还给他带来礼物,并开导他,劝他放弃轻生的念头,同他一起分析局势。部下的鼓励使他认识到自己的前途并非那么暗淡,他终于坚持了下来。后来这位领导东山再起,十分感激他的这名部下,把他手中最重要的部门交给了这位部下,并在退休后帮助这位部下坐到了自己当初的位置上。

有些人平时待人不冷不热,有事了才想起去求别人,又是送礼,又是送钱,显得分外热情,但这种"平时不烧香,临时抱佛脚"的做法,效果常常并不理想,因为他不是出于敬意,而是为达到某种目的在做交易。所以要想在关键时刻得到关键人物的帮助,就应在平时"多烧香",不可因为对方身份地位的变化而变化。

人际关系网是一个动态的概念,你的朋友在发生着变化,你自己也在发生着变化。交朋友不是一劳永逸的事。如果你不用心去维护的话,有的关系就会一步步地疏远。所以,一定要和关键人物保持经常持续性的联系,以便让你们的交情在这种不间断的交流中持续升温,如此才能在关键时刻得到对方的帮助。

6.金钱买不到品性,爱心胜过手腕

作为一个企业家,在管理中,手腕固然重要,但更重要的是你高洁的人格。知识和手腕固然重要,但也要注意到什么才是你人生正确的立足点,唯有充满爱心才是最重要的。

当一个人具有足够的聪明,却又缺乏正确人生观的指引的时候,他很可能会轻视别人,将别人仅仅当做可资利用的工具,玩弄于鼓掌之中。摩根担心儿子也会成为这样的人,就向他讲了上面的这段话。

摩根进一步对儿子说,谁都认为只有自己才是最重要的,这是非常自然的事情,但如果因而被私心蒙蔽,被个人的利害或感情左右,就很容易判断错误,无法产生坚强的信念。一个人唯有仔细考虑什么是对的,什么是该做的,这样才能产生正确的判断力、坚强的信念和勇气。

摩根认为企业家应当怀有爱心,他希望杰克对自己严格要求,公正地考虑事情,以此磨炼他的人格,从而建立起他人生正确的立足点。

我们注意到,摩根没有以纯粹唱高调的方式向儿子灌输爱心的重要性,而是从理性的角度分析,帮助儿子树立正确的人生观。爱心的缺失和私心的滋长会导致我们判断上的错误、信念上的游移,由此失去人生正确的立足点。

私心膨胀以至于将他人看做工具、傀儡,历史上最突出的例子就是希特勒等独裁暴君。希特勒不能够以平等的关系来看待他人,他将人民当做傀儡,任意地命令、利用、伤害和羞辱他们。

直达纽约
——主宰美国经济命脉的4大豪门

一个心理学上的事实是，我们对自己的感情与对他人的感情是一致的。如果一个人觉得别人并不重要，他在内心深处也不可能真正地尊重和关心自己，因为他自己也是人类的一员。反过来说也是成立的。如果一个人在内心深处觉得自己并不重要，他也不可能真正地尊重和关心别人。

希特勒生于一个卑微的小职员家庭，父亲是惯爱酗酒的暴君，常常酒后暴打家人。在这样的家庭里长大，希特勒没能学会用平等的关系对待他人。再加上他本人身材矮小、相貌平平，在学校受到同龄人的歧视，自卑和自我膨胀在希特勒心中矛盾生长，或者说，他骨子里始终是一个自卑的人。他就像轻视自己的父亲、轻视内心的自己一样轻视人民，他对别人所作的评价就是对自己所作的评价。

如摩根所言，这种错误的世界观终究会让人迷失，让人不知道什么是对的，什么是错的，什么才是人生真正的立足点。因为一个人看待世界的态度就是他对待自己的态度的折射。如果一个人不能够正确地评估自己，也就无法正确评价别人，更无从正确看待世界。

罗素认为，希特勒在第二次世界大战中失败的原因之一，就是他失去了客观性，不能完全了解情况。凡是报告坏消息的人都会受到处罚，后来人们都不敢对他说真话了，由于完全不了解真实情况，他自然无法做出适当的应对。

摩根是智商卓越的人物，但他的成功却不仅仅依赖于此。他明白，智商只是工具，高智商与低智商相比，不过是工具利钝之间的区别，且工具可由后天的努力由钝变利。然而决定一个人到底能够走多远的关键质素却不是智商，而是人的品性。品性是灯塔，指引人以智商为工具向前掘进。

摩根自己在选择员工的时候，也总是将员工的品性放在第一位的，请看纽约《晚间日报》采访摩根时的一段著名的对话：

记者："当遇到一笔好买卖的时候，一个人不是很容易就在潜意识里把它与国家利益挂上钩吗？"

第二卷·第二章
性格即命运——摩根的成功王道

摩根:"不是,先生。"

记者:"涉及到您的个人利益的时候,您认为您能公正无私地对待,就像跟您毫无关系一样吗?"

摩根:"我肯定能,先生。"

……

记者:"商业信贷是否主要以货币或财产抵押作为基础呢?"

摩根:"不,先生,品性是首要的。"

记者:"排在货币或财产之前吗?"

摩根:"在货币或财产或其他任何东西之前。金钱买不到品性。"

在金钱和品性对比的时候,品性具有压倒性优势。以美好的品性处世,当手腕和爱心角逐的时候,爱心始终占据上风——这是摩根的品质,亦即成功者的品质。

爱心是人身上最为积极的力量,凭着这股力量,人们可以冲破人与人之间的樊篱,真实地理解和尊重对方,把对方当做人来对待,而非当做游戏时的赌注或某种牟取利益的工具。

要培养对他人的爱心和宽容,心理学家认为可以从三个方面着手。其一是努力认清别人的真实面目,真正地鉴别他们,要记住每个人都是有创造力的生物,具有独特的个性;其二是注意留心他人的感情、观点、欲望和需求,多设身处地地想想别人有什么样的出发点,有什么样的感受;其三是待人接物的时候,要想到别人是重要的,把别人当做重要的人来对待。

要知道,生活中最为可怕的陷阱就是不尊重自己,屈服于这种毛病,一个人不仅会在物质报酬方面承受损失,还会使社会整体无法取得利益和进步。而自我尊重最大的秘密,就是多尊重别人,多欣赏别人,对任何人都要有所尊敬。

学着以温柔和善之心对待别人,我们会发现首先感到温暖和善意的是我们自己的心;训练自己把别人当做有价值的人来对待,我们将惊奇地发现,自己的自尊心也增强了。因为真正的自尊心并非来源于我们所成就的功业、拥有的财富、享有的荣誉,而是对我们自己造出的"杰作"的欣赏。当我们意识到他人值得欣赏的时候,也会由衷地发现,自己同样值得欣赏。更何况,这样待人待己的心是客观看待世界的唯一基础。

7.即便遭受伤害,也不要用伤害他人的方式补偿自己

诚实为人,总会有诚实的回报,也许你现在或短时间内看不到,但最终因自己的品质建立起来的价值却是无法估量的。一个诚实的人,必定具有高度道德的生活态度,也就是说,这种人在日常生活中所表现出来的是认真、正直和坦率。对企业家而言,这种品质就是促使其永久性成功的生命力。

如果我们愿意去了解那些品性不良的人是如何沾染上坏习气的,就会发现这些人并非生而邪恶,事实上,他们首先是生活的受害者,然后才变成生活中的害人者。品性不良的人,与其说他们是邪恶的人,不如说他们是软弱的人。

有一次,杰克为了达成一桩生意上的合作,做了许多努力,没料到由于客户单方面的失信,导致合作无法继续。杰克为此感到非常沮丧和愤恨。摩根了解到情况后,连忙写了一封长长的信来劝解杰克。

在信中,摩根对杰克说,我理解你对这份契约的期待和努力,现在契约失败,你也许会为了这个原因而记恨对方。但如果你这样想的话,不但挽回不了形势,反而会使自己蒙受更大的损失。你万万不可因此而消沉,甚至丧失平时的乐观和热忱。

首先,摩根希望杰克能够从失败中吸取教训。一个贤明的人,从失败中所得到的知识,一定会多于从胜利中所得到的。

然后,信的内容进入重点,摩根希望杰克能够正确认识这次挫折。摩根认为,只有具备诚实的人格,才能在企业界长期生存。在这件事中,杰克表现出了诚实,对方却与此相反。企业界是一个相当狭窄的世界,任何人都不可能靠长期欺骗生存。可想而知,对方企业的生命力将不会长久,所以杰克完全不必

第二卷·第二章
性格即命运——摩根的成功王道

在意对方,只需要注意自己的人格。

诚实的人,总会得到诚实的回报,这种回报也许在短期内无法表现出来,然而在你长长的一生中,以这种品质建立起来的价值却是无法估量的。一个诚实的人,必然会拥有认真、正直、坦率等品质,而这些品质就是推动你永久性成功的力量;另一方面,一个不诚实的人,也许他短期内能够牟取到利益,但从长远来看,他是绝对不可能成功的。

二战期间,一支部队在森林中与敌军相遇。激战后,两名战士与部队失去了联系。这两名战士来自同一个小镇。

两人在森林中艰难跋涉,他们互相鼓励、互相安慰。十多天过去了,他们仍未与部队联系上。这一天,他们打死了一只鹿,依靠鹿肉又艰难度过了几天。可也许是战争使动物四散奔逃或被杀光的缘故,这以后他们再也没看到过任何动物。仅剩下的一点鹿肉就背在其中一名年轻战士的身上。这一天,他们在森林中又一次与敌人相遇,经过再一次激战,他们巧妙地避开了敌人。

就在自以为已经安全时,只听一声枪响,走在前面的年轻战士中了一枪,幸亏只是伤在肩膀上。后面的战士惶恐地跑过来,他害怕得语无伦次,抱着战友的身体泪流不止,并赶快把自己的衬衣撕下,帮助包扎战友的伤口。

晚上,未受伤的战士一直念叨着母亲的名字,两眼直勾勾的。他们都以为自己熬不过这一关了,尽管饥饿难忍,可谁也没动身边的鹿肉。天知道他们是怎么过的那一夜。第二天,部队救出了他们。

事隔30年,那位受伤的战士说:"我知道是谁开的那一枪,他就是我的战友。当他抱住我时,我碰到了他发热的枪管。那时我怎么也不明白,他为什么要对我开枪?但当晚我就宽容了他。我知道他想独吞我身边的鹿肉,我也知道他想为了他的母亲而活下来。此后的30年中,我假装不知道此事,也从不提及,因为战争太残酷了。他母亲还是没有等到他回来,我和他一起祭奠了老人家。那一天,他跪了下来,请求我原谅他,我没让他说下去。之后,我们又做了几十年的朋友。"

直达纽约
——主宰美国经济命脉的4大豪门

心理学家认为,愤恨是一种方法或企图,用以消弭已经发生的、真正的或假想的错误和不公。愤恨的人想在人生的法庭上打赢自己的官司,愤恨其实是对既成事实的抗拒和排斥。

即使你真正地遭受过某种不公,也要想办法摆脱愤恨的情绪,因为这种情绪很快会成为一种感情习惯,会让人习惯性地感觉到,自己是非正义的牺牲品。一旦你怀有这种内在的感情,就会向外寻找合适的借口,而你果真会找到诸多蒙受不公的"证据",比如幻想自己被亏待了,把别人完全没有恶意的话和中性的话理解为恶意伤害。

习惯性的愤恨还有一个孪生姊妹,就是自我怜悯,后者又是最坏的一个习惯。一旦这些习惯在一个人的内心扎下根来,他就会视这些习惯为正常和自然,一旦离开它们,就会感觉不舒服,最终他就会走上一条寻找"不公平"之路,只有在受罪时才会感觉正常。

一个人如果带有这些情感伤疤,不仅会招致或真或假的不公平,让自己沦为可怜虫,还会将生活的世界想象为一个充满敌意的地方,他与这个世界最基本的关系也必然是敌对关系。他无法与别人建立起给予和接受、互相合作、共同享受的关系,而会对他人采取压倒、击败、防范等态度。久而久之,他对别人和自己都不会怀有仁慈之心,而挫折、侵犯和孤独将是他需要付出的代价。

我们需要记住,愤恨的情绪看似是外界某个人、某件事、某种环境引起的,实质上却是我们自己感情上的反应。一个消极软弱的人,会把自己交付在别人的手上,接受别人的影响;一个积极坚定的人,却会消除别人带来的影响,坚定地追求自己的目标。

愤恨和自怜不仅不能争取到成功和幸福,反而会造成你更大的失败和不幸。真正的成功者,首先会确立自己的目标,他从不认为谁欠自己什么,他对自己的成功和幸福负责,不会迁怨于别人。愤恨是与创造性目标所追求的不一样的东西,剔除它也就是件很自然的事情。

人往往很难容忍别人对自己的恶意诽谤和致命的伤害。但唯有以德报怨,把伤害留给自己,才能赢得一个充满温馨的世界。释迦牟尼说:"以恨对

第二卷·第二章
性格即命运——摩根的成功王道

恨,恨永远存在;以爱对恨,恨自然消失。"

在中国的历史上,这种以忍耐消解冲突、以德报怨的事例不胜枚举。

齐桓公在与公子纠争帝位时,曾挨过政敌管仲的一箭,那一箭差点要了他的性命。应该说齐桓公与管仲之仇不共戴天。可是,当他登上国君之位后,却以政治家的敏锐,意识到齐国的发展需要管仲这样的人才。他听从了师傅鲍叔牙的劝说,以博大的胸襟宽容并重用了管仲。由于齐桓公以毫无芥蒂的重用"回报"当年的一箭之仇,深深地感动了管仲,从此,管仲便尽心效力国事,鞠躬尽瘁,最终助齐桓公实现富国强兵,成功进行了"尊王攘夷",并率先登上春秋霸主之位,成就了彪炳千秋的历史伟业。

蔺相如也是以德报怨的楷模。他以超人的勇气和智慧,让赵国的"镇国之宝"和氏璧完整地回到了赵国。后来,在秦赵两国的渑池之会上,当赵王处境非常尴尬之时,他又凭借自己的睿智和胆略,帮助赵王摆脱了受辱的困境,维护了国家的尊严。由于其功劳显赫,得到赵王的重用和封赏顺理成章,亦天经地义。可是,生性刚直粗犷的廉颇却偏偏对蔺相如很不服气,扬言一定要找个机会羞辱居自己之上的蔺相如。而蔺相如听说后,不但没有嫉恨和报复,反而为了避免与廉颇发生不愉快,宁愿一直躲着廉颇,即使是两人的马车在路上不巧相逢,蔺相如也让车夫退避以礼让廉颇。

蔺相如的宽厚和仁义最终感动了廉颇,使廉颇意识到自己的小肚鸡肠和无理取闹的不仁。后来,惭愧难当的廉颇亲自到蔺相如府上负荆请罪,请求蔺相如的原谅和惩罚,原来不睦的文武二臣终于消除了仇隙和误解,从此结为生死之交,在战国后期风雨飘摇的形势下,共同支撑和维护着赵国的江山社稷。

佛家常说:"菩萨所为,忍辱为大。"民间俗语则称:"宰相肚里能撑船。"我们是凡夫俗子,无法做到菩萨、丞相那般境界,但面对冲突,我们至少可以做到耐心一点,遇事先深深地吸两口气,再让脑子左右转一转,换一个角度,多替别人想一想,将自己那满腔的怒火化为浊气吐出来,就会抑制住报复的冲动,让自己活得和平些。

直达纽约
——主宰美国经济命脉的4大豪门

摩根认为,受到伤害之后,就伤害他人,从某种程度上来说,你的内心也许能够得到些补偿,但如果你真要这样做的话,你才会遭遇真正的损失。

摩根向儿子阐明"失败"和"暂时挫折"是两个不同的概念。在很多人看来是失败的事情,其实不过是暂时性的挫折而已。暂时性的挫折会使我们重新振作起来,转向正确的方向。如果一个人能够从暂时的挫折中吸取教训,那么挫折反而会夯实我们的经验,帮助我们成功;但如果一个人遭受挫折后就一蹶不振,或者采取错误的方式以毒攻毒,进入恶之链条,那么这次挫折于他来说,就是永难翻身的失败。

摩根认为,儿子这次受骗经历只是暂时的挫折,只要他吸取教训,就不会带来真正的损失;倒是如果他愤恨欺骗自己的人,并在其他人身上实施欺骗以求得平衡,才会蒙受真正的损失,招致彻底的失败。

宋朝郭进做山西巡检时,有个官吏因为与他有点小过节,一直对他怀恨在心,后来还跑到朝廷去控告他。宋太祖召见了这个官吏,经过一番审讯后,发现他是出于仇恨在诬告郭进。于是,宋太祖命人把他押回山西,任郭进处置。当时,大多数人都建议郭进杀了这个人,但郭进没有那样做。因为郭进知道这是个人才,如果杀了他,就是国家的损失。当时正值敌人来袭,郭进就对这个官吏说:"你敢到皇上面前诬告我,证明你确实有些胆量。现在我既往不咎,赦免你的罪过,但你要戴罪立功。如果你能打退敌人,我将向朝廷保举你;如果你被打败了,就自己去投河。"这个官吏感谢郭进的不杀之恩,在战斗中奋不顾身,英勇杀敌,后来打了胜仗。郭进不记前仇,向朝廷推荐了他,使他得以提升,做了一员武将。

香港商业巨人李嘉诚所创建的公司均以"长江"作为字号。起初涉足塑胶业,他把塑胶厂取名为"长江塑胶厂";后来又转为房地产业,将其公司命名为"长江地产有限公司";随着规模扩大,改名为"长江实业"。李嘉诚为何对"长江"二字如此青睐?他说:"长江,容纳百川,不择细流。"

是的,在商场上,对自己构成危害的人实在太多了,如果一一追究,恐怕就不会有精力去打理自己的生意了。只有用一颗宽厚博爱之心对待别人,做到良性竞争,才能不断壮大自己,最终获得成功。

8.家庭生活的失败是任何工作上的成功所无法弥补的

家庭关系是一个人所有关系中的首要关系,同时家庭生活也应该在一个人的生活中占据至为重要的地位。当你的工作和家庭遭遇冲突的时候,要首先确保家庭,并为此做出调整和牺牲,因为一个人若品尝到了家庭的快乐,他就能够心无旁骛地投入工作,从而促使工作效率的提高。

生活中有两种时间花费,一种是工作时间,它以结果和成就来衡量;另一种是个人时间,它以爱和满意来衡量。

有些人每天忙于工作,甚至腾不出时间来陪孩子玩耍,这是很悲哀的。

早在儿子谈恋爱之前,摩根就向他灌输过重视家庭的观念。摩根和妻子的性情不一致,这导致他们的生活轨道很难重合,两人心灵的距离也越来越远,后来他们的婚姻就成了纯粹的形式。这对感情丰富的摩根来说,是一生中最大的遗憾。

与许多迷恋奢华的富豪一样,摩根也对女人充满迷恋。他的一生有多少个情人至今仍是个谜。摩根对女性的迷恋自少年时开始,并终其一生。他不断爱上新的女性、有魅力的女性,为她们提供物质上的支持,并获得她们的芳心和身体。但他在杜绝让外界抓住他风流生活的把柄方面,也堪称控制力极佳,以至于直到花花公子型的大亨摩根去世近100年后,人们对他的绯闻还往往只是捕风捉影,很少有明确的绯闻细节在社会上传播。

或许是深受失败的婚姻之苦,杰克一进入适婚年龄,摩根就切切地叮嘱他,要擦亮眼睛,寻找到一生良伴,找到之后,一定要将家庭生活及工作时间

直达纽约
——主宰美国经济命脉的4大豪门

按适当比率妥善分配,不要因为一心忙于工作,忽略了妻子和家庭。

杰克没有辜负父亲的期望,他的婚姻出人意料的美满,远非父母的婚姻能比。杰克和妻子被称为天造地设的一对,他们目标一致,性格互补,心灵契合,终生都忠贞而热烈地相爱着。

本杰明·累利说:"家庭生活的失败是任何工作上的成功所无法弥补的。"从事业上来说,守业的杰克的成就不及创业的父亲,但从整个人生的质量来说,杰克的人生是优于父亲的,因为他能保持工作和家庭的平衡,使幸福的家庭生活为他加分。

生活中的快乐既来自个人成就,也来自与其他人的良好关系——后者更重要一些。那么,如何建立和家人的良好关系呢?

关键在于你必须首先彻底思考自己是谁?什么东西对你是最重要的?然后就如何发展良好的关系做出明确的决定。并根据这些决定做出承诺,而后再进行自我约束,忠实地履行这一承诺。

从家庭关系来说,你需要明确自己的价值观、一贯原则、人际关系中坚持的准则、对待别人的时候应采取的适当行为、在和他人交往的时候应坚守的性格。

当你确认自己的价值观后,就要记住以最高的价值观的要求来对待别人。当你这样做的时候,你会感觉你正在守护和履行着自己的价值观。只有当一个人的行为和他的价值观相互一致的时候,他才能够体会到内心的安宁和稳妥,从而越是能够坚守自己的价值观,并以其作为行为要求。一个人越是能够感受到快乐和自信,他的个人生活的方方面面也将处于和谐状态。

若要与家人更好地共度家庭生活,你就需要在内心同时保有"长寿"和"不久于人世"两种想法,保持这两种想法的平衡,将改善你和家人的关系,从而让你更加善待家人。

你也许会选择爱、耐心、善良、忠诚、可靠、宽容、尊重和鼓励等为指导人际关系的价值观。选你最坚信的价值观,然后在与人交往的过程中牢牢地把握这个价值观,永远不要偏离或妥协。忠实地履行它,直到它成为你生活中一

第二卷·第二章
性格即命运——摩根的成功王道

种简单易行的习惯,成为你生活中最重要的关键点。

价值观明确后,你可以为家庭制订一个五年计划,想象你们的生活将会达到什么样的理想境地?你和家人将会变成什么样?然后将这些计划浓缩为一句陈述,如"我们的家庭使命是创立一个爱的氛围,使每个人都能在家里感到安全、被尊重,并自由地开发出个人潜力,实现他们能够实现的一切"。

家庭成员的所有言行都将遵循这个使命,为了保证大家对使命的承诺,可以选择一个关键点来进行重复,如耐心、倾听、鼓励或无条件的爱,通过对某一个关键点的重复和巩固,可以保证其他的价值观也一并得到坚持,从而使家庭使命最终得以履行。

家庭使命确立后,你还可以为家庭设立要达到的目标,这些目标可以是物质上的,也可以是精神上的,可以是买房子、买车,也可以是家庭度假、家人健康、家人共度的时间。

一个人越是清楚自己真正想得到的是什么,他就越是能够迅速地把它们带入到自己的生活中。快乐的人总是会向着自己的目标前进,茫然的人只能一天天无聊地打发日子。

你要确保每个目标都是明确的、可以衡量的,因为能被衡量的东西才能被实现。在诸多目标中选择一个单独的关键点,将全部注意力用来监控那个特殊领域的改善情况,随着对一个可衡量的变化的关注,其他领域也将随之改善。

在日常生活中,也可以采用"关键点"法则来改善个人关系。在你每天都能做的日常事务中,选择一个单独的活动,然后约束自己反复进行那项活动,直到把它变成一个习惯。细小的改变可以促成巨大的改善,你为家人所做的事再细微,他们也能够从中感受到你的爱。

当你变得更好时,你的生活才会变得更好。当你致力于开创和保持美好的个人生活时,你生活中的其他每个方面都将得到改善。你将会变得更加快乐、健康、安宁、放松和有效。所以不要懒于为了自己的幸福做出努力。

第三章

华尔街的"拿破仑"

——"摩根帝国"是如何建立的

> 《生活》杂志曾发表了一次令人难忘的教义问答式的对话,问:"查尔斯,谁创造了世界?"
>
> 答:"公元前4004年,上帝创造了世界,但是1901年,詹姆斯·希尔、皮尔庞特·摩根及约翰·洛克菲勒将这个世界重新改组。"

第二卷·第三章
华尔街的"拿破仑"——"摩根帝国"是如何建立的

1、利用信息情报,秘密掘金

1857年,刚刚大学毕业的摩根旅行来到新奥尔良,靠咖啡生意大赚了一笔。为此,老摩根对儿子的能力大加赞赏,为儿子在华尔街开了一间摩根商行。在这里,摩根开始了他的发迹生涯。

1884年11月,美国爆发大规模金融危机,市场上掀起了抛售证券、抢购黄金的狂潮。于是,美国财政部的黄金迅速大量外流,国库频频告急。为了消除金库空虚带来的经济恐慌,无计可施的白宫找到老摩根,求他帮助筹集巨额资金。老谋深算的老摩根探知到国库存款甚少且已陷入危机的情况后,决定趁火打劫。他一边操纵华尔街的银行家冻结资金,一边向政府提出由摩根银行取代财政部承办黄金公债的条件。这个"狮子大开口"的苛刻条件,虽然令克利夫兰总统感到非常难以接受,但他还是最终不得不在老摩根面前甘拜下风。在与总统达成协议的当天,老摩根取出大量美元帮助政府成功救市,并一下子从黄金公债的市场差价中净赚1200万美元。类似事件在1907年的挤兑恐慌中再次重演,又是老摩根凭借自己的财力和威望,阻止了这场足以将美国经济拖入深渊的金融恐慌。正是这一连串的危机事件,促使美国政府考虑不能过度依赖一个人,而必须成立中央银行。

19世纪后半期,铁路的发展速度很快,摩根对几大铁路运营商进行了重新规划。到1900年,在摩根直接或间接控制之下的铁路总长达10.8万公里,差不多占当时全美铁路的2/3。这种构想,石油大王洛克菲勒此前也有过,但并没有成功。而摩根并没有比洛克菲勒更雄厚的财力,但他却完成了,因为他能调度掌控的资金往往高达几十倍甚至成百倍。若没有十分高明的手腕,是不可能运转自如的。后来连洛克菲勒都承认,摩根调集资金的能力是自己所不能企及的。1912年,摩根财团控制着53家大公司,资产总额达127亿美元。摩根留下了一个显赫的家族,留下了首创的"联合承购国债"的华尔街的惯例。摩根开创了"摩根时代",即金融寡头支配企业大亨的时代。

直达纽约
——主宰美国经济命脉的4大豪门

第一次投机黄金买卖胜利后,摩根深深体会到了信息的重要性——先得到信息就意味着胜利。为此,摩根千方百计地弄到了一位原陆军部电报局的接线员——史密斯来摩根商行做电报工作。这位史密斯的好友文尼尔上校是北军统帅格兰特将军的电报秘书,通过这种关系,摩根就能比其他任何人都抢先一步获得准确的前线最新军事情报。

不久,电报就显示出了它的威力。1862年10月的一天,摩根收到了父亲J.S.摩根从伦敦发来的电报:"南军用来突破北军海上封锁线的炮舰,都是英国的造船厂承造的,合众国为此再三向英国政府提出抗议,然而英国方面充耳不闻,毫不理会。为此,林肯总统和国务卿斯瓦特正通过美国驻英大使亚当斯向英国政府提出最后通牒,要求停止为南军造船。你要特别注意华尔街的动向!"摩根马上通过史密斯向华盛顿查询,得知林肯总统这次是下定了决心,态度强硬,甚至不惜与英国断交。

不久,老摩根又来了电报:"英国政府已答应了美国政府的要求,停止承造南军的炮舰,但必须有个先决条件:即5天之内美国政府必须准备价值近100万英镑的赔偿费,作为对各造船厂停工的补偿。"很快,新的电报又到了:"亚当斯大使穿梭于伦敦金融界,到处游说,希望能得到帮助,然而他却失败了。事已如此,美国的皮鲍狄公司被委托在24小时内准备好价值100万英镑的黄金,这一消息属于绝密,你可以见机行动。"摩根毫不犹豫,立刻大量购进黄金。

第二天,由于皮鲍狄公司大量吃进黄金,促使金价飞涨,摩根趁此机会卖出黄金,又大赚一笔。南北战争前,一般的中小企业仍是规模极小的家庭式工场,他们所需的周转资金,只要向本州的商业银行或野猫银行(地下银行)借款就绰绰有余了,但这样的场面并没有维持多久。到了1880年,资本的需求剧增,企业所需的资本越来越多了,很快,以往为小商品生产者提供资金的商业银行就显得对新形势力不从心了,而投资银行则正好顺应了潮流,可以提供更大量、更灵活的资本,投资银行家们也愈来愈受人们青睐。而这时的企业界,也开始产生各种联盟与托拉斯。

摩根的"第一桶金"充满了冒险和刺激的色彩,那就是利用信息情报,秘密掘金。

第二卷·第三章
华尔街的"拿破仑"——"摩根帝国"是如何建立的

2.钢铁大联合,美国的盛事

无论如何,想在激烈竞争中求得生存,同时又想增加利润,就必须组成更强有力的企业联合。当时美国产业界最重要的运输手段就是铁路,铁路也未能逃脱企业联合的命运。在逐渐形成庞大企业联合的同时,也必须投下资本以延长铁路线或增加机器设备,等等,因此,公司债券的发行量必须随之增加。而所需金额是如此庞大,以至铁路企业不得不依靠投资银行。正是由于看透了这一点并抓住了时机,摩根运用自己的投资银行系统对铁路进行渗透,终于成功了。所以"摩根化体制"实在是顺应时代潮流的产物。

摩根并不满足于铁路业上的成就,他很快就把目光投向了新的目标——钢铁业,为此,他创办了联邦钢铁公司。几经拼搏之后,联邦钢铁公司在企业界奠定了自己的地位。这时,在美国钢铁企业的排行榜中,坐第一把交椅的仍是钢铁大王卡内基,摩根排在第二,第三是那个在五大湖周围以至到南方大肆购买铁矿山并插手制铁业的洛克菲勒。摩根与卡内基两人一向交恶,这大约是由于"一山不容二虎"吧。当摩根急欲全面控制钢铁业时,更觉得横在路中的卡内基是个讨厌的庞然大物。

但摩根知道此事不能性急,想要吃掉卡内基,必须等待机会的出现。

1899年,机会来了,摩根得到了一条消息:卡内基似乎有将与钢铁及焦炭有关的全部制铁企业的股票卖给"莫尔帮"的企图。芝加哥投机家威廉·莫尔,生长在一个投机者的家庭中,父母都是银行家。他从小耳濡目染,长大后又专攻法律,更使其精于投机之道。在华尔街上,他是新一辈中的佼佼者,他与其弟和伙伴们在华尔街被称为"莫尔帮"。

卡内基怎么又突然想隐退的呢?这也是事出有因。这段时期,他接二连三地遭受失去亲人的打击,先是他亲密合作的弟弟汤姆和最敬爱的母亲相继逝世;时隔不久,在布拉德克的工厂里,由于发生熔炉爆炸事故,他失去了最可信赖的助手琼斯厂长。这些接踵而来的沉重打击,使卡内基陷入了痛苦的思

直达纽约
——主宰美国经济命脉的4大豪门

考之中：自己从一个织布工的儿子，一个穷光蛋，发展到今天这个地位，拥有这么多财富，究竟是为了什么？为什么现在我富有了，上帝却偏偏在这时让我承受亲人朋友离我而去的痛苦？难道是聚敛这些财富给我带来的罪孽？最后，他得出了一个结论："富人如果不能运用他所聚敛的财富来为社会谋福利，那么他就是死去时也是死不安稳的。"出于种种考虑，卡内基决定放弃事业。但"莫尔帮"并未成功地吃掉卡内基奠定的庞大基业。

以后又有消息传到摩根耳朵里，莫尔与卡内基的谈判没有结果，卡内基认为，莫尔根本没有足够的财力来接纳和吸收自己那庞大的钢铁帝国。之后，摩根又得知卡内基想把自己的事业卖给洛克菲勒。虽然摩根心里暗自着急：为什么不卖给我？！但摩根知道，事情总会有瓜熟蒂落的时候——他坚信，只有自己有足够的能力、精力和财力来接管卡内基的事业的时候，机会总会来的。果然，洛克菲勒此时正忙得团团转呢，首先他正忙于控制世界的石油生产与买卖，其次又刚刚有一项投资俄亥俄新矿山的计划失败，最后还被骤然而起的反托拉斯的风潮首先选中，首当其冲地成了被责难的对象，可谓被搞得焦头烂额，自顾不暇，哪里还有心思来考虑卡内基的那份事业？

漫长而耐心的等待得到了回报，摩根的机会来了。

卡内基以前的总裁叫佛里克，这两人都对摩根没有什么好感，因此摩根做工作都无从做起。而刚好现在卡内基与佛里克之间发生了严重的矛盾，佛里克辞了职，许瓦布被任命为新总裁。事有凑巧，摩根的女儿路易丝的丈夫是许瓦布的知交。也有人说，卡内基任命许瓦布正是由于知道这层关系，因为他也觉得，除了摩根再无第二人有能力购买他的事业了。

总之，事情就朝着摩根希望的方向发展过去了。一次许瓦布应邀到纽约大学俱乐部演讲时，"凑巧"与摩根邻座。一番交谈，两人都觉得甚为投合。

大学俱乐部晚宴一结束，摩根就迫不及待地将许瓦布邀请到坐落在华尔街的办公室里，与许瓦布一直恳谈到深夜。几天之后，许瓦布再次被邀请进摩根的办公室中。卡内基从斯吉伯堡回来后，在纽约的圣安德鲁尔俱乐部与许瓦布打了一场球，两人走进卡内基别墅的书斋，卡内基在一张纸上潦草地写下了："一元五角。"他指示许瓦布，若摩根肯出时价的1.5倍，他就卖。根据摩根的资料,这次交易"以4亿美元以上达成协议",令人咋舌的庞大数字。

1901年4月1日,正好是愚人节那天,U·S·钢铁正式宣告成立,举行了盛大的新闻发布会,宣布了新公司的资金是8.5亿美元。摩根的愿望实现了。这么一个钢铁大联合,可以说是美利坚合众国历史上不多的盛事,摩根就是这次盛事的主角。

3.对付石油大王洛克菲勒

买下了卡内基的事业,成立了U·S·钢铁,这样一来,摩根就非得购买洛克菲勒的五大湖矿不可了,否则就会出现原料不足的危机。

刚刚战胜钢铁大王,摩根又不得不转身再战,对付石油大王洛克菲勒。

洛克菲场拥有的铁矿山中,数检瑟比矿山最吸引人。它是全美最大的铁矿山,储藏量5000万吨,原来是当地叫检利特的五兄弟开发的,矿石品质优良,居全美之冠。所以摩根一下就相中了这座矿山,决心要从洛克菲勒那里买过来。一大早,摩根就来到西区54街拜访洛克菲勒。名震世界的两大巨头,互相之间以前只见过一面,但一句话也未曾说过。这次,摩根被请进客厅后,他甚至没有寒暄一下,就开门见山地说:"我想购买检瑟比矿山和五大湖的矿石输送船。""哦?检瑟比矿山我已经交给我儿子管理了,一会儿我叫他去拜访您吧。"两大巨头的谈话到此为止。

小洛克菲勒按照父亲的指示来到摩根的办公室后,从容地开出了7500万美元的高价。一阵思考后,摩根爽快地同意了这个要价,谁知小洛克菲勒末了又补上一句:"价款必须用U·S·钢铁股票支付。""就连洛克菲勒也想要我摩根U·S·广钢铁公司的股票?"摩根很清楚,7500万的股票并不能对他摩根造成什么威胁,那么,洛克菲勒确实是非常看好自己的事业了。自从合并卡内基的事业后,摩根在华尔街又多了第二个绰号——朱庇特。在希腊神话里,朱庇特是天之主神,众神之主。这个绰号形象地道出了摩根在华尔街中的地位。现在摩

直达纽约
——主宰美国经济命脉的4大豪门

根完全陶醉在了胜利之中,当然,他这种感情丝毫也不会表露在他的脸上,他伸出右手,默默地,却又是坚定地握住了年轻的小洛克菲勒的手。

1871年,经过了普法战争和巴黎公社革命,法国政局一片混乱。成立于法国西部加伦河畔的波尔多临时政府的首脑梯也尔给摩根的父亲J.S.摩根拍发了紧急电报,让他赶到托文城去,越快越好,有要事相商。J.S.摩根火速赶到了托文城,会见了梯也尔的密使。原来梯也尔想让J.S.摩根包销国债,金额为2.5亿法郎,约合5000万美元。5000万美元,在当时可是个相当大的数字。美国从法国手里买下的大路易斯安娜,整整214万平方公里,不也才1500万美元吗?老摩根决定承购这笔法国国债。他指示在纽约的摩根接受一半的国债在美国消化掉;但鉴于一个人承担如此大的一笔数目可能负担过重,老摩根想到一个新点子——成立辛迪加(联合),也就是把华尔街上大规模的投资金融公司集合起来,成立一个国债承购组织,共同承购国债。摩根觉得父亲这个想法非常高妙,立刻着手去实行。这种方式其实就是各机构分摊风险,来消化掉那5000万美元的国债,这确实是一个大胆而富有创意的想法。

然而,正当摩根拼命努力时,他的努力却遭到了舆论界的抨击。《伦敦经济报》这样评论:"发迹的美国投资家约翰·皮尔庞特·摩根承购法国政府的国家公债。承购者想出了所谓的'联合募购'的方法来消化这些国债,并声称这种方式能将风险透过参与'联合募购'的多数投资金融家,逐级地分散给一般大众,而不再像以往那样集中于某个大投资者手中。乍一看来,似乎因分散而降低了风险性,但其实假如经济恐慌一旦发生,其引起的不良反应就会快速扩张,有如排山倒海一般,反而使投资的危险性增加。"在纽约舆论界,也有类似的评论。不管评论是褒是贬,一个青年投资家引出这么大的话题,对摩根知名度的提高本身就是一件好事。

大众的目光都集中到了摩根身上。而事实证明,"联合募购"是成功的,摩根成功地消化掉了约5000万美元的法国国债。这一来,他名声大振,各种赞扬之声不绝于耳。到了后来,对国债实行"联合募购"几乎就成了不成文的规矩,而摩根在这一行中,则早就打响了名头,确立了自己的领袖地位。到了1898年美西战争之前,摩根由于在重大的关头决策正确,他已经是财源遍地,其事业

第二卷·第三章
华尔街的"拿破仑"——"摩根帝国"是如何建立的

远非其祖父、父亲可比了。这时的摩根,更是把目光投向了整个世界。对摩根来说,美国这座庙已经有些显小,装不下他这么一尊大菩萨了。他要向美洲扩张,向世界扩张,而扩张凭借的最有力,同时也是摩根很早就已运用熟练的工具,便是购买外国政府的国债。

美西战争之前就有消息透露:墨西哥政府由于无力偿还西班牙政府的旧债,已到了破产的边缘。在一只脚已经踏向了深渊的情况下,墨西哥政府当局不得不死马当做活马医,继续着手发行公债,计划金额将达到1.1亿美元,以利用新债偿旧债,渡过眼下的难关。常人一般都不会去认购墨西哥政府在此情况下发行的公债,而摩根的想法却与众不同。他想:正因为此时的墨西哥政府处境艰难,我伸出手去帮它一把,既可以要求较多的实惠,又可以为以后的继续接触打下良好的基础。别人不敢做的事,做了才有更丰厚的利润,况且墨西哥的政局还是稳定的。基于这些想法,摩根立即和德国银行联合组织了辛迪加认购那些墨西哥公债,当然,有优惠的条件即取得墨西哥油矿及铁路权作为担保。事实证明,摩根的决策是对的,这次行动不管从短期还是长期来说,都为他带来了不小的收益。

事后,不仅是华尔街、庞德街,就连远在法兰克福及巴黎的商人们都佩服摩根的头脑敏捷,判断准确,都不得不承认自己无论是在眼光上还是在魄力上都差摩根那么老大一截。

4.成为世界的债主

摩根不但在墨西哥有动作,在阿根廷,他也以一个救世主的形象出现了。阿根廷经过1864～1870年与巴拉圭的战争后,元气大伤,到了19世纪90年代,即陷入了经济危机之中。伦敦的哈林公司以阿根廷的广大土地作为抵押,购买了大量的阿根廷公债,获利不少,然而因其财力限制,却无法全部承担阿根廷政府发行的公债。这就使摩根动开了脑筋:阿根廷的铁路非常有潜力,乳酪

直达纽约
——主宰美国经济命脉的4大豪门

产品在世界驰名,虽然政府非常腐败,但对外国资本却是恭敬有加,这样的政府倒台了,对以后住南美发展也没有好处,买阿根廷政府的公债,一则可以获利,二则可以维持现政权,有利于自己今后发展,是合算的买卖。就这样,摩根毅然出资购买了7500万美元的阿根廷政府公债。

时光流逝,站在今天的角度,当年摩根对墨西哥与阿根廷放的债究竟起了什么作用?是拉了美洲人民一把,还是更深地将其推入深渊,压迫了各国人民?众说纷纭,难以分辨。但摩根通过这样的手段,扩大了自己的势力与影响,捞取了大量的财富,这一点是确凿无疑的。

做各国的债主自然风光,而摩根最感得意的,是连大英帝国都不得不向他摩根求援。作为荷兰东印度公司的殖民地而开发的霍屯督族的国家布尔(即现在的南非),在拿破仑战争结束后,成了大英帝国的一块殖民地,不久,该区域的钻石与黄金被探险家们开发了出来,而大英帝国为了开发钻石与黄金,制定了残酷而苛刻的殖民地政策,这样就进一步加深了与原先就住在那儿的布尔族人的矛盾。随着矛盾冲突的激烈,爆发了第一次布尔战争(1880~1881)。

英国人胜利地将布尔族人驱逐到了北方,将黄金与钻石的产地统统收归己有,加以管制。这样一来,英国人与布尔族人的对立进一步加深,终于又爆发了第二次布尔战争(1899年)。这一次,布尔族人吸取了上次战争失利的教训,采用灵活而顽强的游击战与英军周旋,使英帝国的远征军备受困扰,欲进不能,欲罢不甘,已成骑虎难下之势,而且第二次布尔战争开始后,英国的战争费用出乎意料的庞大,远远超出人们开战初期的估计。屋漏偏逢连夜雨,历来与英国水火不相容的德意志皇帝,又正野心勃勃地计划建造一支大舰队。英帝国历来是海上的"老大",岂能容忍他人取而代之,必然要与德国抗衡,于是两国展开了激烈的军备竞赛。一边开战一边扩充军备,英国的财政顿时陷入了极端困难的境地,单靠自身的力量已无力回天,必须求助他人了。

这时,英国政府首先就想到了摩根,于是派出罗斯查尔公司纽约代表处的贝尔蒙来征询摩根的意见,向他求援。摩根毫不推辞,一口答应了下来。摩根首先从第一次布尔战争的公债下手,负责购买了价值总计1500万美元的公

第二卷·第三章
华尔街的"拿破仑"——"摩根帝国"是如何建立的

债。后来又反复地追加认购。实际上,他总共认购了价值达1.8亿美元的英国政府公债。做了这么多笔战债、公债生意,对摩根来说是利益无穷。

到了20世纪初,可以毫不夸张地说,摩根已经成了世界的债主。

摩根创建了一个庞大的帝国。摩根家族包括银行家信托公司、保证信托公司、第一国家银行,总资产34亿美元。摩根同盟的总资本约48亿美元,由国家城市银行、契约国家银行组成。

摩根同盟与摩根家族被总称为摩根联盟。摩根联盟中,以摩根公司为轴进行董事部连锁领导,与大金融资本以下、超过20万的主力金融机构互相连结,这样就构成了结构庞大、组织严密的"摩根体系"。这一金融集团占有全美金融资本的33%,总值近200亿美元,另外还有125亿美元的保险资产,占全美保险业的65%。生产事业方面,全美35家主力企业中有摩根公司的47名董事,包括U·S·钢铁、GM、肯尼格特制铜公司、德州海湾硫磺公司、大陆石油公司、GE等。摩根公司在铁路业上的渗入是人尽皆知的了,同时,通讯业方面,它还拥有ITT(国际电话电报公司)、全美电缆、邮政电缆、AT&T(美国电话电报公司)等。摩根同盟的手下有510亿美元的总资产,属下有亚那科达铜山、西屋电气、联合金属碳化物等主要托拉斯企业。上述所有相加,合计所有总资产,扣掉重复部分,大恐慌前的"摩根体系"拥有740亿美元的总资本,相当于全美所有企业资本的1/4。167名董事从摩根公司走出来,控制着整个"摩根体系",执行着由华尔街的摩根发出的指令,这是怎样的一个霸业。

5.一个人拯救一个国家

南北战争结束后,由于政府采取回收纸币的措施,市面上流通的纸币量不断减少,一度出现了要求纸币与黄金可兑换的呼声。但通货紧缩的压力使得政府小心翼翼,不敢轻举妄动。到了1873年,要求恢复完全可兑换的呼声又不断增加,民众舆论的支持态度日趋坚定,这促使美国政府采取重整货币的

直达纽约
——主宰美国经济命脉的4大豪门

行动,完成了纸币与黄金可兑换这一艰巨的任务。

此后的一段时间,美国通货紧缩的压力不断升高。由于商品的产量不断增加,而货币的供给却跟不上,导致商品的批发价格急速下跌,股票价格也随之下跌。

1879年,美国政府决定将恢复纸币和黄金之间兑换的时间定为1月1日。为了应对人们的兑换需求,黄金储备已经通过税收盈余累积起来,其余所需的黄金储备则由财政部从国外购入。但此时美国的出口贸易在不断下滑,那么黄金将不断流向欧洲。黄金储备减少了,政府真的能应对可能出现的"兑换危机"吗?

老天爷在最紧要的时候帮了美国的忙。这年春天,欧洲遭受了严重的霜冻破坏,夏季又是洪灾泛滥,整个欧洲的农作物遭受了空前的自然灾害,小麦等作物产量严重下降,小麦价格则当然飙升。可是,美国这一年却是风调雨顺,农业获得丰收,于是粮食大量出口到欧洲,大量的黄金也就从欧洲流向了美国。因为政府的黄金储备充足,当然可以保证纸币的兑换。此后三年,美国农业继续在老天爷的帮助下获得了额外的盈余,由此吸引了更多的黄金流入美国。

1890年7月,时任美国总统的哈利生在银矿集团的游说下敦促国会通过了《谢尔曼白银收购法》。该法案规定,美国财政部必须每月购入白银,一年的购入量必须达到5000万美元。这一数额比之前的法律规定提高了整整1倍。而且,财政部要用新的纸币——美国中期国库券来买进这些白银,这种纸币完全可以用黄金或者白银进行兑付。

该法案实施后,银矿利益集团很高兴看到银价快速上涨,可美国的白银需求立即使得海外的白银滚滚而来。面对国外白银的沉重卖压,银价又快速滑落,银矿集团的笑容僵化了。

这项法案使政府的支出大幅增加,直接面临财政赤字问题。政府的第一个反应就是用纸币或黄金来弥补赤字。恰逢此时欧洲人刚刚清算了他们持有的美国证券,而且他们还将收益兑换为本国的货币,这意味着最终他们将黄金从美国运回了本国。1891年上半年,美国的黄金出口超过了此前25年美国

第二卷·第三章
华尔街的"拿破仑"——"摩根帝国"是如何建立的

的黄金输出总量。黄金的外流使美国的黄金储备快速下降,财政部又开始怀疑兑换行动是否该继续了——市场显示黄金储备正在被挤兑,每一个持有美元的人都恨不得立即就把自己手中的美元兑换为黄金。

老天爷在1891年又一次拯救了美国,如同它在1879年那样。欧洲小麦又大量减产,美国的农业则获得了巨大的丰收。黄金外流的情况又终止了。

好景不长,1892年,黄金储备又开始失血了。到了5月份,财政部的黄金储备下降到了1.14亿美元,仅高于国会要求财政部必须维持的1亿美元的底线。财政部别无选择,唯有停止政府部门使用黄金对外支付,一切支出均采用纸币。这一决定更刺激了公众对黄金的需求。与此同时,美国的商品进口激增,大大超出了出口额,这意味着黄金又将进一步外流。在1892年的报告中,美国财政部长不得不承认,在政府财政收支方面,巨额的赤字正在迫近。整个政府的偿付机制正陷入危机之中。

1892年5月,纽约证券交易所上市公司中最活跃的工业股"国家绳缆公司"破产。这一事件导致了整个证券市场的雪崩,然后公众开始了对银行如潮水般的挤兑。随后,1.5万家公司和500家银行倒闭,失业率居高不下(超过10%),工人罢工频频,整个美国经济岌岌可危。

在经济恐慌中,摇摇欲坠的哈利生总统下台了。新任总统是格罗弗·克利夫兰,他一上台就面临着棘手的经济问题。

老天爷会第三次帮美国渡过难关吗?不会!谁又能总是那么幸运呢?1894年,美国的小麦歉收,而欧洲则迎来了大丰收。美国的农业收入减少,黄金开始大量外流。美国财政部的状况也没有一丝改观,且过度支出使得情况愈发糟糕。开始时,财政部还可以支付纸币,但后来连纸币都消耗殆尽了。财政部别无选择,只能开始以黄金作为日常的支付手段,结果黄金储备的数额急剧减少——真是屋漏偏逢连夜雨!

为了弥补财政赤字,时任美国财政部长的约翰·卡莱尔决定发行一种新的以黄金作为偿付手段的债券。尽管卡莱尔为这种债券设置了很高的利率,但他的计划失败了,没有人愿意买账,市场对这项新的计划反应冷淡。

卡莱尔不得不亲自前往纽约向各大银行施压,期望他们能发扬爱国主义

直达纽约
——主宰美国经济命脉的4大豪门

精神,购买政府公债,并坚称将不惜任何代价,避免发生新的金融恐慌。

虽然情非所愿,但这次各大银行还是给了卡莱尔一点颜面。不久,5900万美元的黄金流入财政部,用以购买政府这种新的债券。但糟糕的是,购买新债券所用的2400万美元的黄金,其实是用财政部发行的纸币来代替的,这些纸币又是不久前财政部为获取黄金而向这些银行发行的。

这完全是一个毫无实际意义的循环游戏。这场游戏为财政部实际新增黄金储备3500万美元,而不是5900万美元。游戏之后,美国财政部的黄金储备仅仅维持在1.07亿美元的水平。

1894年10月,美国财政赤字飙升至1300万美元,而黄金储备则降至5200万美元。卡莱尔只得再次向纽约的银行寻求帮助。各家银行再次答应向财政部贷款的请求。但在向财政部购买公债的黄金中,银行又一次使用了将近一半的纸币。深感失望的克利夫兰总统抱怨道:"我们在操作中陷入了无尽的循环,不断消耗着财政部的黄金,无休无止。"

1895年1月,2600万黄金从美国流向境外,4500万黄金从美国财政部被提出来用以偿付纸币,财政部的黄金储备仅剩下4000万美元,而且还在以每天200万美元的速度流失。已到了最危急的时刻,再没有好的办法,政府乃至整个经济就将彻底崩盘了。

从1890年《谢尔曼白银收购法》的通过,到1895年1月的危机高峰,在这5年期间,与黄金相关的一系列金融灾难以空前的规模沉重打击了美国的经济。

然而,美国并没有在1895年1月走向崩溃。在1月的最后一天,令人意想不到的是:证券市场跳空高开并一路上升,外汇市场的美元突然坚挺,黄金的出口计划也突然取消,价值900万美元的黄金在港口通宵卸货。

究竟发生了什么事,使得一切都逆转了过来?

虽然没有欧洲中央银行的援手,也没有诸如国际货币基金组织之类的国际机构帮忙,但美国人自己凭借着非凡的技巧,面对困境,自力更生,在危急关头泰然自若,创造性地实施了美国版的拯救计划。如同好莱坞大片一样,英雄在最后关键时刻出手,力挽狂澜。

第二卷 · 第三章
华尔街的"拿破仑"——"摩根帝国"是如何建立的

答案并不简单。

由于经济萧条,导致公众对银行家产生了强烈、普遍的敌意,这使得在危急关头的克利夫兰总统无法像财政部长卡莱尔前一次做的那样,去寻求银行家的帮助。就算是当总统出面时,这些银行家会比以前更愿意合作,但此时美国国内的黄金已经无法使美国财政部恢复清偿能力了。

此刻唯一的选择就是向欧洲金融家寻求帮助。自然而然,美国人需要强大的罗斯柴尔德家族主导此次融资。美国财政部长与罗斯柴尔德家族同意在欧洲尝试发行公债,而第一步便是与纽约摩根银行负责欧洲业务的分支机构——J.S.摩根公司联系。这些公司可都是摩根的产业,此时的摩根已不再是那个年轻的小伙子了,而是美国的首富,华尔街之王。

J.S.摩根公司提出了异议,并指出只有让摩根和罗斯柴尔德在纽约的代表小奥古斯特·贝尔蒙共同处理这项美国事务,J.S.摩根公司才会参与此事。

尽管黄金在不断外流,但华盛顿的内阁成员却坚决反对任何有关发行公债的建议,他们认为这将使美国政府被一群外国银行家所控制。

摩根听到这种貌似爱国实则误国的言论时火冒三丈。他立刻发电报给伦敦的合伙人,指出"美国正处于坠入金融风暴深渊的边缘",电报中摩根要求他的合伙人与贝尔蒙会合后立即前来华盛顿。摩根要见到总统并当面痛陈时弊,不能让那些愚蠢的内阁成员们误国误民。当摩根被告知克利夫兰总统没有时间见他时,摩根咆哮道:"我是来见总统的。我会一直等到我能够见到他为止。"

虽然被宵小之辈阻挡不能见到总统,但清楚认识到危险形势的总统却主动邀请摩根前来。摩根与克利夫兰总统、财政部长卡莱尔和司法部长一起举行了会议。会议期间,一名职员进来告知财政部长——政府的黄金储备仅余900万美元。听到这个汇报,摩根对总统直言:"今天下午3点之前,政府的黄金储备就会耗尽!"本来就焦灼不安的克利夫兰总统现在明白他已没有选择的余地了,只能求助于摩根。总统轻声问道:"你有何良策,摩根先生?"

摩根一边抽着雪茄,一边提出了一个创造性的大胆计划:由他和罗斯柴尔德牵头组织一个欧洲银团,承销美国财政部发行的6500万美元公债,美国

直达纽约
——主宰美国经济命脉的4大豪门

财政部由此可以获得350万盎司金币,其中的一半金币将从欧洲取得,并且为了吸引欧洲的银行,公债利率将比去年纽约各大银行得到的利率还要高出1%。若计划得以实施,则可使黄金流入国内,解救陷于空虚的国库。

摩根的计划有三个关键点。

第一个就在摩根-罗斯柴尔德银团与美国财政部签署的合约条文中写道:"乙方(银团)和他们的伙伴……会运用他们一切金融影响力和一切合法手段,使得美国财政部的黄金不再被大量提取,直到本合约履行完毕为止。"这就是说,银团将控制美国黄金市场。

第二,银团通过将自己的欧洲货币出借给那些美国人——这些美国人在贸易和金融交易中,积欠了欧洲人大量的钱款——从而抑制了将美元兑换为黄金的需求。

第三,银团在此次承销交易中,将纽约的各家银行拉进来,建立与欧洲金融界的联系,并使这些纽约银行在此次公债发行中共担风险和收益。

克利夫兰总统在犹豫着,而屋子里摩根的雪茄烟却一根接一根,烟雾缭绕。总统显然不喜欢烟味,他想制止摩根抽烟,但目前就只能忍受了。克利夫兰总统与卡莱尔溜到了另一个房间里,他们不是为了躲烟,而是商议是否接受摩根的建议。

他们又回到房间里,摩根见他们不吱声,于是说:"总统先生,现在伦敦正有人要求从我手头提取1000万美元的黄金,要不要我立刻在这里拍电报,立刻汇到伦敦去呢?"

克利夫兰总统与卡莱尔再次溜到一边去了。这次回来时,总统接受了摩根的建议。

摩根熄灭雪茄,他站起来,带着一丝难以察觉的微笑走了出去。

当这个史无前例的计划曝光后,公众一片哗然,大量的人叫嚷着坚决反对将国家利益出卖给外国银行。但总统并不为之所动,他告诉人们自己"对该协议所展现的智慧没有一点疑虑"。

这个计划每天的实际执行情况都受到人们的高度关注。它确实发挥了作用。部分原因是由于该计划安排得十分恰当,但更为重要的是,市场了解到欧洲

第二卷·第三章
华尔街的"拿破仑"——"摩根帝国"是如何建立的

正在提供充足的支持,这足以使美国银行家和投资人感到宽慰和得到信心。不久,从欧洲输往美国财政部的黄金就达到了每月500万美元。到了1890年7月8日,美国财政部的黄金储备回升至1.08亿美元,一切都在向好的方向发展。

这场以黄金为主题的拯救美国经济的战役因为摩根而获得了戏剧般的胜利。

6.透视摩根豪宅

1882年,摩根的年收入已达50万美元之巨,而摩根王国的权力重心,也渐渐由伦敦移至纽约。为彰明其财力已不可与从前同日而语,摩根与范妮卖掉了他们在东四十街上的豪宅,而新购入了从前为伊萨克·费尔普斯所有的一座褐色沙石筑成的豪门巨制。新的府邸位于麦迪逊大街219号,与三十六街的东北角相交,仍然是在曼哈顿的默里山庄居民区之中。此处较少城市喧嚣,临窗亦可眺望东河清波。其时的风尚是沉湎于奢侈逸乐,一般商贾巨富皆深陷于风靡一时的声色犬马的享乐与铺张之中。相形之下,摩根家族的这所新府则显得雍容华贵,但又不过度精雕细琢、繁复琐碎。大门侧翼擎着古希腊爱奥尼亚风格的廊柱,一座凸窗俯瞰着麦迪逊大街。房间里摆设着庄重的木制家具,小古董儿点缀其间。明朗宽敞的书房中,四壁镶着圣托多明岗的红木嵌板,正中设着摩根巨大的书桌,那气势仿佛是将书房变做了一家商人银行合伙人的办公室。房间里的森严气氛如此幽晦暗淡,以至于那一班12个人组成的仆役队伍将它称做了"黑色书房"。

这座摩根豪宅的一个新奇特点是它使用了电,而在整个纽约,这是第一个以电照明的私人住所。摩根对这种新开发的能源产生兴趣,源自一桩生意往来。1878年,托马斯·阿尔瓦·爱迪生从包括摩根公司合作伙伴在内的一些财阀处获得一笔资金,创建了他自己的"爱迪生电业照明公司"。然而不幸的是,发电机地狱般的轰鸣声成为骚扰摩根众邻居的祸根。那时,在繁华的商业

直达纽约
——主宰美国经济命脉的4大豪门

区,德雷克塞尔·摩根主持爱迪生公司早期的业务会议。1882年,此处成为华尔街上第一处从爱迪生名下的发电站获取电力的办公室。当时的发电站位于珍珠街上。爱迪生本人身着阿尔伯特王子式的礼服,出席了初次向华尔街23号输送电力的典仪,他一直在摩根银行中设有私人账户。

迁居默里山庄这一决定,明白无误地向世人表明了摩根家族对时下暴富的"新贵"们的那种不屑一顾的鄙夷态度。当他们选择新居所处的邻里环境时,所谓的"高雅"已经转向了非商业区。沿着第五大道,尽皆是好大喜功的商业巨子们所建的俗丽的宫殿,其建筑式样无非是对欧式城堡风格的剽窃。贯穿于整个第五十一到第五十二大街的,是威廉·亨利·范德比尔特那庞大然而笨拙粗俗的巨宅。耸立于第五十七与第五十八大街之间的是威廉·亨利的儿子——科尼利厄斯·范德比尔特二世所建的另一座高堂大殿,此处基址目前已易主于贝格多夫·古德曼名下。

作为康涅狄格州的美国人与伦敦贵族的结合,摩根家族的成员对穷奢极侈不敢苟同,并且也不愿在报纸上抛头露面。像欧洲那些举足轻重的金融大亨一样,摩根家族非常注重维护自己的隐私。摩根对其私密持一种近乎宗教狂热的保护态度。他树立了一种永久的形象:一位戴着高帽的大亨咆哮不已,对摄影师挥舞着手杖。他参加了19个私人俱乐部,其成员大多限于盎格鲁撒克逊的基督教,且喜欢和资历深的大富翁打交道。与大多数俱乐部会员不一样,摩根更喜欢成立俱乐部,而不是利用俱乐部。

一次,摩根的一些朋友们被联合俱乐部解除了会员资格,于是他任命斯坦福·怀特设计了大都会俱乐部,后来获得了"百万富翁俱乐部"的称号。摩根出任了第一任主席,但他从来不去充当维护社会公正与平等的先锋。当纽约一位最显贵的犹太银行家的儿子西奥多·塞利格曼在1893年被联合俱乐部除名后,摩根并未对此有任何异议。

7.海盗号——摩根和慈善事业的关系

摩根在慈善事业上的各种关系,几乎可与他商业联络之广泛相提并论。他乐意捐助的是一些宗教、文化及教育方面的事业,而不是社会慈善救济机构。他从未试图解决"贫穷"这一社会问题。摩根所要资助建立的学校必须是私人贵族化的。他是大都会博物馆和美国自然历史博物馆最初的赞助人之一。在大都会剧院的金马蹄厅里,摩根拥有一个私人包厢(他喜欢那些浪漫而又热情洋溢的歌剧,尤其是《行吟诗人》)。同时,他又是圣卢克医院的主要捐助人。

当初,摩根的父亲朱尼厄斯接受皮博迪(他是乔治的一个远亲)为在伦敦的合伙人之后,摩根帮助皮博迪的儿子恩迪科特·皮博迪牧师在波士顿以北买下了一块90英亩的地皮,以期创办一所名为格罗顿的新私立预科学校。效法拉格比学校,这所新校意在将其学生培养成为优秀的具有男子汉气概的基督徒。然而具有讽刺意味的是,它后来造就了摩根财团的死敌——富兰克林·迪拉诺·罗斯福。

通过他的朋友——私人医生詹姆斯·马科,摩根将他难得的一些礼物赠与了当时洪水般涌入纽约东部低地的大批移民。马科医生讲述了他如何在一个租来的厨房里为一名移民母亲和她的婴儿动了手术,救了两条性命的故事。摩根当时拿出300美元的钞票,"你一定要让那位女士能够得到妥善护理。"他说,并把钱交给了医生。最终马科医生劝说摩根捐助了100万美元以上的巨款,为纽约妇产医院修建了一座大楼。在这所医院里,护士们能够为穷困潦倒的孕妇提供食物、牛奶以及产前的护理。马科医生成为医院的负责人。随着摩根日渐成为一位慈善家,他对未婚母亲们所表示的关怀逐渐成为街谈巷议的话题,同时又有些捕风捉影的故事,说那个医院里的医生们与摩根的情妇们结为伉俪。

然而摩根为之倾注了最多心血的,还是作为英国国教一个分支的圣公会。宗教是他一切价值观之间的共同联系——美、秩序、社会等级制度、对往

直达纽约
——主宰美国经济命脉的4大豪门

事崇敬的追忆、壮观的庆典。作为纽约最具影响力的圣公会的非教职人员,他参加了该教会三年一度的大会,以及会议上关于教义所进行的那些深奥的辩论。宗教自然而然地与驱使摩根工作的道德结合在一起,成为他对美国商业惯例所表示出愤慨的根本原因。他的外祖父是一位传教士,祖父则是个好色的唱诗班成员。他父亲的一些金融业的箴言,无不是以短小隽永的布道词风格表达出来的。朱尼厄斯经常像一位失意的牧师般说道:"自我肯定或是感到上帝的允准,远比世界上一切财富能带来更大的喜悦。"摩根正是习惯于在华尔街23号中像教皇一样刚愎自用,独断专行。

虽然摩根的事业是同铁路紧密相关的,他却更被浩渺的汪洋大海所吸引。一度拥有火车上的私人车厢是大亨们摆谱的风行之举,然而摩根却从未有过车厢。如果确有必要,他会乘坐自己控制下的铁路上的私人车厢。步入中年之后,大海成为治疗他抑郁心绪的灵丹妙药。在万顷碧波之上,他可以远离那一日深复一日的公务羁绊,从无穷的操心事中解脱出来。因而,19世纪80年代,当游艇成为纽约豪门的流行宠儿之后,他几乎毫不犹豫地加入了这场新的时髦潮流之中。1882年,他购买了一艘豪华游艇,这是他买的一系列豪华游艇中的第一艘,并将其命名为"海盗号"。随后他加入了纽约游艇俱乐部。这艘黑色船身的蒸汽游艇,以其165英尺的长度成为俱乐部游艇里的亚军,并标明了摩根家族的新恢弘气派。

摩根购下"海盗号"的时候,正是他的婚姻第一次明显地发生裂痕之后,很难说这仅仅是一个巧合。这艘船的意义远不只是一件故作炫耀的摆设,它使摩根拥有了一个在范妮和孩子们的圈子之外的社交环境。其后,它更成了摩根许多隐秘的寻欢作乐的爱情故事中不可或缺的组成部分。

"海盗号"使摩根得以从早期婚姻生活中那种令人窒息的"维多利亚时代"的空气中解脱出来,并享有一种无拘无束的自由。在那里,他结识了一批朋友,组成了后来被称为"海盗俱乐部"的社交圈子。这些朋友能够为摩根带女人们上船提供掩饰。同时,这条船也是摩根的第二个家,尤其是当范妮和孩子们在盛夏里回到哈得逊河上游的克赖格斯顿去消夏之时。摩根通常会在船上用晚膳,并把船停泊在曼哈顿港里,然后在那里消磨长夜。

第二卷·第三章
华尔街的"拿破仑"——"摩根帝国"是如何建立的

8.纵横世界的摩根——国王陛下的表兄

在摩根一生的生涯中,伴随着他的成功而来的往往并不是赞誉,而是争议。因此,那段时期是摩根取得"苦甜参半"的成功的时期。他头戴高顶礼帽,身着黑色风衣、灰色便裤及闪亮的皮鞋,胸前的衣襟上露出一截表链。他保养得很好,举止庄重,代表那种威胁着"牧歌式"老美国的财界和工业界巨头的风范。他的成就被描述得如神话一般。

美国新闻记者芬利·彼得·邓恩笔下的人物杜利先生是这样描述摩根的:"摩根叫来了他的一名办公人员,他是国家银行的总裁。'詹姆斯,从银行里拿点零钱出来,去把欧洲给我买回来,'摩根说,'我想把它重新组织一下,让它一直给我付钱。'"

当有人引用摩根的话"我对美国相当满意"时,威廉·詹宁斯·布赖恩的《普通人》杂志马上反击:"一旦他不喜欢美国了,他可以把它还回去。"社论撰稿人争相授予摩根许多头衔——"托拉斯之王"、"将世界摩根化的人"、"金融巨人"、"金融界的拿破仑",或者更简单地称他为"宙斯"或"朱庇特"、"众神之神"。

对一个没有封建历史的共和制国家来说,摩根及其他19世纪的强盗领主们就是贵族的代名词。新闻界不断地报道他们的事情。公众对这些巨头们有些害怕,有些憎恶,也有几分因共鸣而产生的快感。当摩根骄横地命令司机绕过交通车流,在人行道边上向前开时,公众对他的傲慢自负惊骇不已,但同时又敬佩他毫不妥协的意志。华尔街经纪人亨利·克卢斯在谈到摩根时说:"他有火车头一般的力量。"他指的是摩根那种野蛮的难以控制的力量,又是一种超人的力量。

现在,世界上最有势力的私人银行家摩根自视与王族平起平坐。他向公众捐款,慷慨犹如王室。他觉得伦敦圣保罗天主教堂的内部过于黑暗,因而出资为教堂安装了照明电灯。他登上比利时国王利奥波尔德的游船,拜访了国

直达纽约
——主宰美国经济命脉的4大豪门

王,并为国王提供了一些财务方面的意见。1901年,杰克向他母亲报告有关他父亲与其伦敦合伙人克林顿·道金斯爵士如何前往格雷夫桑德,并与比利时国王共同进餐的事情,"国王想和父亲谈生意,但父亲不愿去布鲁塞尔,因此国王特地把他的游艇开来了"。因为摩根只在他自己的领土内处理生意,即便有时这意味着要把一个国王当成平民百姓来对待。

1906年,摩根答应邀请英国国王爱德华七世参观他在王子门街13号的艺术收藏品。摩根是从他父亲那儿继承下来这幢市内住宅的。摩根曾向国王提供财务方面的咨询,两人经常在欧洲的社交场合会面。国王陛下注视着托马斯·劳伦斯爵士为德比伯爵夫人所作的著名肖像画,认为天花板太低了,不适合挂这幅画。"你为什么把它挂在那儿呢?"他问道。"先生,因为我喜欢那儿。"摩根的回答很简单,他觉得无需做过多的解释。摩根的女婿赫伯特·萨特利注意到,在国王和银行家之间,两人是完全平等的:"他们就像是两个朋友在一起,有时似乎满足于静静地坐着,而不用努力去使对方感到高兴。"而在爱德华七世举行加冕典礼时,摩根送给他的礼物是块价值50万美元的挂毯,从此便开始了摩根财团和英国王室之间持久不衰的联系。

摩根也做了件使意大利王室高兴的事。1904年,他因归还了一件珍贵的教士斗篷而受到了意大利的嘉奖。这件斗篷是从阿斯科利天主教堂被偷走的。

国王维克多·伊曼纽尔授予摩根"圣莫里特斯和拉扎鲁斯的伟大卫士"称号。这样,摩根无论何时踏上意大利领土,他都将享受到国王陛下的表兄的待遇。

第三卷

亨利·福特

——给世界安上轮子的汽车大王

亨利·福特是美国汽车工程师与企业家，福特汽车公司的建立者。他也是世界上第一位使用流水线大批量生产汽车的人，他的这种生产方式，使汽车成为一种大众产品。他不但革命了汽车工业生产方式，而且对现代社会和文化产生了巨大的影响。

美国学者麦克·哈特所著的《影响人类历史进程的100名人排行榜》一书中，亨利·福特是唯一上榜的企业家。

人物简介

1863年7月30日,亨利·福特出生于密歇根州格林费尔德镇。

1875年,12岁的亨利·福特花了很多时间建立起了自己的机械坊。

1879年,他离开家乡去底特律做机械师学徒工,学成后,他进入西屋电气公司。

1887年,进底特律爱迪生照明公司当技术员。

1888年,结婚。

1891年,亨利·福特成为爱迪生照明公司的一名工程师。当他1893年晋升为主工程师后,他有足够的时间和钱财来进行他个人对内燃机的研究。

1896年,亨利·福特试制成功他的第一辆汽车,二汽缸气冷式四马力汽车,命名为"四轮车"。

1901年,亨利·福特成立第二家公司,主要产品是他的赛车。1901年10月10日,他甚至亲自开车参加比赛获胜。但不久他的资助者就迫使他离开了该公司,此后这家公司被改名为凯迪拉克。

1903年6月16日,亨利·福特再次成立汽车公司,并一直担任总经理。同年,公司生产出第一辆福特牌汽车——福特999型赛车。

1908年,亨利·福特又制成T型福特汽车,彻底改变了美国人的生活方式,世界汽车工业革命就此开始。从1909至1913年,福特的T型车多次在比赛中获胜。

1911年,亨利·福特在密苏里州堪萨斯城建成第一家汽车装配工厂。

1913年,亨利·福特创立了全世界第一条汽车流水装配线。

1914年,亨利·福特首次向工人支付8小时5美元的工资,改变了美国工人的工作方式。

1915年,美国总统威尔逊接见亨利·福特,盛赞福特汽车公司。

1918年,半数在美国运行的汽车是T型车。福特非常注意保护T型设计,这个设计一直被保持到1927年。

1919年，亨利·福特买下了公司其他股东的股份，独占了该公司。

1919年，他购买了《德宝独立报》。1927年12月，亨利·福特关闭了该报。

1920年，亨利·福特在巴西买了许多地来种橡胶树，目的是为他的汽车生产轮胎，但这一行动的结果却是一个大失败。1945年他将这些地卖出时蒙受了巨大的损失。

1921年，美国总统哈定接见亨利·福特，盛赞"你为美国创造了一家最了不起的公司"。

1927年，亨利·福特一共生产了1500万辆T型车，此后45年内这将是一个世界纪录。同年，福特公司停止生产T型福特车，开始制造新式的A型车。到1931年，就已生产了400万辆A型车。

1929年，美国总统胡佛参加福特博物馆落成典礼。

1932年，开始制造V-8型车。现在该公司已实现多样经营，既制造、装配、销售轿车（福特、水星、林肯、大陆牌）、卡车、拖拉机及有关的零件和附件，还研制、生产消费用和航天工业用（包括通讯和气象卫星）的电子产品和器具。

1936年，亨利·福特与他的儿子爱德歇尔一起在密歇根州创立了美国福特基金会，到1950年，它已经成为一个国家性和国际性组织。

1942年1月13日，福特申报了一辆几乎全部由塑料组成的车的专利，它比一般车要轻30%，据说可以承受高于一般车10倍的冲击力，但这辆车从未被生产出来。

1943年，亨利·福特的独生子爱德歇尔死后，他把公司旗下许多企业的指挥权交给其孙子亨利·福特二世。

1946年，"汽车金色50年"因为福特对汽车工业的贡献而授予他荣誉奖，《纽约时报》评论说："福特不仅是福特汽车公司的创始人，同时也带动了整个汽车行业的发展。"

1947年4月3日，亨利·福特去世，享寿83岁，葬于底特律的福特墓地。他葬礼的那一天，美国所有的汽车生产线停工一分钟，以纪念这位"汽车界的哥白尼"。亨利·福特二世在亨利·福特过世之后把福特T型车和A型车的设计图撕毁,重新制造了新型车。

1999年,《财富》杂志将福特评为"20世纪最伟大的企业家",以表彰他和福特汽车公司对人类发展所做出的贡献。

2000年,《财富》杂志按销售额评出的世界500家最大企业名单中,福特汽车公司排名第四。

2005年,《福布斯》杂志公布了有史以来最有影响力的20位企业家,亨利·福特名列榜首。

第一章

给世界安上轮子的人

——亨利·福特

> 恐怕在20世纪20年代初亨利·福特就已经是全世界最有名的人了。他生产的T型汽车便宜、耐用、灵巧,风靡全美各地,这位开拓型的企业家也因此获得了巨大的名声和财富。

直达纽约
——主宰美国经济命脉的4大豪门

1.童年开始时,南北战争硝烟正浓

7月30日凌晨,在断肢残臂的共和国腹地,在距离密歇根州迪尔伯恩市不远的格林菲尔德村诞生了一个健康的男孩。威廉和玛丽·福特夫妇两年前结婚,第一个孩子在1862年刚出生就夭折了,所以这次玛丽的怀孕令人挂心。婴儿健康出生,人人释然。夫妇俩决定给男孩起名为亨利。

男孩降临于一个差不多是刚刚从愚昧中苏醒过来的社会。密歇根于1837年建州,然而从根本上说这仅是一个边疆地区而已。星星点点的农民在这块土地上辛苦劳作,在橡树、榆树、枫树、白蜡、山毛榉、菩提树和松树所组成的原始森林中披荆斩棘。

时值19世纪40和50年代,乡村开始有了商业活动的缕缕迹象。伊利运河将五大湖区和纽约市东港连接了起来,第一批原始的轮船、车道和铁路,载人又载货,开始在密歇根州腹地营运。底特律稳步发展,同时兴起的还有一些商业市镇,如休伦港、卡拉马祖、大瀑布城、本顿港和玉溪蓝堤。密歇根州的经济支柱仍然是农业,然而到了19世纪50年代,已出现了伐木业、渔业和铜铁矿开采业,在经济发展中起了很大作用。

内战爆发时,密歇根州很能代表美国19世纪乡村共和国的面貌。该州人口约为75万,其中有蜂拥而至的纽约人和新英格兰人,以及接踵而至的大批爱尔兰和德国移民,他们在边疆地带拓荒。密歇根州因此就以其乡村文化为荣,在它的土地上生活着自力更生的土地所有者和独立自主的公民。19世纪50年代,正如老西北大部分地区一样,反奴隶制政策席卷全州,密歇根州成了新共和党的堡垒,"自由土地、自由劳动、自由人民"是它的思想形态。内战中密歇根州是坚定的联邦主义州,为联邦军队输送了9万名士兵,其中有15000人战死或死于疾病。

亨利·福特的童年开始时,南北战争硝烟正浓,小亨利见证了19世纪中西部典型的乡村生活。几百个镇子、村庄和乡村社区在整个地区星罗棋布,北边

第三卷·第一章
给世界安上轮子的人——亨利·福特

连有五大湖区,南边相接俄亥俄河,东西两边是阿巴拉契亚山脉和大平原。环境深深影响生活,广泛的家族关系、季节性的农活、社区聚会和教堂礼拜,这些线索紧密交织构成了社会体验的网络。孩子们蹒跚举步于繁忙的乡村,小亨利和他们一样,更多的是和母亲待在一起,可是也不可能隔绝于自然,隔绝于农业生产的季节性节奏,隔绝于为了有房住和有饭吃的日常生计劳作。

他的幼时回忆记载了乡村生活的品质:

"我的一生中能记起来的事情,首先就是我父亲带着我弟弟约翰和我去看一块大橡木下面的一个鸟窝,在我出生的地方以东有一百多码吧。约翰太小不能走路,父亲就抱着他走,我比弟弟大两岁,所以可以跟着他们跑。这应该是1866年6月的事了。我记得鸟窝里有四个鸟蛋,还有一只小鸟。我听它唱歌,现在总是还能记得小鸟的歌声,长大后才知道它是一只歌雀。"

小亨利越来越多地和成人的农活世界相接触。威廉干的是自给自足的农夫所从事的各种典型的农活:种麦子,植草,养牲口,熏肉,照看果园,打猎,捕鱼,砍柴家用或运到附近的底特律卖钱补贴家用。农活又多又累,正如一位邻居所说,"农夫走进田里从黎明干到天黑,然后回家干杂务"。

1871年3月,7岁的小亨利到苏格兰社区学校上学,学校离家大约两英里,只有一间校舍。其实,在家时母亲已经教给了他许多,比如要他耐心地辨认字母和读读浅易的文章。早年的老师还有弗兰克·沃尔德,是个很聪明的邻居;爱米莉·纳尔丁,是一位在福特家里住过一段时间的年轻女人;又高又壮的约翰·布莱纳尔德·查普曼,其身躯的威慑力弥补了他脑力的不足。据福特的一位同学约翰·哈格尔蒂所说,"查普曼其实只要花10分钟时间,就可以让我和亨利学完他知道的所有东西,但是他的体重有275磅,不怕他还真是不行。"

小亨利就这样开始了在乡村公立学校千篇一律的学习生活。大大小小的孩子们在冬季和雨季集中上课,播种和收获时节则停课几星期。开学时屋里生了起火炉,孩子们读《圣经》,朗诵上帝的祷文。老师认真执行基本程序:教读书、教写字、教算术,也负责对孩子们灌输荣誉、刻苦、公平的准则。老师坐在教室前面,讲台高于地面,他把学生一个个叫上来背诵课文,或是让学生们在黑板上默写,除了教知识以外,还要加强课堂风纪以培养学生的自律精神。

根据福特回忆,表现恶劣的学生会被叫到教室前面,在老师的眼皮底下受监督。

小亨利是个恶作剧大王,鬼点子说来就来。他有一次在一个同学的凳子上钻了两个小洞,在一个小洞里安上一枚针,针尖朝上,针的另一端连上线穿过另一个小洞从凳子下面引到自己座位这边来。有一天上课时课堂里很安静,他猛地拉动引线,结果同学尖声嚎叫,同学们哄堂大笑。

小亨利十分聪明,至少不会比其他同学差,尤其很会口算和心算。

在苏格兰社区学校,亨利·福特与邻家男孩埃德塞尔·拉迪曼成了好朋友,他们之间的友谊保持了一辈子。他俩好得难分难舍,童年时光几乎都玩在一起、走在一起,每天都在一块儿说话,上学是同桌,把名字的首字母缩写,并排地刻在桌上。星期天晚上,两个小伙伴甚至一起上教堂,大约要走4英里,虽然两人都算不上虔诚。"我们更是为了能在一块儿。"拉迪曼承认说。多年过去后,拉迪曼成了福特汽车公司一名出色的药剂师和化工师。福特的独子生于1893年,他把孩子取名为埃德塞尔。

2.天才的"小机械师"

福特最擅长的还是摆弄机械玩意儿。当同学被叫到教室前面背书时,他立即在座位上竖起地理课本做掩护,在书本背后把同学的钟表大卸八块,然后再还原如初。有一天福特和小伙伴们用石头和泥土在学校附近的一条小溪上搭了个堤坝,坝上安了一个简易水轮,溪水漫上堤坝时,水轮就会转动起来。放学时他们把工程杰作忘到了脑后,第二天邻近农家的土豆地因此发了大水。

还有一次福特带领一群伙伴试制一台水轮蒸气机,用一个容量有十加仑的旧水罐当锅炉,接上一根短管把蒸气引出来喷到白铁叶片上使之旋转。锅炉下面熊熊地燃起一堆大火,锅炉内冒出强力气压,叶片就飞快地转动起来。

第三卷·第一章
给世界安上轮子的人——亨利·福特

机器最后爆炸了，喷出的蒸气和飞扬的铁片使孩子们受了轻伤，福特也不例外，他脸颊上留下了个永久伤疤。福特伤心地回忆说，爆炸后学校围栏着火，人人惊慌失措。

随着年龄的增长，福特对机械的喜爱变得越来越痴迷，脱离农场投入到机械行业中去的欲望也越来越强烈。

16岁的福特决心到外面闯一闯，丰富一下自己的阅历。于是，他悄然离家出走，来到底特律——1879年的底特律已经是一个有着10万人口的新兴工业城市了。

福特先是到一家车厂做见习生，日薪1.1美元。但准备一展拳脚的福特工作不到六天就被解雇了，因为他只用了几天时间就把那些老技师无法修理的机器修好了，而且没费吹灰之力。这使得那些元老们感觉很没有面子，不爽之下就炒了他的鱿鱼。

这件事使福特得到一个教训，凡事要深藏不露，不能都表现在外。

接下来的时间里，福特去了底特律最大的工厂——密歇根铁路车厢制造厂做见习生，但是却没有维持多长时间，就因为他嫌薪水太低、入不敷出或没有什么可以学习的便辞职了。在这两份工作期间，福特都不得不利用业余时间找些兼职做，如晚上在一家珠宝店替人维修钟表以维持生计。在修钟表的过程中，他发现大多数钟表的构造其实可以简化，制造成本就能降低而性能更加可靠。于是，他自己重新设计了一种简化构造的手表，估算日产2000只，成本为每只30美分，但他精打细算之后发现，要年销售60万只才能有利润，他自知没有这个能力。因此，福特放弃了这个设想。但是，他那种简化部件、大批量生产、低价销售的经营思路却在此时大体形成了。

福特的第四份工作是底特律造船厂的见习生，在这里他被分派到引擎车间工作。由于福特对蒸气引擎有着浓厚的兴趣，并且有着扎实的修理天赋和根基，他很快就得到了上司的赏识，由见习生升为正式员工。

一天，他从同事那儿借来一本科技杂志阅读，对其中的一篇文章感到了极大的兴趣。这是一篇介绍德国可拉斯·欧特博士的文章。欧特是早期致力于内燃引擎的开发者，对内燃机的改进有着独到的见解并做出了重大的贡献。

直达纽约
——主宰美国经济命脉的4大豪门

早在1867年的巴黎博览会上,欧特便以四行程循环的自由活塞动力机而闻名于世。而他提出的著名观点是,现有的蒸气引擎过于庞大、笨重,不适合小型工厂的需要,为了解决这个问题,开发内燃引擎势在必行。福特对此观点大为赞赏,认为蒸气引擎时代已经过去了,取而代之的将是内燃引擎的时代。由此,福特萌生了在交通工具上应用内燃引擎的想法。

两年后,因为出众的机械才能,福特以熟练技师的资格被西屋公司聘为移动式引擎的示范操作员。西屋公司是生产优良的移动式引擎的专业公司。在这里的日薪是3美元,这是一份高薪工作,同时,福特还学到了不少有关引擎的知识。

阔别家乡5年后,福特回到了迪尔本。而此次回来的目的就是趁着家乡冬天天冷无法干农活,潜心在家做一些研究。他把自己关在家里的储藏室内,以此为作坊开始了自己的梦想之旅。但他早期想要发明的诸如蒸气锅炉、连续走8天的手表,甚至造船,都统统以失败而告终。

不惧失败打击的福特一次又一次地重新来过。这一次是他拣回了父亲扔掉的旧的手推式割草机,想运用自己所掌握的引擎知识把它改造成用来进行农耕的牵引机。利用整整两年的时间,历经许多次失败后,福特终于享受到了成功的喜悦,他完成了以木材为燃料的蒸气引擎牵引机。这台机器像无轨车一样大小,拖着一个装着木材的车厢,但是因为燃料燃烧得太快,机器前进了十几米就停了下来,福特马上往燃料箱中加入一些木材,它又发出巨大的吼声,继续前进。

且不论这台机器的实际运用情况如何,但就它以木材为燃料,就足以反映出福特造车的出发点。当时在福特的故乡,煤炭价格昂贵,农民承担不起,而迪尔本生产木材,福特就来了个因地制宜,采用木材为燃料,作为机车的动力。这种为大众着想、从大众出发的理念,正是福特以后生产汽车的格调,也是他获得成功的最大原因。

3.优先生产价格低廉的大众车

  福特待在故乡的时间过得很快,一晃就是3年。这3年中,除了发明了那辆机车外,他的最大收获就是赢得了一个美丽的少女——克拉拉的芳心,并与她在1888年4月喜结连理,这时的福特24岁。

  婚后,父亲送给他40英亩森林,并对他说,如果你在家务农,再给你80亩。但是福特的思想很明确,就是把这40英亩的森林砍光,把卖木材的钱用作以后研究内燃机的资金。美丽善良的克拉拉对丈夫的一切幻想都给予了绝对的支持,并积极地投身其中,成为福特忠实的崇拜者和助手。

  福特所处的时代正是美国的工业快速发展,钢铁业、铁路、石油业进步神速,电灯、电话相继问世,新兴的汽车业日益崛起的时代。世界各地的汽车设计师们捷报频传,德国人戴姆勒开发出四冲程内燃引擎,并研制出汽化器、新式点火装置等;本茨开发出了另外一种内燃引擎;美国人薛尔登开发出了轻型的三缸引擎;夏克发明了使用液化煤油的液体燃料车,等等。这些消息都给予了福特极大的鼓舞,使他意识到汽车时代即将来临,同时,他也意识到自己在电气方面知之甚少,而只有底特律才能提供这方面的学习和研究条件。于是,福特带着新婚的妻子重新回到底特律,在爱迪生照明公司找了一份工作,负责修理蒸气引擎。后来他被调到火力发电部门,做了一名工程师,并于1893年成为首席工程师,负责公司在底特律的电气设备维护。

  在身怀六甲的克拉拉的帮助下,福特得以在家里进行制造汽油驱动交通工具的实验。他在1893年制造出了第一台内燃机,而他的第一辆汽车问世于1896年。这辆小汽车的亮点在于将一副四轮马车的框架安装到四个自行车轮之上,福特跃上驾驶座,亲自驾驶着他的第一辆汽车上了大街。福特的这辆汽油机"四轮车",动力传动是用一根自行车链条进行的,没有刹车,车子只能进不能退,引擎为4马力,有两档速度,分别为时速15公里和30公里。

  这时的福特仍是爱迪生照明公司的一名雇员。在一次总公司代表大会上,

直达纽约
——主宰美国经济命脉的4大豪门

发明了电灯、活动照相机、留声机的大发明家托马斯·爱迪生对福特试制成功的内燃引擎汽车欣赏不已。得到了爱迪生的赞扬，使福特信心大增、豪情万丈。

由于福特拒不接受父亲的资金支持，他不得不以200美元的价格卖掉了这辆车，以获取制造第二辆车的资金。福特汽车的试制成功，引起了一些投资商的兴趣，他们看准了投资汽车有利可图，便于1899年成立了底特律汽车公司——聘任福特为总工程师——这是在底特律设立的第一家汽车制造公司。但因为这家公司主要的生产目标是那些不符合市场需求的昂贵的赛车，且销路一直不好，这违背了福特的初衷，他便辞职了。

辞职后的福特租了一间小仓库作为工作室，开始研制轻型的大众车。

当时，欧美地区流行赛车，福特便想出了一个一举两得的计划，就是设法用自己的车参加赛车比赛，如果自己设计的车在比赛时得胜，就能以飞快的速度在战略上抓住大众的心。而这样的赛车要保证引擎方面不能出一点差错，这样就能制造出更好的汽车，又能获得他人支持。

1901年夏天，福特终于制造出了第一辆赛车。它具有车体轻、速度快、直道上行驶可达每分钟1英里等特点。福特亲自驾着这辆车参加了底特律的汽油车10英里竞赛，新赛车大显身手，以绝对的优势获得冠军。

此次比赛之后，福特和他的汽车名声大振。在底特律木材商人威廉·墨菲的投资下，福特成立了第二家公司，并任经理。在之后的几个月里，福特又成功地制造和驾驶了一批赛车，进一步提高了他的知名度。他还认识了天才工程师切奥德·哈罗德·威尔斯，后者成为福特汽车发展史上一位重要的人物。但是，董事们热衷于制造价格昂贵的汽车，又不善于经营，致使这家公司仅持续几个月就解散了。

但福特并未言败，1903年6月，福特与新的合伙人煤炭商马尔科姆森、银行家兼制造商格雷一同创办了福特汽车公司。格雷出任公司的总裁，马尔科姆森任司库，公司的资本由这两个人筹措，福特任副总裁兼总经理，以技术入股。总结以往的教训，福特决定无论在什么情况下，都要优先生产价格低廉的大众车。

此时，美国已经迈入了汽车时代，各厂商的汽车纷纷开上了公路。

第三卷·第一章
给世界安上轮子的人——亨利·福特

同年,福特汽车公司开始了大批量生产汽车。福特开发出了耐用可靠的新引擎,并装配上新车型,他命名此辆车为A型车。这辆A型车长3米、宽1.8米,双缸8马力引擎,是时速48公里的敞篷车,由于它的售价只有850美元,物美价廉,刚一上市,就受到消费者的青睐,订单纷至沓来。A型车推向市场15个月,就销售了1700辆,净利润达到10万美元。马尔科姆森看到这样的成果,大喜过望,于是在福特汽车公司之外又独资建造了另外一座汽车厂,专门生产高档豪华轿车,结果产品积压,负债累累,他不得不把自己在福特汽车公司的所有股份都卖给了福特和另外一个股东柯恩斯,退出了福特汽车公司。这样,福特的股权上升,他亦成为公司最大的股东。总裁格雷去世以后,福特继任总裁,负责生产,柯恩斯任财务总管,负责销售,两个人配合默契,使福特汽车公司产销两旺,一个季度可销售5000辆车,净盈利率为310%。

4.崭新完善的"福特生产方式"——"流水装配法"

1907年,美国经济进入大萧条时期,许多汽车生产商都受到了沉重的打击,不仅产品滞销,甚至负债破产,而福特汽车公司不赔反赚,处于盈利状态。在福特的带领下,福特汽车公司一次又一次地战胜了因其他制造商嫉恨而人为设置的障碍,步履稳健地迈向了辉煌,福特本人的月薪也由原来的300美元提升到5000美元。

为了进一步开拓市场,福特决定生产一种坚固、廉价且易于驾驶的标准化、统一规格、能为普通大众所接受的新车型。他认为,自己的公司如果不能制成统一规格、大规模、低成本的车,生产过程的混乱就不能解决,也就不能适应越来越激烈的市场竞争。他设想这种车是万能车型,其引擎可以临时拆卸下来作为动力,用来锯木、汲水、带动农机,甚至搅拌牛奶。

在福特的主持下,福特汽车公司的经典名车T型车问世了。这是一种具有划时代意义的车型,一举奠定了福特汽车公司行业领袖的地位。T型车集中了

直达纽约
——主宰美国经济命脉的4大豪门

福特汽车公司以前所有车型的最优良的特点,无论外型、颜色都与公司以前的车型完全一致,非常简单,非常朴素,没有一件多余的零件,没有装饰的附加装置,而且非常结实并容易维修,还利于操作。福特把价格定到一般工薪阶层都能买得起的价位,这也是美国市场上第一种走进普通民众家庭的汽车。

由于T型车本身具有的优势,加上福特及柯恩斯的销售策略别出心裁,这款车10月1日投放市场,次日清晨,福特汽车公司就收到了1000份订单,之后的订单更是多得需要用麻袋装。福特汽车公司当年的生产量就达两万辆,T型车跃居各类畅销车的首位,成为最盈利的产品。并且,自此之后,福特T型车很少外出兜售,而是顾客自己找上门来购买。

福特T型车以其性能和价格优势掀起了汽车普及潮,给美国人民和所有的美国城市都带来了前所未有的好处。汽车使人们的出行更加方便快捷,使人们的生产、生活节奏加快,劳动效率提高,生活水平提高,结束了农户自然隔离的局面,颠覆了马匹运输的统治地位,使城市的街道卫生状况因马车的消失而大为改观,刺激了大规模的公路建设、城市化及城市的发展,,使无数人自由远行的梦想成真。

自从1908年T型车问世以来,到1927年为止,在整整19年的时间里,福特汽车公司总共生产出了1500多万辆T型车,占世界汽车市场的68%,其中,T型车的主要市场为美国国内,有25万辆销往英国,近100万辆销往加拿大,创下了汽车工业史上的一大奇迹。

世界汽车制造史上的"福特生产方式",即大规模、低成本、用流水装配线生产汽车的模式,曾深刻影响了人类的产业进程,是汽车制造方式上的一次革命。

随着市场对T型车的需求量急剧增加,福特渐渐意识到,靠技术精良的技工手工组装车辆已经远远不能满足市场供货需求,这种原始的生产方式已经不适合社会发展的需要了。考察完芝加哥屠宰流水线后,福特大受启发,从此醉心于大规模流水生产线的研究,渴求汽车生产的连续化、专业化、合理化,连续、高效地使用各种设备,从而进行不间断地生产。于是,他从各地找来几位管理和设计专家,开始实施福特公司生产方式的转换。

为了早日实现这个设想,年近五旬的福特干脆把家搬到了工厂,并亲临

현场,参与创新。在公司专家的精心设计下,1913年8月,福特公司的移动式总装线验收合格,把当时手工装配一辆车所需的728个工时缩短了50%。1914年,福特公司安装了第一条全过程链式总装传送带。3个月后,这条总装传送带创造了93分钟组装一辆车的世界纪录。

总装线有一个严重制约,就是生产线上任何一个环节发生故障,就会导致全线停产。并且,当时T型车的许多部件还需要依靠手工制作,而手工制作常常跟不上总装线的步调,从而导致全体延误。福特公司加大力度解决这些问题,最终使次装配线得以适应总装配线,崭新完善的"福特生产方式"——"流水装配法"终于诞生。

"福特生产方式"使福特公司工厂的面貌焕然一新,连创世界汽车工业的生产纪录:1920年2月7日,福特的流水线的生产速度已达到了每分钟一辆车的水平;1925年10月30日,创造出10秒制成一辆车的纪录,使所有的汽车制造商望尘莫及。

在福特之前,轿车是富人的奢侈品,售价在4700美元左右。而福特流水线的大批量生产,带来的是成本的降低,价格的大幅下降。福特T型车在1910年销售为780美元,1911年降到690美元,而在1914年,则降到每辆360美元。低廉的价格为福特赢得了大批的平民用户,小轿车进入了寻常百姓家,也使福特公司在美国汽车行业中占据了绝对优势。也正是凭借T型车,使福特成为了百万富翁,让他挖到了进入汽车行业的第一桶金。

5. 五美元革命,美国高薪制度历史性的第一笔

可以说,福特的汽车流水线生产方式所改变的不仅是汽车行业,而是整个社会的经济组织形式和生产生活方式。可以说,世界各地的任何一家工厂,无不得益于对福特生产方式的学习和借鉴。福特式生产方式推动了全球范围内大规模生产的产业革命,为后来高度发达的工业生产奠定了基础。

直达纽约
——主宰美国经济命脉的4大豪门

随着福特公司凭借流水装配线进行规模化生产和T型车的畅销,福特在事业上也步入了辉煌。然而,福特完全没有意识到企业正面临着一个巨大的危机,这就是任何企业都会遇到的棘手的员工薪酬待遇问题。此时的福特公司一贯把得到的利润全部用于企业的扩大再生产,以追求更高的收益。而此时福特汽车公司员工的最高日工资是2.34美元,这个工资额在当时美国汽车行业中处于平均水平,按理说不会造成什么实质性的影响,但问题的关键在于,相对报酬而言,此时装配线的工人每天工作9个小时,由于流水线严密的编制和高速的作业使工人劳动强度大大增加,工人们对此早已不满,往往用旷工的形式加以抗议,这样就造成福特公司每天10%的旷工率。福特公司只得雇佣大量临时工顶替,这样做,使企业增加劳工成本的同时,也使得企业危机如箭在弦,一触即发。

福特对此竟毫无察觉,一心于扩大生产规模,陶醉于不断攀升的汽车销量上。但是福特的儿子爱德歇尔却意识到了这个问题的严重性,在儿子的建议下,福特开始了又一次的具有划时代意义的改革。

1914年1月6日,在和父亲巡视工厂后,爱德歇尔对父亲说,他从职工们的眼神中发现了一种不满的情绪,公司现在如日中天,职工们的情绪反而低落,只能是他们对现行的劳动和薪资制度不满。

儿子的感觉和发现使福特大吃一惊,他马上进行了反思,并于第二天召开公司领导层紧急会议。

会议上,福特提出第二天给企业的员工加薪,最低标准为5美元,同时将原来每天9小时工作制,变为8小时工作制,并实施"三班倒"的上岗制度。这一决定立即引来了全体领导层的一致反对,他们认为这样会引起全美企业的愤怒。但是向来从谏如流、能听取各种不同意见的福特却力排众议,当即拍板,这个被称之为"5美元革命"的决定就这样出台了。福特的这个决定可以说出乎了全美国民众的意料,包括专门呼吁为工人加薪的世界产业工人联合会,这个决定在美国产业史上写下了高薪制度历史性的第一笔。

福特"利润分享"的宣言立即引起了全美各界暴风雨般的反响,有支持的声音,也有反对的批判,不一而足,但最大的轰动是,引发了美国的一次人口大迁徙。"5美元革命"发布的第二天,福特公司门口就汇集了几千名求职者发疯地高呼"5美元!5美元!"而1月17日,来自全国各地的职员、工人、农民求职者高达12000多人,把福特公司的大门围得水泄不通,最后公司不得不动用警察,利用高压水龙头才得以驱散拥堵人群。

在实施工人"利润分享"之后,7月份福特又提出与消费者"利润分享"的计划,即每个购车者都可以分享到50美元的利润。这两大利润分享计划,把生产者和消费者紧密地结合在一起,虽然使福特公司看起来损失了一部分利润,但是宽厚、以战略取胜的经济方案,所获成效却非常显著。在高薪的驱使下,工人们为5美元付出了相应的劳动,那种无故旷工现象因此被杜绝,公司还因此获得大批人才,取得了更高的劳动生产率,获得了更大的利润。公司1914年纯收入为3000万美元,而到1916年时猛增到6000万美元,翻了一番。

1918年,当大多数美国汽车制造企业也把工资调整到5美元时,福特已给员工提薪至6美元,并加快了流水线的速度。

1926年,福特公司又开始实行双休日制度,给员工带去更多的福利,此举被评论家誉为"工业慈善事业的里程碑"。

1923年的全美民意调查中,福特成为名列第一的总统候选人,此时的福特公司更是有高达5亿美元的纯收入。

6."福特王朝"的没落

在1920年的前后10年间,是福特事业的巅峰期,这一时期公司的财力迅速而稳步地扩张。1917年,正值第一次世界大战期间,美国政府全线动员参加战争,福特宣布其公司将服从政府的差遣,将公司收益用于战争,以缩短战争进程,期间,福特公司生产了大量的飞机发动机、军事车辆和潜艇。1919年,福特家族买下了公司的所有股份,成为福特汽车公司的唯一所有者,并于次年对公司进行重组。

直达纽约
——主宰美国经济命脉的4大豪门

所谓树大招风,1920年,针对福特汽车的市场垄断地位和价格优势,由29家厂商联合组成了通用汽车公司,集中力量对福特公司发动攻势。通用公司的目的很明确,就是争夺福特公司主打的单一产品T型车的大众消费市场,因此,它采用了多品牌、多品种的产品特色化策略,形成了众多相对独立的如雪佛兰、凯迪拉克、别克等这些著名品牌,这些产品在性能上稍优于T型车,个性、舒适且价格略高一些。

而此时的福特仍然停留在对T型车的热衷上,追求的是极限的专业化,以流水线的大规模生产形式控制最低成本。为了达到这个目的,福特公司只生产单一型号T型车,并且,还是和以前一样,一件多余的部件和设备也不配备,因为这样不会因更换模具而损失时间,不会增加设备费用和库存费用。因为T型车只有黑色的,销售人员不止一次地提出要增加汽车的颜色而遭到福特的拒绝,福特的著名论调是——只要是黑色的,消费者就会购买。

面对通用的攻势,福特根本不以为然,他盲目信奉自己的生产方式。对通用公司的千种妙计,他只用一招对付,那就是降价。从1920~1924年,福特T型车连续降价8次,但是,这并不能从根本上解决问题。1920年以后,随着社会经济的整体发展,民众收入水平的提高,消费者对汽车的需求不再满足于廉价的代步工具,而是转向对多样化和舒适性的追求。这时,只打价格战的福特公司的利润率越来越低,没有了继续降价的空间,T型车已经穷途末路,危机重重。

看着通用汽车蚕食着福特的汽车市场,福特公司的许多人都非常着急,他们一次又一次地上谏福特,希望他能够及时调整策略,重新设计产品以满足市场的需求,但是都遭到了福特的拒绝。

在福特看来,福特汽车是福特的汽车,是福特的发明创造,是他生命的一部分,除了自己,任何人都不能对自己的车指手画脚,更不能随意更改。此后的20年中,顽固的福特拒绝了所有人对他的T型车提出的改革建议。随着市场的一步步萎缩,身边人才的大量流失,福特一手建立起来的汽车王朝在他手中又一点一点地没落了。这期间,虽然迫于市场的压力,福特也曾对公司进行了一些调整,批准了液压刹车上马,但是晚了通用公司14年,虽批准了六缸汽车项目,但是已是通用公司上马该项目后7年以后的事了,这些举措为时已

第三卷·第一章
给世界安上轮子的人——亨利·福特

晚,于事无补了。

1946年,福特将公司交给了孙子亨利·福特二世,而这时公司已经深陷巨额亏损之中,达到每月1000万美元,只是凭借巨大的根基和美国政府于第二次世界大战中大量的订货才免遭倒闭的恶运。福特公司于1956年成为上市公司,其经营管理和经济效益都有很大的改善,但却往昔不在,再也没有能够恢复到以前的辉煌。

作为一名优秀的汽车工程师和巨型企业的管理者,福特经常有独到的见解并积极付诸实践,即使他没有接受过专门教育。福特对现代工业的发展有着巨大的贡献,如开创了流水线作业,推动了世界的工业化进程;由一个企业包揽生产经营所有环节的大规模垂直一体化生产,减少了外界环境对组织生产的消极影响因素,降低了生产成本,提高了生产效率,持续变动库存,有效组织生产的各个环节;通过高薪和减少劳动时间来鼓励工人投入更大的生产热情,从而提高生产效率;让利给消费者,从而扩大市场销售份额等。福特的许多重要创新及作为一名开拓者从无到有的创业历程,仍被人们所津津乐道。

然而,福特在1920年左右达到了事业的巅峰后,却变得日益自满。他凭直觉行事,以及欠缺细致思考的家长式作风直接导致了福特公司的没落。随着福特的日渐苍老,他的顽固不化也日益显著,他完全操控下属,常因与下属的意见相左而大发雷霆,并因此赶走了大批得力的助手,亲手毁掉了公司的几乎大半基业,致使公司雪上加霜,之后更是如此。

福特在汽车技术上日趋保守,不肯加装当时先进的配套设施,甚至刹车、四缸发动机和传动装置等主要配件,还固执地使用着过时的工艺,使公司产品在市场竞争中处于明显的劣势。虽然他在1932年推出了新型的V8发动机,但为时已晚,此时福特公司已经丧失了产业领导者的地位,落后于通用汽车和克莱斯勒,屈居第三。取代T型车的改装,A型车虽然取得了一定的成功,但也没能力挽狂澜,仅维持了四年,便逐步退出了竞争的舞台。

虽然福特有很多缺点,但他仍然是发展中国家的许多企业家所推崇的目标,仍不失为一个有着大胆而积极变革的生动人物。

第二章

天生的民间英雄

——亨利·福特的影响力

> 亨利·福特伴随着大工业而生,他的名字令后人敬畏。在他葬礼的那一天,美国所有的汽车生产线停工一分钟。半个世纪之后,《财富》杂志称其为"20世纪最伟大的企业家";《福布斯》"有史以来最有影响力的20位企业家"中,他的名字列在榜首。

第三卷·第二章
天生的民间英雄——亨利·福特的影响力

1.影响最大的书——《麦克加菲精选读本》

有人对亨利·福特的一生做过很详细的研究，认为这名企业家这辈子心智方面所受到的最大影响来自《麦克加菲精选读本》。

这是威廉·霍姆斯·麦克加菲教授和他编写的课本。这套课本在19世纪声名远扬，正名为《麦克加菲精选读本》，短小精悍的课文循序渐进，编有精练的诗文篇章和引人入胜的插图。自1830年以来，有好几代美国儿童学习这套课本，既初通了文字，也掌握了道德原则（截止到20世纪初，读本已发行了1.22亿册）。他们把读本中的课文学得非常透彻，大多数人几十年长大成人后，仍能回忆和背诵得出来。这些课文对福特同样有着特别影响。

福特是在家中首次接触到《麦克加菲精选读本》的，玛丽·福特耐心地引导他学习了头几册。大约60年以后，福特回忆起当时如何坐在妈妈身旁，如何度过了漫长的秋夜和冬夜，如何对《麦克加菲精选读本》中的图画着了迷，他心中仍保有栩栩如生的图像：斧头靠在木头上拼成了字母"A"，从盆中舔牛奶的猫咪构成了字母"C"，奔跑的小狗成了"D"，如此种种。福特念小学时继续学习这套课本。他妹妹玛格利特也说："《麦克加菲精选读本》中的课文教我们懂得了什么是荣誉、尊严和公平。"在19世纪的大部分时期中，该读本深深打动了众多美国儿童的心灵。

《麦克加菲精选读本》究竟是一种什么样的读本呢？对年龄最小的学生，该读本教会了他们基础阅读技能——认字母、造句、学措辞。稍大的孩子们所用的读本中有许多插图，还有各种训练咬字发音、标点符号和说话能力的练习。麦克加菲系列程度最深的读本，为高年级学生准备了文学、诗歌和哲学的精选片断。然而，不论程度高低，整套读本都编写得生动活泼，有的课文甚为精彩跌宕，有轶事、故事和图框来帮助理解课文要点。学习这套读本的孩子们多半居住于教育条件落后的地区，读本给他们带去了文明的气息。课文选段有益格鲁–美利坚文学传统特色，如斯格特、拜伦、格雷、雪莱、华兹华斯、朗费罗、泰纳森的诗歌以及迪金森、欧文、库柏和雨果的散文。更重要的是，《麦克

直达纽约
——主宰美国经济命脉的4大豪门

加菲精选读本》的道德意味鲜明,课文强调虔诚、谦恭、刻苦、正直、耐心、善良和节制的必要性。作者教导孩子们说,良好的品行能带来完善的道德和丰盈的财富,鲁莽或罪恶的行为则会招致灾难性后果。一位对《读本》有所研究的学者说到,这套丛书强调为了自我完善而采取严格的道德约束。

《麦克加菲精选读本》对亨利·福特的性格和他的处世原则的影响是深远的。20世纪20年代,福特开始狂热地搜寻旧版《读本》,并以此作为业余爱好。福特记得有一次他和妻子克拉拉看到一群小学生又蹦又跳地走过。"此情此景使妻子不禁吟诵起来:'耳闻孩童欢欣喊叫,四点半钟离开学校。'下面是什么她就回想不起来了,而我俩都记得这是《麦克加菲精选读本》中的一条作业"。

为了弄清在哪一本书里能找到这条作业,福特开始着手四处找寻麦克加菲旧版课本,随着儿时的上学经历在回忆中潮涌而至,他对旧课本的搜罗终达狂热,不到几年时间就收集了一大堆。说福特当时是全美国最大的麦克加菲私人收藏家,恐怕不为过。

亨利·福特收藏旧版《麦克加菲精选读本》,起先是作为一项具有怀旧意味的爱好,后来事情却越弄越大。他高度评价读本中的课文以及其中蕴含的价值观,于是下决心搞一场麦克加菲复兴。雄心勃勃的复兴始于1926年,为的是以麦克加菲来影响大众。福特出钱重印了1857年以后的版本,在全美发行了成千上万套。他担任《麦克加菲读本精选》一书的副主编,参与选编了其中的150项内容,还在《读虫季刊》上发了一篇文章,指出《麦克加菲精选读本》仍然适用于当今世界。1938年,福特出资主办了麦克加菲团体联合会,在当年的大会上,他以一贯短小质朴的风格发表了演说:"今天我很高兴和大家一起纪念麦克加菲博士,他是一个伟大的美国人。《麦克加菲精选读本》教导美国年轻人要刻苦工作,要有良好的道德。"福特甚至在迪尔伯恩的亨利·福特博物馆附近办起了一所麦克加菲学校,把读本当做学校的基本教学线索。明尼克写过一本传记,名为《威廉·霍姆斯·麦克加菲和他的读本》,他把该书题献给亨利·福特:"《麦克加菲精选读本》是亨利·福特的母校,亨利·福特是读本的终生信徒和赞助者。"

1935年3月17日,福特通过无线电广播"福特周日一小时"节目,将麦克加菲推向了最广大的人群。这是一个哥伦比亚广播公司播出的晚间音乐节目,

第三卷·第二章
天生的民间英雄——亨利·福特的影响力

卡麦隆是福特的重要同僚和发言人,他在节目的穿插时段发表谈话,赢得了成百上千万的听众。经过与福特密切协商,卡麦隆在节目中就《麦克加菲精选读本》慷慨陈词,他说:"五十年来,威廉·霍姆斯·麦克加菲和他朴实无华的课本在美国创造了一种性格典范。"他说得铿锵有力,"就是这些成百上千万平平实实的小小课本,使美国人民能说会道,使他们的道德理想得以升华,使他们的思绪得以深化和拓展。"卡麦隆最后说:"福特的藏书各种各样、极为丰富,可是他最引为自豪的,恐怕就是从六册麦克加菲课本中所学到的东西。"

福特利用所有机会宣扬麦克加菲的旧时代美德。在《持家有方》杂志中他写了一篇文章,坚持认为受过麦克加菲影响的几代人有更好的良知与诚实感,"我们需要道德信条,这点谁都跑不了,生活的真理应该以朴素和明白的方式传教给孩子们。"在另一篇文章中他说得更干脆,"真理、诚实、公平、进取、创新、独立,所有这些在《麦克加菲精选读本》中都是基本因素。当时他在编写读本时这些因素就已经是超越时代、超越时日的了,今天依然如此"。

然而,福特并不仅仅是想把自己身上的麦克加菲狂热传染给大众。哈姆林·加尔兰德是一名美国中西部作家,他写的书在当地很畅销。20世纪20年代他与福特交友,两人对儿时学过的这些旧课本皆推崇有加。加尔兰德写道:"有一次我去找福特,福特拿出了四册《麦克加菲精选读本》,是他把旧书堆中发现的原本依样重印的,用了原来的字体,也保留了所有插图。我一页页地翻阅这些书,发现自己回到了爱荷华州的大草原上,回到了孩提时代四壁透风的小课堂里。我回想起当时的自己是多么喜爱书中的故事和诗歌呀。福特会和我一样感到这种魔力,这是错不了的"。

福特和加尔兰德开始接着玩游戏,看看各自对《麦克加菲精选读本》中的内容还记得多少。他们面对面坐下,一人从某册书中背出一篇课文的头一段,然后轮到另一人背诵第二段,就此类推,谁背不下去就算输了。

小亨利·福特的左耳回响着母亲的谆谆教导,右耳缭绕着麦克加菲的循循善诱,就这样度过了他的孩提时代。然而,直到成年他才意识到,少时所开始接受的刻苦、奉献、节制和责任等观念已经成为他的性格和情感中的牢固基石。维多利亚式的道德教育在他身上打下了深深的烙印。

2.天生的管理资质——总是有能力让别人为他做事情

福特早年就表现出了天生的管理资质,他总是带头先把东西设计好,然后站在一旁让别人完成工作。玛格丽特说:"他总是有能力让他弟弟和小伙伴们为他做事情。"这种基本性格特征对他后来的事业影响很大。

几十年以后,好友托马斯·爱迪生谈到福特的虎虎生气和青春活力时,觉得十分好玩。当他俩一起度假野营时,这位六十岁上下的汽车生产商会在森林中嬉闹起来,又跑又跳,翻身上树,操斧伐木。爱迪生说:"福特就内心其实仍然是个小孩。他也一直会是个小孩。"

然而,福特的这种表现有可能是他对自己的一种精神补偿,用来弥补他童年结束时所经历的痛楚和创伤。童年里衣食无忧的田园生活即将戛然而止,这个体面的农场家庭原本有着和谐和温馨的气氛,但在福特步入青春期时,一场情感风暴爆发,驱散了这种家庭气氛。

1876年春,福特家庭已做好准备欢迎一个新成员的来临。前一年过半时玛丽又怀孕了,第七个孩子就要诞生。母亲的健康状况良好,以前生小孩都挺顺利,于是大家巴望着好好喜庆一番。然而,可怕的事情发生了:母婴双双死于3月29日。小福特的世界天翻地转,风波来得如此意想不到而尤显可怕,他的精神崩溃了。

亲爱的母亲离开了世界,恐怕是福特一生中所经受的最大创伤,以至几十年后这个伤口都无法抚平。当时他面对现实,心怀楚楚悲情,少年式的沉默呆滞在脸上一览无余。很久以后他说道:"母亲去世了,我想这是对我极大的不公平。"少年福特如此比喻自己的惶然和痛切:"我们家就像一台抽掉了发条的钟表。"

玛丽死后,小福特的生活中新出现了一个深深的危机:他和父亲的关系从此紧张起来。由于某种深层的个人原因,福特似乎把母亲的去世归咎于了父亲——他一向和妈妈比较亲热,和爸爸比较疏远。多年以后他的一个知己说过,"亨利很尊敬父亲,然而从母亲那里他才能得到爱和理解。"

母亲的去世谁都没想到,一种持久的隐痛开始在家中蔓延开来。福特心

第三卷·第二章
天生的民间英雄——亨利·福特的影响力

怀痛苦的潜流，开始长大成人，开始和父亲相依为命。父亲是一个自尊、固执，同时也很仁爱的权威人物。

福特和父亲之间越来越紧张的关系有其广阔的历史背景。由于受到乡村生活的种种约束，福特开始坐立不安，和父亲的价值观以及人生体验发生了冲突。福特将来干什么行业？对此父子之间争吵不休，变本加厉。

美国的成功故事多种多样，威廉·福特本人就代表了其中一种类型。他于1826年12月26日生于爱尔兰乡间，为了摆脱贫困和饥饿，二十岁时与家人一起加入了一个早已在迪尔伯恩的边境村庄定了居的家族分支。19世纪50年代开始时，已有几十个福特家庭分布于迪尔伯恩地区，在当地社区非常引人注目。有一张福特家族男人的合影，其中人人穿着最好的黑色套装和马甲，身挂金色的怀表，颇能表明他们在当地很是风光。

初到美利坚时，威廉在密歇根中央铁路公司找到了工作，干的是木匠活，几年间挣足钱，买了土地，于是开始务农。他努力工作，一有机会便买下更多土地，随后十五年间事业稳步上升。到了1864年，威廉终于办完所有手续而成为美国公民，他此时已拥有土地120英亩，接下来的十年里，他的土地又增加了100英亩。他也有一些公职在身，担任过当地学校校董会理事和道路管理专员，1870年以后还担任过地方治安官。

威廉于1861年4月25日和玛丽结婚。玛丽是一个当地农民的养女，时年威廉三十四岁，玛丽二十一岁，他们搬进了一座有七间屋子的房舍，是威廉用护墙板建成的，玛丽的父母和他们一起住。

福特出生时，威廉事业兴旺、家底殷实，买了一辆四轮轻便马车，在迪尔伯恩前所未见。他中等个子、身材偏瘦、面色红润，留着精心修剪过的八字胡和络腮胡，长有一双大大的、表情丰富的蓝眼睛，样子很体面，也有些严肃，有时目光欢快地一闪，显露出骨子里其实有一种调皮的幽默感。威廉是圣公会信徒，有很强的道德感和崇高理想，这些品质在和邻居们的交往中得以彰显。他的名声很好，当地的种田人和手艺人都很尊敬他，都说他是个好农人，很愿意帮助那些需要帮助的人。他的一个孩子后来评价说："父亲的特点之一是心地善良，并且能为他人着想，左邻右舍都很喜欢他。"

3. 六美分的赔偿——保持自我没什么不好

蒙特克莱蒙斯位于底特律东北方20英里，是密歇根州的一个小镇。1919年初夏，这个小镇的地方法院里有一个人正出庭作证。他的面貌很熟悉：瘦瘦的身子、晒得黝黑的脸庞、五官轮廓突出、头发花白、举止朴实。

此人就是工业家亨利·福特，美国的传奇人物。他控告芝加哥《论坛报》人身诽谤。几年前，威尔逊总统派遣国民卫队巡逻边境，以防墨西哥庞丘·维拉斯为首的游击队的骚扰，福特公开反对总统的作为，于是《论坛报》发表社论，说他是"无知的理想主义者，以国家为敌的无政府主义者"云云。福特气极，遂发控诉。《论坛报》的律师努力抗辩说诽谤不成立，指出这个大名鼎鼎的汽车制造商实在无知。出乎人们的预料，被告律师抗辩得并不吃力。

一连几天，首席被告律师杀气腾腾地对福特一连串发问，福特的回答却很令人吃惊：他真的什么都不懂。

听众窃窃私语，福特却像小学生似的漫不经心，对一个个问题乱说一通，最后回答说："我承认对很多东西都弄不懂。"这时连辩方律师都不好意思起来，和缓地问他是否可以简单地朗读一段书听听，或者干脆承认自己是文盲算了。福特的回答很平静："是的，你这样说也没错啊，我的书读得很慢，念书时我很不自在，会把事情搞砸的。"

事实很能说明福特确实无知，但也没有什么东西能证明他是无政府主义者。陪审团裁定诽谤控告成立。福特得到了赔偿：六美分。

全国各大报刊大张旗鼓地报道此事，它们对法庭裁决和法律事宜不太关注，却对福特在法庭上令人讶异的表现大做文章，嘲笑这个美国英雄居然如此粗陋肤浅。

然而，尘埃落定时，两件意想不到的事情的真实情况日渐清晰。

首先，亨利·福特对自己看上去像土包子一事根本没觉得有什么不好。因为他处理的事务很多，每天都过得很繁忙，无法多花时间读书。当有人追问他为什么对公共事务知之甚少时，他承认说自己读报"只是读读新闻标题而已"。一次

第三卷·第二章
天生的民间英雄——亨利·福特的影响力

接受记者私家采访时,福特说得更坦白:"我不喜欢读书,书本让我头昏脑涨。"

其次,对福特在法庭上的窘境,普通民众不但没觉得大惊小怪,相反还蛮欣赏他的,认为他学问不高并不碍事。有人问福特美国建国以前是什么情况,福特回答:"我猜嘛,原来应该有些土地吧。"对此公众觉得很好玩。福特不会装腔作势,他的做派清明爽利;他坦诚因为太专心工作而没能好好受正规教育,对此大家也觉得情有可原。全国上下多有牧师为亨利·福特祈祷,请求他能从小人的恶语妄言中得以解脱。村镇小报鼓动农夫、工人和商贩百忙中抽空写信给这位汽车生产商表示同情,响应者成千上万。因此,令那些高级人士非常诧异乃至惊恐的是,福特从似乎很尴尬的窘境中脱身而出,成了一名比以往任何时候都更加高大的美国民间英雄。

因此,美国现代史上的一个最伟大的故事和神话由法庭事件而引发,结果带来了一场双方的爱恨:一方是来自底特律的一位美国汽车生产的开拓者,另一方是美国普通大众。爱恨超越了一切理性:福特是同一个福特,如此众多的知识分子、世界主义者和舆论操控者们讨厌他,却开着他生产的汽车,笃信其所言的广大工薪阶层却是那么喜爱他。爱恨的丝带飞扬了四十年之久。

福特大受欢迎,他的威信之高、影响之大,该如何解释呢?显然不是因为他有什么学术成就,仅仅因为他创造了财富,也似乎说不过去。美国有不可胜数的实业家,个个都很富有,但都没有达到福特所占据的公众地位,他们之中更有许多人被公众谴责为"强盗大亨"。

4.真诚的友情贯穿终身——汽车大王与发明大王

在爱迪生发明电灯50周年及白炽电灯发明15周年的纪念日——1929年10月21日这一天,亨利·福特创建的"大众历史博物馆"同样也在这一天揭幕了。亨利·福特是特意选择爱迪生最光辉的纪念日作为博物馆开馆的日子的。在庆祝会上,亨利·福特还专程邀请了当时的美国总统胡佛、诺贝尔奖获得者居里夫人。20世纪杰出的大科学家爱因斯坦也通过无线电广播向全美国发表

直达纽约
——主宰美国经济命脉的4大豪门

讲话,向爱迪生表示忠心的感谢与祝贺。

晚会马上就要开始了,可是到场的人们却还是找不到爱迪生。然而谁会想到,爱迪生却独自一人坐在大门外默默地掉眼泪。过了一会,亨利·福特找到了爱迪生,就询问他为什么要悲伤。爱迪生老泪纵横地说:"我曾经犯了那么多的错误,我已无脸面对这么多尊贵的宾客。亨利·福特听了之后特别感动,这样一位对人类做出巨大贡献的大发明家居然还在责备自己以前的过错!他满怀崇敬之情,充满真诚地说:"您给人类带来了光明,带来了幸福,像您这样的伟人若还感到自贱的话,那么其他人根本就无法再在这个世界上生活下去了。"在亨利·福特以及爱迪生夫人的劝说下,爱迪生最后终于走进了会场。

然而为了纪念爱迪生发明电灯这一特别具有历史意义的创举,亨利·福特还按照当年爱迪生研制电灯的实验室,又重新进行了复制,请爱迪生再一次演示50年前发明电灯的实验。实验前,亨利·福特通过无线电实况现场广播,要求全体美国人民关掉了电灯。于是整个美国又回到了电灯发明之前的一片黑暗。当爱迪生在实验中还不断地重复着50年前的动作时,他连通灯丝、接通电源,使灯泡亮起来后,亨利·福特激动地对美国人民说:"现在让我们打开电灯吧!一定要永远地记住刚才的黑暗,记住给人类带来光明的人——托马斯·爱迪生!"亨利·福特激动地与爱迪生紧紧地拥抱在了一块。他们两人,一个是给世界带来了光明的使者,另一个是使世界汽车大批量生产,使汽车进入千万家庭的开拓者。

亨利·福特与爱迪生从1918年开始就已经特别地喜爱结伴到野外去旅行,这一爱好一直保持到两人的晚年。每次野营,福特公司生产的汽车载着帐篷、吊床、餐桌、冰箱驶向密林深处,在人烟非常稀少的森林中,在静静流淌的山溪旁,亨利·福特与爱迪生一起在河边钓鱼,一起在火堆前烤牛排,一起谈论科学技术的最新发展,一起纵谈人生、世界、宇宙与未来。爱迪生80岁生日的那一天,同样也是在这样的野营中欢快地度过的。

然而过了没几年时间,1931年10月18日,84岁的爱迪生因患糖尿病、肾炎而离开了人世。全美国再次关掉电灯,以此表示纪念。而亨利·福特则以爱迪生的名字建立了一座规模宏大的"爱迪生博物馆",以及"爱迪生学院"。"爱迪生博物馆"这一建筑将美国独立宫、议会大厦、费城市政府大楼三个不同历史时期的建筑特色都包容了进去,全面反映了美国的历史进程。亨利·福特用这种最高规格的礼仪,表达了自己对师长、对挚友爱迪生十分真诚的友情。就在爱迪生去世后16年,亨利·福特也离开了人世。令人感到吃惊的是,他去世那年正好是84岁,与爱迪生享年一样都是84年。然而他去世的那年恰巧也是1947年,而100年前的1847年正巧是爱迪生出生的年份。

尽管汽车大王亨利·福特与发明大王托马斯·爱迪生离开我们已经有多年了,但是他们两人在汽车与电灯方面的业绩却给我们这些后人留下了相当实用而又非常宝贵的物质财富,而他们两人之间那朴实却又十分珍贵的友情,又给人类留下了一份值得纪念的精神财富。亨利·福特与托马斯·爱迪生二人用一生创下的伟大的业绩与深厚的友情将永存在世人的心中。

5.抚慰了成百上千万的美国同胞——福特的魅力所在

福特生命历程的跨度本身就很惊人。他于葛底斯堡之战不久后出生,却亲历了第二次世界大战结束时的对日原子弹轰炸。从亚伯拉罕·林肯时代到哈里·杜鲁门时代,美国已发生了巨变,然而福特的重要性绝不仅仅体现于他亲身经历了世事巨变。他的生命历程在以下三方面昭显了强大力量:

第一,福特跻身于20世纪早期美国舞台的正前方,成为了新生消费文化的预言家。当然,他现在已获得"美国工业大批量生产之先驱者"的称号,但他的另一个作用虽然比较少有人提起,也许却更加关键。维多利亚时代的传统价值观是自律、节俭和刻苦,福特从这些价值观的废墟里脱身亮相,向广大民众宣扬了消费者自我实现的崭新信条。要有大规模生产就必须要有大规模消费——他也许是第一个意识到这一点的美国商人。

第二,福特在20世纪早期美国大众文化的成型过程中起了关键作用。在消费者富足的新鲜氛围中,他成了一种文化秩序的主要构筑者之一。这种文化秩序在公众中提倡的是标准化的体验、集体的自我意识,及人人都应享有的休闲生活。他在赛车运动和普及野营方面打出了名声,呼吁人们积极思考,并且高明

直达纽约
——主宰美国经济命脉的4大豪门

地运用了新生的印刷和无线电媒体机制来提高他在公众意识中的个人知名度。当T型汽车成为美国大众繁荣的原型时,福特自己也成了大众文化名人的原型。

第三,福特把他的"革新之树"深深植根于广大民众的沃土中。他崇尚普通人,公民大众的判断、尊严和价值观是他权衡成就和取舍的落脚点。福特景仰的就是布衣百姓,因为他深受自己中西部乡村生活经历的影响,深受新教道德观的约束和规范的影响,对那些城府颇深的都市精英们持怀疑态度。美国民众刻苦自立,怀有粗放的平等思想,他们质朴虔诚,有什么就说什么,因此福特倡导要依赖广大民众,由此建立起了自己"社会改革者"的声名。他给普通工人支付高薪,并谴责那些富有的金融大亨。与此同时,他的信条也含有对知性主义的不信任,以及对犹太人和天主教的警觉和敌意。

换言之,摩登时代曙光泛泛,美国生活方式开始成型。亨利·福特依赖消费主义、大众文化与平民主义来宣扬自己的生活方式,因而挺立起了自己的高大身躯。然而,还有另一个原因能说明他为什么受人热爱,为什么具有那么大的影响力。福特的革新成就卓著,非但没有使大众惴惴不安,相反,倒是削减了大众对未知事物的恐惧。福特在改变世界的同时显然也保持了对传统的尊敬,因而才能使他的新思想和新做法让大家都能接受。他一边大批量生产T型汽车,一边使公众确信努力工作、节俭生活和友好相处仍然没有失去重要性;他一边建立起庞大的集中化管理的红河厂区,一边花时间到林中野营并积极提倡要多跳跳民间舞蹈。生活正在向现代化转型,但还要保持对传统的尊敬,二者必须相结合,这方面福特做得非常成功。

因此,亨利·福特之所以会成为美国民间英雄,是因为他既体验到了美国人民向摩登时代奋进过程中的欣欣灵感,也体验到了他们的惴惴不安。他知道他们渴望什么、害怕什么,并且通过人民主义和消费主义进程中的更高信条着手帮助他们。他一只脚坚实地踩在过去的土地上,另一只脚却信心十足地迈向前方,成功地跨越了美国历史上的一个巨大的分水岭。

历史变迁令人气喘心惊,而这位现代美国生产商却抚慰了成百上千万的同胞,帮助他们穿过历史变迁的沟沟坎坎。

第四卷

安德鲁·卡内基
——放弃百万财富的钢铁大王

安德鲁·卡内基，美籍苏格兰人，卡内基钢铁公司（后来更名为『美国钢铁公司』）的创始人，也是一位杰出的慈善家。他因创建了美国历史上最强大、最有影响力的公司和晚年放弃自己的大部分财富，用于资助苏格兰、美国和世界各地的多所图书馆及学校而闻名。

人物简介

1835年,安德鲁·卡内基出生于英国苏格兰一个名叫丹弗姆林的小镇,一个普通的工人阶级家庭。

1848年,安德鲁·卡内基一家移民到了美国,并定居在美国宾夕法尼亚州匹兹堡市(即后来的美国钢铁中心)。

同年,安德鲁·卡内基先后在两家工厂做绕线筒的童工,蒸汽机和锅炉管理工及文书工作。

1849年,安德鲁·卡内基在电报局做报信童,不久,他便被提拔至电报员的职位,并开始赚到每月20美元。

1853年,安德鲁·卡内基开始在宾夕法尼亚州铁路部门工作,成为了宾夕法尼亚铁路部门西部区的主管托马斯·斯考特的个人电报员。在这里,安德鲁·卡内基每月可挣35美元,并开始接触到铁路行业的各个细节。

1855年,父亲去世,安德鲁·卡内基开始承担家庭的主要责任。

1856年,有人通知安德鲁·卡内基即将举行一场罢工,并将劳工组织者的名单发给他。安德鲁·卡内基将此消息传递给了托马斯·斯考特,斯考特开除了这些人,结果这场罢工胎死腹中。

同一年,安德鲁·卡内基从一家地方银行获得了贷款,投资于一家卧车公司。大约两年后,他开始获取每年5000美元左右的回报,是他在铁路公司全年薪水的3倍。

1859年,安德鲁·卡内基晋升为宾夕法尼亚铁路部门西区主管,每年薪水为1500美元。他和他的母亲搬家到北卡罗莱纳州罗列市富人居住的市郊。

1862年,安德鲁·卡内基到英国苏格兰的出生地旅行。

1863年,安德鲁·卡内基的收入为42000美元。安德鲁·卡内基收入的一大半来自他的石油投资,而来自铁路的薪水只有2400美元。

1864年,安德鲁·卡内基找人代他服役,价格是直接交钱给政府的两倍多。

1865年，安德鲁·卡内基从铁路局引退，并与几个合伙人成立桥梁公司，采用钢铁而不是用木头建桥。

1867年，安德鲁·卡内基与来自铁路部门的几个合伙人创立电报公司。

1868年，安德鲁·卡内基给自己写了一封信，并在信中描述了他将来的计划。他决定在35岁时从企业辞职，以每年5万美元的收入维持生活，并将剩余的钱全部投入到博爱事业中去，同时，他将绝大部分时间用于他的教育事业。

1870年，一个合伙人介绍安德鲁·卡内基给21岁的路易丝·威特菲尔德——一个富商的女儿。

1872年，安德鲁·卡内基参观英国的亨利·贝塞麦钢铁厂，并带着计划返回美国，准备扩张他的钢铁企业。

1875年，安德鲁·卡内基创办他的第一个钢铁厂，取名埃德加汤姆森工厂。

1880年，安德鲁·卡内基开始向路易丝求婚。尽管安德鲁·卡内基谈过几个女朋友，但他最喜欢的还是路易丝，他俩的关系日益亲密。

1883年，安德鲁·卡内基收购了一个竞争对手的工厂——Homestead工厂。

1886年，在《财富》杂志上，安德鲁·卡内基撰文为工人组建工会组织进行辩护。他还撰文赞颂美国民主与资本主义。这一年，他的兄弟和母亲因病先后去世。

1887年，安德鲁·卡内基与路易丝结婚。

1889年，安德鲁·卡内基出版了《财富的福音》，他主张富人在为社会服务上负有道德责任。

1892年，安德鲁·卡内基正在欧洲度假，工厂出现罢工事件。处理这次罢工的管理人员采取了暴力手段，因此终结了安德鲁·卡内基作为工人朋友的印象。

1898年，安德鲁·卡内基试图帮助菲律宾独立。在美西战争后，美国从西班牙手中夺取了菲律宾。美国决定付给西班牙2000万美元来购买菲律宾群岛。安德鲁·卡内基认为这是帝国主义行径，他愿意为菲律宾群岛提供2000万美元购买它的独立。

1898年,安德鲁·卡内基决定扩张他的企业生产品种,并以此与摩根的相关业务展开直接竞争。摩根认为安德鲁·卡内基已对他的帝国构成太大威胁,必须全面收购它。

1899年,安德鲁·卡内基将几家钢铁公司组建为卡内基钢铁公司。

1900年,卡内基工学院成立。

1901年,安德鲁·卡内基允许摩根花5亿美元购买他的股权,并同意他创设美国钢铁公司,为此,安德鲁·卡内基成为了世界上最富有的人。这一年,他正式退休。

1902年,卡内基协会成立,它为美国的学院和大学的科学研究提供资助。

1905年,卡内基教师养老金成立。卡内基捐赠1000万美元。

1910年,安德鲁·卡内基为国际和平组织设立了卡内基捐赠基金,促进和平事业发展。安德鲁·卡内基在哥斯达黎加修建了中美法院,之后被地震毁坏。

1911年,安德鲁·卡内基动用其剩余资金约1.25亿美元成立了卡内基有限公司。他希望公司将帮助学院、大学、工学院及科学研究,这是安德鲁·卡内基最后一次博爱行动。

1913年,由安德鲁·卡内基提供融资建立的"和平宫殿"或称"和平神殿"隆重开幕。

1914年,第一次世界大战爆发,安德鲁·卡内基最后一次离开苏格兰。

1916年,安德鲁·卡内基在马萨诸塞州购买了一处房子。

1919年,安德鲁·卡内基去世。

第一章

苦难是成功的试金石

——勤奋的钢铁大王

> 安德鲁·卡内基的墓碑上刻着这样的墓志铭:"一位知道选用比他本人能力更强的人来为他工作的人安息在这里。"这也是安德鲁·卡内基唯才是用的真实写照。

直达纽约
——主宰美国经济命脉的4大豪门

1.刻苦的努力等来命运的垂青

丹弗姆林位于爱丁堡以北14英里,格拉斯哥以东40英里,历史悠久,是苏格兰的古都,也是后来的工业革命的中心地。1835年11月25日,一个男孩诞生于这个散发着浓郁苏格兰历史人文气息的地方,遵照苏格兰的传统,父母以其祖父的名字为他命名——安德鲁·卡内基。

安德鲁·卡内基的父亲威尔·卡内基是个出色的手艺人,在工业革命没有来临之前,他凭借自己精湛的技艺,手工纺织亚麻格子布,借以维系一家人的生活,为妻子和孩子营造了一个舒适的小家。母亲玛琪是一个贤惠的苏格兰妻子,按照苏格兰当地的说法,她是一个整洁、精打细算并且非常热心于执行主妇职责的妻子。她处世果断干练,眼光实际而长远,家里的一些重大决策都是由她来决定。安德鲁·卡内基自小就对母亲十分钦佩与崇拜,在不知不觉之中继承了母亲的性格和气质,这对他日后的成长起着重要作用。而在安德鲁·卡内基的一生当中,母亲玛琪一直是他成功背后莫大的动力。

安德鲁·卡内基的父母虽然并不富裕,但却为人正直,无论是生意上还是生活中,从不投机取巧,做奸使滑,并且始终充满着积极的进取精神。而这种拮据、艰难的生活,一方面使安德鲁·卡内基从小就体会到世事、生活的艰辛,这磨炼了他的意志,另一方面也通过父母的表现使他从小就对生活充满信心,养成了不畏艰辛、刻苦努力的性格。

西方有位名人说过:在肥沃的土地上盛开着美丽的花朵,而那些枝繁叶茂的参天大树,却生长在岩石缝中。人生也是如此,在历史上做出过贡献的许多杰出人物,他们都经历了许多的不幸和苦难。

《伊索寓言》这本留传于今、依然深受全世界人们喜爱的名著,其作者就是一个古雅典最低层的奴隶。"我学的时间最长、收益最大的学校是苦难"。这

第四卷·第一章
苦难是成功的试金石——勤奋的钢铁大王

句话是法国19世纪最伟大的的天才——哲学家和作家卢梭说的。出身低微,又是仆人的卢梭,经受了无数的苦难、不幸和挫折,但他始终笑对苦难与不幸,坚韧不拔,勤奋学习,追求上进,他为苦难所付出的学费是很值得很有益的。就是这样一个低微贫穷的仆人,以他的才华、智慧和杰出的成就震惊了欧洲和全世界。

苦难、不幸、痛苦是人生不可避免的一部分,既然无法回避,就不要回避。当你遇到不幸和苦难时,不要被它们吓倒,在苦难面前弯下了腰,低下了头,而是要抬起头,敢于面对,认真对待,自己鼓励自己的信心和斗志:这没有什么了不起的,你不能打败我,相反我却能战胜你。

苦难是所好学校。苦难不但会教导我们如何坚持不懈,如何乐观向上,如何顽强拼搏,还会磨砺我们的意志、品格和昂扬斗志,发挥我们的潜能,增长我们的知识、智慧、才能,为人的准则,做事的本领。

不是每一种苦难不幸都是灾难。古人说得好:天将降大任于斯人也,必先苦其心志,劳其筋骨,饿其体肤,空乏其身,行拂乱其所为。苦难有时不仅是一种考验,也是一种培养教育,它教会我们如何突破逆境,战胜困难。

2.一个年轻人能够继承到的最丰厚的遗产,莫过于出生于贫贱之家

安德鲁·卡内基出生的第二年,父亲威尔开办了一个小作坊,添置了3台纺织机,并雇佣了几名工人,扩大了生产规模,同时也提升了销量。由此家中的境况得到了一些好转,住进了一幢带有小阁楼的平房。

所谓穷人的孩子早当家,在贫穷、困苦中生长的安德鲁·卡内基小的时候就知道帮助家里做一些力所能及的事,比如,大清早起来就挑着水桶去附近的井边排队打水,替正在忙于缝纫的母亲穿针引线等,即使这样,勤奋好学的

直达纽约
——主宰美国经济命脉的4大豪门

安德鲁·卡内基也没有放弃自己的学业。

1843年,安德鲁·卡内基8岁的时候,英国掀起了工业革命的巨浪,蒸汽机的发明和使用标志着一个全新的时代来临。随着越来越多的新机器的投入使用,丹弗姆林这座古老的城镇上的手工纺织业受到了前所未有的冲击,开始日渐衰颓,纷纷破产。安德鲁·卡内基一家也未能幸免。因为手工作坊生产效率低,产品质量差,生产成本高,在同机械化规模生产的产品进行同样市场竞争时明显处于劣势,致使安德鲁·卡内基一家的生活每况愈下,逐渐入不敷出,回到了以前的困苦状态。然而,谨慎有余、保守恋旧的父亲却拒绝去工厂工作,正是由于这股傲气,使其家人饱受贫穷的煎熬。无奈之下,母亲开了一间小铺子,替人缝鞋,以维持生计。

然而,屋漏偏遇连阴雨,接下来的1846年欧洲大饥荒和1847年的英国经济危机又给了他们致命的打击。安德鲁·卡内基一家实在支持不下去了,不得不想办法另谋出路。

1848年初,美国加利福尼亚州发现金矿的消息传到了饱受经济危机之苦的苏格兰。顿时,整个苏格兰都沸腾了,人们纷纷移民,掀起一股狂热的"移民潮"。

以此为契机,安德鲁·卡内基的父母写信给早几年移居美国匹兹堡的亲戚,表示也要举家前往美国以求生存。亲戚很快回信表示,时下正是赴美良机,希望他们快去。

安德鲁·卡内基的父母变卖了家中所有的织布机和家具,于1848年5月17日离开了被安德鲁·卡内基称为"心爱的丹弗姆林"的家乡,跟随着移民的大军登上了前往美国的客轮,踏上了背井离乡的漫长旅途。

第一次见到大海的安德鲁·卡内基,为其波澜壮阔而震撼,兴奋之余却紧张得不能动弹,在水手的帮助下才得以上船。污浊、拥挤的船舱和糟糕的饮食,使许多人受到病魔的滋扰,但安德鲁·卡内基却表现出了他超凡的适应能力,并没有因这种状况影响到他的身体和心理状态,反而使他展现出了他的社交能力和求知的欲望,利用这个难得的机会向水手们了解了许多关于这艘船的知识,并且受到水手们的欢迎而参加了他们的星期天特别晚餐会。

第四卷·第一章
苦难是成功的试金石——勤奋的钢铁大王

经过两个月艰苦的水上旅行,安德鲁·卡内基全家终于在纽约下船后辗转到达了匹兹堡。一家人安顿下来之后,开始考虑生计。由于还是不肯进入工厂做工,父亲威尔·卡内基只能重操旧业,做一些日用品的手工纺织,如斜纹桌布等,拿去沿街叫卖,通过挨门兜售,来维持一家人的生计。但是,仅靠这些微薄的收入仍不能满足全家的开销,母亲玛琪只好仍然替人缝鞋,起早贪黑地忙碌,以赚取微薄的手工费贴补家用。安德鲁·卡内基和弟弟汤姆则在一旁帮忙,共同承担起家庭的重任。这样的生活和以前在苏格兰差不多,日子还是过得相当清苦。

少时的贫困和苦难并未击倒安德鲁·卡内基,使其意志消沉、自暴自弃,反而激发了他的进取精神。是啊,俗话说:"自古英雄多磨难,纨绔子弟少伟男。"如果你没有生在富贵之家,你也不必心生自卑,因为贫穷并不可怕,可怕的是人穷志短,如果你能不去计较这些而更加努力奋斗,也许你会有更大的成就。

著名企业家迈克尔出身贫寒,他的家境穷困潦倒,在从商以前,他曾是一家酒店的服务生,干的就是替客人搬行李、擦车的活儿。

有一天,一辆豪华的劳斯莱轿车停在酒店门口,车主人吩咐一声:"把车洗洗。"迈克尔那时刚刚中学毕业,还没有见过世面,从未见过这么漂亮的车子,不免有几分惊喜。他边洗边欣赏这辆车,擦完后,忍不住拉开车门,想上去享受一番。这时,正巧领班走了出来,"你在干什么?穷光蛋!"领班训斥道,"你不知道自己的身份和位置吗?你这种人一辈子也不配坐劳斯莱斯!"

受辱的迈克尔从此发誓:"这一辈子我不但要坐上劳斯莱斯,还要拥有自己的劳斯莱斯!"他的决心是如此强烈,以至于这成了他人生的奋斗目标。许多年以后,当他事业有成时,果然买了一部劳斯莱斯轿车。如果迈克尔也像领班一样认定自己的命运,那么,也许今天他还在替人擦车、搬行李,最多做一个领班。

直达纽约
——主宰美国经济命脉的4大豪门

人们大多喜欢津津乐道于成功者的传奇故事,并将他们经历的种种艰辛视为"调味品",因为这样能更进一步强化故事的传奇性。当我们尽可能还原那些成功者早期的奋斗历程,试图找到他们控制所谓"第一桶金"的秘诀时,才发现曲折才是他们生活的本来面目,传奇并不存在。

与如今有些刚起步的创业者动辄提出"下一个Google"诸如此类的宏大目标相比,很多成功者在创业之初的想法都很简单,他们甚至仅仅是因为生活艰难或者想改变自己的现状。

1980年,远东集团创始人蒋锡培在高考落榜后拒绝复读,执意去杭州学习修理手表时,他的目标不过是赚够5万元。也是这一年,四川新津的刘氏四兄弟本来都有较为稳定的工作,但老二刘永行为了能让哭闹的儿子吃上肉,春节时上街摆了个电器修理铺,看到其中赚钱的机会才刺激了兄弟们的创业欲望。

苦难的确是一种珍贵的财富。

"超人"李嘉诚少年时经历了家道中落、背井离乡、失学、伤父之痛,他凭借顽强的意志坚持打拼,才从学徒成长为华人首富。刚刚逝去的台湾"经营之神"王永庆更是出生贫寒,小学毕业后便离家做工,几经挫折后创立了台塑集团的伟业。娃哈哈创始人宗庆后和阿里巴巴创始人马云都曾因所谓"出身"问题而遭遇磨难,但这都为他们创业打下了坚实的基础。

造化有时会把它的宠儿放在下等人中间,让他们操着卑微的职业,使他们远离金钱、权力和荣誉,可是在某个有意义、有价值的领域中却让他们脱颖而出。

1987年,当42岁的宗庆后拉着"黄鱼车"奔走在杭州的街头推销冰棒时,他大概不会想到:十多年后,他一手缔造的娃哈哈集团会成为中国最大的饮料企业。2007年娃哈哈集团销售收入达258亿元。谈及自己的创业经验,宗庆后的回答很简单:"创业靠的就是感觉,我可能感觉比较准确吧。"

第四卷 · 第一章
苦难是成功的试金石——勤奋的钢铁大王

在"唯出身论"的年代,宗庆后"旧官僚后代"的出身让他尝尽了人生的艰辛。16岁那年,宗庆后被"安排"到浙江舟山去填海滩,一待就是15年。1979年,宗庆后顶替母亲回到杭州做了一所小学的校工。

1987年,他和两位退休教师靠着14万元借款,组成了一个校办企业经销部,主要给附近的学校送文具、棒冰等。在送货的过程中,宗庆后了解到很多孩子食欲不振、营养不良,是家长们最头痛的问题。

"当时我感觉做儿童营养液应该有很大的市场",填海时形成的坚毅性格让宗庆后决定抓住这个机遇搏一把。面对众多朋友善意的劝说,他显得异常固执:"你能理解一位40多岁的中年人面对他一生中最后一次机遇的心情吗?"

1988年,他们开始为别人加工口服液。1989年成立杭州娃哈哈营养食品厂,开发生产以中医食疗"药食同源"理论为指导思想,解决小孩子不愿吃饭问题的娃哈哈儿童营养口服液,产品一炮打响,走红全国。1990年,创业只有三年的娃哈哈营养食品厂产值突破亿元大关。

成名之后,曾有人问宗庆后,人生最应大有作为的15年在农村中度过,是否后悔?他答道:"这15年,尽管是我人生当中最年轻、最有成长希望的大好时光,看起来好像在农村没有什么作为,但对我的整个人生道路却是有很大帮助的。这15年艰苦生活磨炼了我的斗志,使我能吃得起苦,也练就了我比较好的身体,为我42岁以后再重新创业打下了比较雄厚的基础。"

所以,不要因为自己角色的卑微而否定自己的智慧,更不要因为自己地位的低下而放弃自己的梦想,因被人歧视而消沉,因不被人赏识而苦恼——这是一个多么大的错误啊!其实造物主常把高贵的灵魂赋予卑贱的肉体,就像我们在日常生活中,总是把贵重的东西藏在家中最不起眼的地方。如安德鲁·卡内基在晚年所说:"一个年轻人能够继承到的最丰厚的遗产,莫过于出生于贫贱之家。"

3. 多一分信心，离成就大事就更近一步

伟大出自于平凡，我们多一分信心，离成就大事就更近一步。不要老让自己泄气，其实那些成就大事的人，就是一些拥有坚强信念的普通人罢了。

13岁的安德鲁·卡内基进入了一家纺织厂当童工，领取微薄的周薪。

后来他在一个线厂的锅炉房中找到了一份能稍微多赚一些的工作——烧锅炉并在油池里浸纱管。灼热的锅炉和刺鼻的油池都叫人难以忍受，但安德鲁·卡内基还是咬着牙坚持干了下来，并告诉自己：只要脚踏实地做好工作，好机会一定会来临的。

因为安德鲁·卡内基写得一手好字，得到了线厂老板的赏识，他很快被调到办公室从事记账工作。为了更好地完成工作，同时充实自己，勤奋的安德鲁·卡内基在结束白天的工作后，晚上就去参加夜校学习，学习复式记账法，每周3次。复式记账的方式是当时的大企业里面常用的会计方法。这段时期安德鲁·卡内基所学的复式会计知识，为他后来的事业提供了很大的帮助。

第二年冬天的一个晚上，安德鲁·卡内基一如既往地从夜校放学回到家中，却得知一个好消息：姨父传来消息说，匹兹堡市的大卫电报公司正在招聘信差。他立刻意识到，机会来了。因为电报业在当时是新兴的产业，能谋到送电报的信差工作，是件很有前途也非常让人羡慕的差事。

翌日清晨，兴奋的安德鲁·卡内基一早就起床了，他换上崭新的衣服和皮鞋，精神抖擞，在父亲的陪同下去面试。但是他并没有让父亲和他一同进入电报公司，而是自己独自参加面试。原来，安德鲁·卡内基的个子比较矮小，他担心与高大的父亲并排站立时，这种强烈的反差会显得自己更加矮小，同时，他也怕父亲讲话不得体而影响面试官对自己的印象，使自己失去这次难得的机会。

于是，他单独一人上到二楼面试。面试官并没有轻视安德鲁·卡内基的年

第四卷·第一章
苦难是成功的试金石——勤奋的钢铁大王

龄和身材,相反,对他得体的语言产生了好感,并在得到安德鲁·卡内基一周内熟悉匹兹堡市的全部街道的承诺时,被他的自信所感染,当场决定录用了他。就这样,安德鲁·卡内基谋得了这个周薪2.5美元的差事,迈出了人生的第一步。这一年,他仅仅14岁。

人们从来不是被他人打败的,真正的敌人往往是我们自己。你要想成就大事,就必须完全相信自己是有用之材。

首先你要相信自己是个有用的人,只要你相信自己是有用之材,那股自信就能让你精神抖擞,面对任何事情都能应付自如。反之,如果你的精神萎靡不振,做起事来瞻前顾后,可以想象那种生活是个什么样子:胸无大志,自认为是多余的人,甚至自暴自弃。精神生活层面已执行"自杀"的人,怎么会拥有一个"成就大事业"的人生呢?

其实,每一个人都有自己生存的权利,都有自己的长处,也都有自己存在的价值。作为一个普通人来说,如果想做一番轰轰烈烈、流传千古的事业,机会或许很少,能力也许不够,但因为我们的存在,世界才变得如此可爱,因为我们的努力,工作成绩才如此耀眼。你的真心付出,让家庭充满幸福气氛,让亲人之间情感融洽,这不就是贡献吗?你的辛勤工作创造了财富,得到了回报,这不就是贡献吗?人生在世,绝对是"天生我材必有用"。

当然,自信是有基础的。缺乏本身足以自傲的能力,一味地盲目自信,那是自大,不会有所作为。只凭吹捧也只能"得逞于一时",也许在某次受挫后,自信心便全盘瓦解。生活中,才能并不出众、表现平平、安分守己的人是大多数。也许你觉得自己实在没有理由可以骄傲,没有资格可以狂妄,正是这些想法,成为我们成就大事的障碍,自己的成功之路由此被自己阻断。殊不知,平凡不等于平庸。伟大出自平凡,我们多一分信心,离成功就更近一步。不要老让自己泄气,其实成大事者就是那些拥有坚强信念的普通人。

美国第40任总统罗纳德·里根就是一个充满自信的人。在成为总统之前,他只是一位名气不大的演员,但他却立志要当总统,并相信自己一定可以做

直达纽约
——主宰美国经济命脉的4大豪门

到。从22岁到54岁,里根一直是在演艺圈发展,对从政完全是陌生的,更没有什么经验可谈,可以说是半路出家。但当机会来临时——共和党内的保守派和一些富豪们竭力怂恿他竞选加州州长,里根毅然决定放弃花了大半辈子从事的原有职业,转而投入政坛。结果大家都很清楚,里根连任了两届美国总统。

拿破仑·希尔曾讲述过这样一个生活案例:N先生的太太得了肺炎,当希尔赶到他家中时,他见到希尔的第一句话就是"如果我太太死了,我将不相信这世上有上帝存在"。他请希尔来,是因为医生已经对他说过他太太活不了了,他的太太把丈夫和两个儿子叫到床边,向他们道别。

希尔赶到之后,看见N先生在前厅啜泣,两个儿子则在旁尽力安慰他。当希尔走进N太太房间时,她已经严重地感到呼吸困难。护士告诉希尔说,她的情绪很低落。希尔很快就发现,这位N太太请他过来,无非是要拜托他,在她死后,请他照顾她的两个儿子。

在希尔听完她的请托之后,语气坚定地对她说:"你绝对不能放弃希望,你不会死的。你向来就是一位坚强且健康的女人,我不相信上帝会带走你,也不相信上帝要让你把你的儿子托付给我或任何人。"希尔和她谈了很久,并做了一次祈祷,祈祷她早日康复。希尔告诉她,要对上帝有信心,以意志力来对抗每一个呼唤死亡的病菌。然后,希尔离开了N先生的家。

临走前,希尔说:"教堂礼拜结束后,我会再来看你,到时候,我必定会发现你比现在好得多了。"那天下午,希尔如约又去拜访,N先生这次竟面带微笑地迎接他的到来。N先生说,希尔早上一离开之后,他太太就把他和儿子们叫进房里,向他们说道:"希尔博士说,我不会死,我将会康复,我现在真的觉得好多了。"

最后,N太太完全康复了。这就是信念的力量,这就是信念创造的奇迹。每个人必须笃信自己是有用之材,否则,就枉费在世上活一遭,枉费上天赋予你这样神奇的能量。

以下介绍几种日常生活中增强自信心的简单方法,如能熟记这几项,并

第四卷·第一章
苦难是成功的试金石——勤奋的钢铁大王

努力实践,你必定能成为一个充满自信的人。

(1)主动和别人说话

养成主动与人说话的习惯很重要。越是敢主动和人谈话,越代表你十分有自信,你不怕被人拒绝,以后与人交谈就容易多了。若过于封闭,无疑是拥有的自信心不足。

(2)将走路速度提高10%

心理学家认为,人们透过改变自己动作的速度,实际上也可以改变自己的态度。如果你走路比一般人快,就像是在暗示其他人:"我必须赶紧到一个很重要的地方去,那里有重要的工作非我去做不可,而且,在15分钟内,我将出色地完成这一工作。"

(3)坐到前排座位上

你大概已经发现,不论是什么样的聚会,总是后面的座位先坐满。许多人喜欢坐在后排座位,那是因为不想自己引人注目。如此不愿让人注意的心态,多半是由于缺乏自信心的缘故。要让自己充满自信,你应该反其道而行,坐到前面去,为自己制造培养信心的机会。

(4)请默念一些格言来增强自信心

在你开始怀疑自己的能力时,请在心中默念诸如"有志者事竟成"、"积少成多,聚沙成塔"、"黑暗中总有一线光明"、"错误是难免的"、"说不行的人永远不会成功"之类的格言,想一想这些格言,并努力将它奉为一生的信仰,那么,你的自信心必会增加。绝对别在关键时刻丢失了继续坚持下去的勇气。

(5)养成正视对方眼睛的习惯

正视对方的眼睛,无异是在向对方说明,你所讲的我都懂,你对我并非居高临下,我们是平等的。我对你并不存有任何惧怕心理,我有信心赢得你的敬重。

你想要拥有自信,就要相信自己是有用之材,把自信变成你不可缺少的一部分。

4. 爬上人生阶梯的第一步

安德鲁·卡内基每天都提早一小时到达公司打扫房间。对这种别人不屑的活计，他也认真地去做，因为他知道，成功没有什么捷径可走，必须一步一个脚印，从最底层的工作一点一滴做起。打扫完房间后，他就悄悄跑到电报房学习打电报，并日复一日地坚持着，很快就熟练掌握了收发电报的技术。

机会总是在不经意之时走近，一天早晨，像平常一样，安德鲁·卡内基打扫完房间走进电报房，听见电报机的话筒里正在呼叫："这里是费城电报公司的紧急电报，有人能接收一下吗？"安德鲁·卡内基稳了稳神，坐在电报机旁即刻收报，并第一时间将电报派送出去。上班后，听到安德鲁·卡内基的汇报，总经理相当赞许，把他提升为电报员。安德鲁·卡内基的努力又得到了一份回报。

匹兹堡位于美国东海岸的宾夕法尼亚州，是该州的第二大城市，坐落在阿勒格尼河、莫农加希拉河与俄亥俄河的交汇处，毗邻纽约、华盛顿特区、费城、克利夫兰等地，可以说是美国东海岸连接中西部的重要的水陆交通枢纽，而且是物资集散中心和工业中心。这里商业繁荣，企业家云集，而电报作为先进的通讯工具，在这座城市的发展中起着极其重要的作用。安德鲁·卡内基所在的电报公司每天的电报业务量非常大，作为话务员的安德鲁·卡内基每天都在进行着无休止的接电报、送电报的单调工作，但是安德鲁·卡内基并不觉得乏味，相反却沉浸其中。因为在收发电报、派送电报的过程中，安德鲁·卡内基掌握了这个城市，甚至是其他城市大量的公司信息，了解到各公司间的经济关系及业务往来。日积月累之中，他熟读了这本无形的"商业百科全书"，这对他日后的事业发展起到了极大的作用——因为这些信息都是各个企业、实业家的商业机密，不是谁都能有机会接触到的。

安德鲁·卡内基在回顾这段时期时，称之为"爬上人生阶梯的第一步"。每个人都希望有一天能飞黄腾达，都希望能登上人人艳羡的山巅，享

第四卷·第一章
苦难是成功的试金石——勤奋的钢铁大王

受随之而来的丰硕果实,但他们大都不具有促使他们登上事业巅峰的坚定信念。他们认为,顶峰是那样高不可攀,自己的能力不足,总是找不到通顶的阶梯,因此他们总是无法达到成功的顶峰。由于他们相信自己达不到,所以也找不到登上工作巅峰的途径。因此只能终生不甘平凡,却又无力改变平凡。

但也有少数年轻人,始终坚信自己将取得成功,他们抱着"我就要登上顶峰"(这并不是不可能的)的积极态度来从事各项工作。一旦树立了这样的目标,他们就开始研究和观察成功人士的行为,学习如何处理问题和做出决策。他们的眼睛总盯着那些站在顶端的人们。最后,他们终于凭着坚强的信心达到了目标。

5.怀着强烈的上进心,忠于自己的信念

在电报公司工作期间,由于安德鲁·卡内基工作勤快,得到总经理大卫的赏识,由此总经理开始给他单独加薪,月薪13.5美元。安德鲁·卡内基听到这一消息,高兴得差点蹦起来,因为这对年仅15岁的他来说,是非常值得兴奋的事——自己的努力得到了经理的肯定,更重要的是他能更多地承担一部分家庭责任了。听到这个消息,母亲眼里涌出了喜悦的泪水,父亲则流露出得意的神色。他们意识到,自己的儿子有出息,将来一定会做一番大事业。一家人都对美好的未来充满了憧憬。

闲暇的时候,安德鲁·卡内基很想多读点书来充实自己,可是以自己家目前的经济状况,根本不可能有多余的钱支配在买书上。正当他为此困惑的时候,有一天他在报纸上发现一条消息:退役的詹姆士·安德森上校将对好学的青年无偿开放自己的私人藏书。安德鲁·卡内基马上抓住了这个好机会,找到安德森上校,借阅了许多好书。拿到书籍的他如饥似渴地钻进知识的海洋,这完全得益于安德森先生的无私奉献精神。所以当后来安德鲁·卡内基有所成

直达纽约
——主宰美国经济命脉的4大豪门

就时,在安德森私人图书馆的原址,重新修建了大会堂和图书馆,并立碑纪念这位恩人。

在送电报的间歇,安德鲁·卡内基就待在电报办公室,在那里,他不仅掌握了莫尔斯电码,而且还掌握了不少行业的新技术。他通过勤学苦练,终于荣升为电信技师。这时的他已经取代了父亲成为养家的人。

当安德鲁·卡内基在美国这片沃土上积极拼搏的时候,父亲威尔却一如既往地与现代社会格格不入,在经历了多年失败和挫折之后,撒手人寰。安德鲁·卡内基成了家里唯一的劳动力,但他并没有被眼前的困难击倒,反而对生活充满了更多的期待。然而他知道,光靠自己微薄的收入很难让梦想变为现实,于是他做出了一个将改变他一生的决定。

19世纪50年代初,美国正处于西部扩张的热潮中,这是一次在自由市场经济和领土扩张的背景下,大规模人口迁移运动,直接导致的就是交通运输业的飞速发展,铁路不断地向西延伸。就在安德鲁·卡内基17岁的那年,匹兹堡与费城之间的铁路开通了,斯考特出任在匹兹堡设立的西部管理局的局长。当时的铁路通讯完全依靠快捷的电报。所以,斯考特上任伊始,就要和电报公司进行业务往来。斯考特第一次来到电报公司的时候还没到上班时间,正是早到的安德鲁·卡内基接待了他。

安德鲁·卡内基为斯考特拍发了15封电报,完成了两人的首次见面和第一次合作。后来,斯考特来电报公司发报,总要点名要安德鲁·卡内基完成。

两个人的合作就这样进行着。一段时间以后,由于铁路方面要在阿勒格尼科坡地的山麓下的单轨线路终点与匹兹堡的管理局之间架设专用的直通电报线,斯考特向电报局点名要聘用安德鲁·卡内基去当他的私人电报员兼秘书。

安德鲁·卡内基抑制不住内心的兴奋,在给堂弟的信中写道:

"最新消息!我从电报公司辞职了,到宾夕法尼亚铁路公司工作,月薪35美元。这条铁路是横贯大西洋与西部的三大铁路之一。斯考特先生是我尊敬的人,能与他一起共事是一件值得兴奋的事。在这里,我掌管着新设置的电报收发装置,并监督着公司的会计工作,以前学的复式会计也有了用武之地,前途大好。斯考特先生给我配备了办公室,而他自己却在房间隔壁的小屋里工作。晚上6点钟下班,他鼓励我利用闲暇时间多读些书,以便充实自己。"

18岁的安德鲁·卡内基就这样怀着强烈的上进心走进了这个更为广阔的世界。机遇的又一次眷顾使安德鲁·卡内基更加自信自己将来一定会成为老板,而不会永远是个打工仔。

成功的人都有一个最基本的人生态度,就是永远忠于自己的信念。一个人没有信念,只能平庸地活着;反过来说,拥有信念就能不畏任何艰难,因为信念的力量惊人,它可以改变恶劣的现状,形成令人难以置信的圆满结局。

能够坚持自己信念的人,永远不会被击倒,他们是一群人生的胜利者。信心是成功者求生存的一块踏脚板,让他们看得更高、更远。有"方向感"的信念,可令我们的每个想法都充满力量。当你用强大的自信去推动自己时,你就可成就大事。

6."越权行为"——审时度势,该出手时就出手

安德鲁·卡内基进入铁路公司后,工作非常出色。一天清晨,安德鲁·卡内基收到一封紧急电报,内容是附近铁路上有一列火车车头出轨,要求调度各班列车改换轨道,以免发生撞车事故。但是除斯考特外,其他任何人都没有权力对列车下达调度命令,不巧的是当时斯考特外出不在,无法与他取得联系。

眼看时间一分一秒地过去,而一班满载乘客的列车正急速驶向出事地点。情急之下,安德鲁·卡内基冒充斯考特的名义给列车司机下达了改换车道的调度命令,避免了一场伤亡惨剧。按规定,电报员擅自冒用上级名义发报,唯一的处分就是立即撤职。

第二天,接到汇报的斯考特瞪着眼睛直盯着安德鲁·卡内基看了好一会儿,然后拍拍他的肩头说:"记住,这个世界上有两种人永远原地踏步:一种是不肯听命行事的人,另一种则是只听命行事的人,幸好你哪一种也不是。"

直达纽约
——主宰美国经济命脉的4大豪门

安德鲁·卡内基这次的"越权行为"得到了斯考特的首肯,几年后,安德鲁·卡内基被公司提名为运营总管,成为宾夕法尼亚铁路发展关键时期的重要人物。

所以想要成功,就要大胆变通。我们如今生在这样一个瞬息万变的时代,可以用计算机、网络等各种以前没有过的教学手段去学习,关键在于你肯不肯用别的方式,肯不肯动脑筋去思考。我们并不是只有一条路可走,我们有很多条路,有很多选择,有很多施展自己才能的机会。

不论你想追求的是什么,你必须强迫自己增强能力以实现目标,这就需要钻研自己的领域。认真地研读、仔细地观看、专心地聆听这行业中顶尖人士的言行举止,并学习他们的作为。常和工作领域的最新发明、最先进技术和最新研究的信息保持联络,参加新的发表会、展示会、讨论会或其他各种集会,敏锐地观察相关的新趋势、新发现,你会为从中发觉新的可能而兴奋莫名,这表示你可能已基于过去的努力而为未来发现了新的方向,你将会越来越杰出。

一家化学实验室里,一位实验员正在向一个大玻璃水槽里注水,水流很急,不一会儿就灌得差不多了。于是,那位实验员去关水龙头,可万万没有想到的是水龙头坏了,怎么也关不住。如果再过半分钟,水就会溢出水槽,流到工作台上。水如果浸到工作台的仪器上,便会立即引起爆裂——仪器里面正在起着化学反应的药品,一遇到空气就会突然燃烧,几秒钟之内就能让整个实验室变成一片火海。实验员们面对这一可怕情景,惊恐万分,他们知道谁也不可能从这个实验室里逃出去。那位实验员一边去堵住水嘴,一边绝望地大声叫喊起来。这时,实验室里一片沉寂,死神正一步一步地向他们靠近。就在这时,只听"啪"的一声,大家只见在一旁工作的一位女实验员将手中捣药用的瓷研杵猛地投进玻璃水槽里,将水槽底部砸开一个大洞,水直泻而下,实验室一下转危为安。

在后来的表彰大会上,人们问她,在那千钧一发之际,怎么能够想到这样做呢?这位女实验员只是淡淡地一笑,说道:"当我们在上小学的时候,就已经学过了这篇课文,我只不过是重复地做一遍罢了。"

其实这个"玻璃水槽"就可以看作我们的惯性思维,很多时候我们对很多机会视而不见,只因我们被我们的惯性思维束缚住了。这个时候唯有打破惯性,才能放飞我们的思维,进入一个新天地。

现实是最英明的裁判。"思想有多远,路就有多远",正如这句鼓舞人心的广告语所说,一个人能走多远,取决于他能想多远。一个人成功的程度,取决于他胸襟和眼界的广阔程度。放眼现实世界,世界首富比尔·盖茨、科学奇才霍金、香港华人首富李嘉诚、太平洋建设集团创始人严介和、阿里巴巴总裁马云、著名功夫演员成龙……这些人的辉煌和成功给我们留下很多思考:为什么他们能在众人中脱颖而出、创造奇迹呢?究其原因,就是因为他们身上具有一种东西——那就是与众不同的思路,独一无二、深彻独特的思想精神,所以他们改变了自身的命运,也改变了这个世界。

7.平步青云,钢铁领域的第一桶金

在宾夕法尼亚铁路公司的10余年中,安德鲁·卡内基平步青云,学会并实践了铁路管理的组织、报告、会计和控制的整套体制,逐步掌握了现代化大企业的管理技巧,而这些,是他后来组织庞大的钢铁企业时所必不可少的。

1856年,在斯考特的劝说下,安德鲁·卡内基买了10股亚当斯捷运公司的股票,共计600美元。当时由于父亲去世,安德鲁·卡内基在支付了昂贵的医药费和丧葬费后,他的全部储蓄加起来也不到50美元。但是,经营铁路运输的亚当斯捷运公司的业务正蒸蒸日上,其股票升值在望。安德鲁·卡内基看准了这一点,决心设法凑足这笔钱。他与母亲商量,母亲提出以房屋作抵押来贷款。

就这样,安德鲁·卡内基买下了这笔股份。股市的行情证明安德鲁·卡内

直达纽约
——主宰美国经济命脉的4大豪门

基的抉择是正确的。时隔不久,一张亚当斯公司10美元红利的支票就送到了安德鲁·卡内基的手里。安德鲁·卡内基抓住了机遇,取得了第一次投资的成功,他也从这一次投资中得到了启发。之后,安德鲁·卡内基把分得的红利和从工资中挤出的钱投资到各种各样的公司中,这是他资本积累的真正开端。

1856年秋天,安德鲁·卡内基尊敬的斯考特先生升任阿尔那图事业总部部长。安德鲁·卡内基跟随赴任,担任总部秘书,月薪55美元。

有一天,一位名叫伍德拉夫的男子找到安德鲁·卡内基,并对他展示了其发明的卧铺车模型,请求合作。就当时来讲,铁路迈入长途时代是一个必然的趋势,而这种车可供旅客夜间之用,非常方便。安德鲁·卡内基特有的商业嗅觉及远见卓识,使他看到了这项发明的远大前途。他立即同意了,并到匹兹堡银行申请贷款,买下了该公司1/38的股份。这家卧铺车厢制造公司成立后,订单真是络绎不绝,生意十分红火。

安德鲁·卡内基当初投资200美元,一年之内就赚取了5000美元的红利。安德鲁·卡内基用来自卧车公司投资的钱,在宾夕法尼亚州泰特斯威尔的一家石油公司投资了11000美元,仅仅一年后,他就获得了17868美元的回报。

1859年,安德鲁·卡内基被任命匹兹堡管理局长,年薪达到1500美元。斯考特则进一步高升,出任宾夕法尼亚铁路的副董事长。南北战争的第二年,即1862年,交战双方激战正酣。南军为切断北方的运输线,频频攻击宾夕法尼亚铁路。由于当时的铁路架设的桥梁都是木质结构,战火使其损毁严重,铁路方面亟待解决这一问题。敏锐的安德鲁·卡内基深知木桥的弱点及解决这一问题的根本所在,于是抓住这次战争带来的机遇,联合弟弟汤姆等人,集资创立了铁桥建设公司,不久便财源涌进。

战争是残酷的,威胁着美国的政治、经济安全。在斯考特的推荐下,安德鲁·卡内基加入了林肯总统的智囊团,负责内战第一战役的电报通讯。亲历战争的洗礼让他坚定地认为战争应该像其他野蛮行为一样被杜绝,也为他日后成立"卡内基国际和平财团"打下了伏笔。南北战争结束后,安德鲁·卡内基又回到匹兹堡,继续在铁路公司工作。

战后初期的美国面临着经济恢复与增长的大好时机,因为战争刺激了工

第四卷·第一章
苦难是成功的试金石——勤奋的钢铁大王

业生产,国内市场的骤然扩张,使之进入了一个飞速发展的黄金时期。安德鲁·卡内基也开始在投资中碰运气,资金有他自己的,也有弟弟的。到1865年,安德鲁·卡内基的投资已经获得了巨大的成功,他辞去了在宾夕法尼亚铁路公司的工作,准备大干一场。

安德鲁·卡内基辞掉铁路公司的职务后,便开始一门心思地创办着自己的事业——他选择投入创办的是冶铁业。因为自1862年,美国政府开始大规模建设跨越北美大陆的铁路线,是冶铁业发展的大好时机,有着巨大的市场潜力。安德鲁·卡内基在铁路部门工作,也深知铁的重要性。因为铁路的广泛兴筑,也就急需冶铁业的加速发展;同时,1863年,南北战争的双方都开始使用军舰对抗,给安德鲁·卡内基以警示:钢铁时代即将到来。凭借丰富的经验、敏锐的眼光、冷静的头脑,安德鲁·卡内基意识到他面临着巨大的机遇,从而下定决心,建立一个供产销一体化、面目全新的现代钢铁公司。

安德鲁·卡内基之所以认为这是一个巨大的机遇,是因为:首先,技术先进、成本低廉的炼钢法已经发明,只要引进就行;其次,战后的美国亟待重建,钢铁市场十分广阔,而原料供应也不成问题,本土铁矿资源丰富,已进入大规模开采阶段;再次,就财力而言,安德鲁·卡内基已拥有数十万美元的财产,他改变到处投资的形式,将资金集中到一起,可以作为新公司的启动资金;最后,让安德鲁·卡内基充满信心的是自己在铁路公司10余年间所掌握的管理大企业的经验。

于是,安德鲁·卡内基渡过大西洋,到欧洲做了半年多的旅行和考察。此行他收获颇丰,买下了工程师道兹兄弟的钢铁制造法的专利及焦碳洗涤还原法的专利,为他事业的开展奠定了技术的支撑。

回到美国的安德鲁·卡内基鼓足干劲,迅速行动起来,成立了联合制铁公司,并建造了当时世界上最大的一座高达22.5米的熔铁炉,开始了他钢铁事业的征程。

战后的美国商人们有了巨大的发展空间,各种产业一时间都开始蓬勃兴起,这也就造成了当时美国的钢铁生产规模极为分散,从原料供应到成品输出需要经过很多环节、许多厂家,而每一个环节都需要保有利润,结果导致最终产品的成本居高不下。而安德鲁·卡内基公司则囊括了供产销全部生产过程,它立足长远,革除了那些传统的弊病,其中一项措施就是不断地采用行业最先进的、最有效率的新技术以控制生产成本。

由于控制了成本,提高了生产效率,安德鲁·卡内基使自己的钢铁生产具备了难以匹敌的竞争优势,实现了高额的利润。就这样,安德鲁·卡内基挖掘到了其在钢铁领域的第一桶金,他从事钢铁事业的生涯也就开始了,并在随后的20多年间,使自己的财富增加了几十倍。

8.选用比他本人能力更强的人

安德鲁·卡内基深知人才对于一个企业发展的作用。他认为,敢于任用比自己强的人,并能发现和发挥他们的长处,直接关系到企业的发展和效益。

在安德鲁·卡内基进军钢铁行业伊始,他便开始收集人才,其中包括两位:亚历山大·霍利——酸性转炉炼钢法的发明者;琼斯——掌握着十几项钢铁生产技术专利的专家。这两个人对安德鲁·卡内基事业的发展都做出了巨大的贡献。

安德鲁·卡内基认定人才的条件和年龄没有关系,对后起之秀,他也给予适当的机会。16岁的齐瓦勃是独具慧眼的琼斯发掘出来的,在受雇6个月之后就担任了副厂长。两年后,琼斯死于一场事故,卡内基知道齐瓦勃的才能,马上任命他为布拉德钢铁厂的厂长,接替琼斯的职位。后来,董事长辞职,安德鲁·卡内基又提升他为公司的董事长。

安德鲁·卡内基唯才是用,目光总是锁定在人才的长处上,并最大限度地发挥一个人的长处,使之更好地为企业工作。当然,士为知己者死,这些人也会因为得到安德鲁·卡内基的信任,从而放开手脚,加倍努力来实现自己的价值。

第四卷·第一章
苦难是成功的试金石——勤奋的钢铁大王

安德鲁·卡内基认为,要想掌握高超的用人之道,必先要做到知人善任。知人,就是要了解人,指的是对人的考察、识别、选择;善任,就是要善于用人,指的是对人要使用得当。

知人善任,就是要认真地考察人才、确切地了解人才,把每个人才都安排到适当的岗位上去,充分地让他们发挥自己的特长,让他们施展才干。这是做好领导工作的根本任务之一。

好比一部机器,有了先进的设计、合理的结构和科学易行的操作规程,还必须要有高质量的操作人员。通常说,路线确定之后,人才就成了决定因素,就是这个意思。

当今世界各国都极重视人才的选拔和任用,把选用人才、知人善任列为领导工作的根本任务之一。由于重要骨干的选用是否得当,已成为企业经营好坏和企业能否取得成就的重要保证,所以美国有的大企业董事长、总经理等领导者现在要花40%或更多的时间用在选人用人的各种工作上,可见各种人才所受到的重视。

那么,怎样才能做到知人善任呢?要做到"知人",可先从了解人的特长来说。

要知人,知人者首先要勤于去知,要舍得花时间认真考察。

有一家拉锁工厂,为了选择一名车间主任,工厂的领导者先后同二十多名大学毕业的候选人谈话,反复考察、测评、比较,选定以后,又把他们分配去科技科、供销科以及第一线试用,再进一步观察,认为合格后,才最后聘任。可见这家拉锁工厂在考察、选定一个人是十分下功夫的。正因为如此,选定好一个合格人才以后,厂方自然要十分爱护、放手任用、给予格外待遇了。

美籍华人吴家玮教授被聘任为美国加利福尼亚州立大学校长,也是经过严格考核的:要填写十分详细的表格供遴选委员会审查、判断,要经过无情的口试接受筛选,要经过校方到他原来工作的单位进行深入地调查和了解情况,要通过约三十位委员及董事面对面地质询、听证……而且一次比一次严

直达纽约
——主宰美国经济命脉的4大豪门

格:从一百多人中初选十二人,从十二人中筛选六人,从六人中挑选四人,最后剩三人,到确定他一人,连过"五关"。可见,要了解、考察一个人,在美国也是十分慎重和下功夫的。

勤于考察,还要善于见微知著。比如当加州大学对来应聘的校长候选人挑选到还剩四人时,特地发出邀请,把四位候选人连同他们的夫人一起接到学校住了几天,再通过实际生活加以观察。原来他们认为:假如校长夫人的品格不高,校长的工作实际上将会受到很大影响。结果果真又以这种形式又淘汰了一名。

日本住友银行在招考人才时,其总裁曾出过这样一个试题:"当本行与国家利益发生了冲突,你认为应如何处理?"许多人答"应为住友的利益着想",总裁认为"不能录用";另一些人答"应以国家利益为重",总裁认为"仅仅及格,不足录用";有一个人这样回答说:"对于国家利益和住友利益不能双方兼顾的事,住友绝不染指。"总裁的评语是:"卓有见识,加以录用。"这件事对我们了解应如何知人善任有很大启发作用。

早在1800年前,我国的诸葛亮就十分强调领导者必须善于知人。他认为,人"美恶悬殊,情貌不一,有温良而伪诈者,有外恭而内欺者,有外勇而内怯者,有尽力而不忠者……"就是说,人的真善美与假恶丑,并不都是表现在他们的情绪和脸谱上的,也不能从一般的表现上都能看得出来。有的人看来温良而实际狡诈,有的人外表谦恭而内心虚假,有的人给人的印象勇不可挡,实则临事而惧,怯懦得很,有的人在处境顺利时可以尽力,遇到逆境时则退缩不前。

那么,作为一个管理者,应如何"善用"强过自己的那些下属呢?

首先,以欣赏的心态来看待A级人才。

心态好是指心态要平和积极,不要有嫉妒心理;如果有嫉妒心理,就会有许多变形的行为和语言产生,这大大影响到管理者自身的形象和声誉。

以欣赏的心态来看待下属,这样不仅会令下属产生自豪感和荣耀感,而且还会积极地把能力都发挥出来,而管理者自身也会受到有才干的人和有才干的人以外的人的尊重、信赖和佩服,大家会团结起来,进行开创性的工作,

第四卷 · 第一章
苦难是成功的试金石——勤奋的钢铁大王

于是整个组织的工作效率就会大大提高。

下属是能人,是值得高兴的事情。有能人要比没有能人要好得多,因为能人可以做好多工作,而且可以做一般人做不了的工作,解决一般人解决不了的问题。

其次,把握三点:一用、二管、三养。

第一是要用。

大家看到有才华的人能得到提拔,会争先恐后地提升自己的能力,从而提高整个组织的战斗力。反之,如果管理者故意压制能人,甚至让庸人或小人上,就更加危险,这样不仅会打击能人的积极性,使能人对组织彻底失望,而且组织中的其他成员也会有看法,严重者甚至会造成整个组织的分崩离析。

有些管理者担心下属超过自己,不仅不培养、不举荐这个下属,甚至千方百计地对这个下属采取压制贬损迫害等卑劣手段,这样的管理者在害了别人的同时也害了自己。这是经理人的大忌,长此以往,这样的人必将被企业淘汰出局。

给能人挑战性的工作,千方百计地调动A级人才的积极性,让他们出色地完成工作,让他们的能力得到发挥,让他们的才华得到施展,给他们以舞台满足感,只有这样才能留住他们,不然,他们离去只是迟早的事情。

第二是要管。

能人"恃才傲物",有时甚至爱自作主张,因此,必须要管。要有制度约束,要多与之进行思想沟通交流,力争与他们达成共识和共鸣,目的在于让他们与你相互了解,防止因相互不了解而产生误会和用人不当,出现麻烦和损失。

第三是要养。

能人往往会招致组织中其他人的嫉妒,而且他们往往把持不住自己的表现欲,甚至不分场合地张扬其才华,这就更容易引起别人的反感,因此他们很容易成为组织成员中的众矢之的。

如果管理者一味地偏爱有才能的人,管理者自己也可能受到攻击和损伤,而如果顺应组织中的其他成员的心理需求,对已成为众矢之的的能人们给予打击排斥,他们就很可能离开组织或转而对组织造成损害。

直达纽约
——主宰美国经济命脉的4大豪门

妥善的解决方式就是要采用"养"的方法。如果能人是鱼,组织就是水,而这个组织就是由组织中的每一位成员组成,也包括A级人才自己。因此在引导A级人才做出成绩外,还要善意地,有艺术性地帮他们改掉毛病,再引导他们和组织成员融合在一起。

TIPS:一个能建立成员间的相互信任的团队游戏

时间:1小时以上

人数:8~12人。

道具:给每个队员准备一个眼罩。一条长200米至1000米的林间小道。

概述:这个游戏能增进团队成员间的信任,最好在一个与世隔绝的树林里进行。这样,队员们不仅能回归自然,还能享受到天籁之声。

目的:建立小组成员间的相互信任。

准备:在一个群鸟栖息的茂密树林里,选一段林间小径。沿路设置一些障碍,比如一些树枝或者一段干涸的河床(河岸不能太陡),游戏将更加有趣。

步骤:

1.如果有必要,让你的助手主动给队员们准备一顿美餐或者让他们做监护员。

2.所有队员都蒙上眼罩,一直蒙着眼睛,直到游戏结束为止。同时你要作为监护员,始终和他们在一起。如果有人遇到困难,随时都能找到你。

3.队员蒙好眼罩后,你开始致开场白:

你们组属于古音乐城探险队的一部分,据说古城位于一个与世隔绝的森林里。调查研究后,你们找到了一个能带大家到达迷城遗址的向导。通过翻译费尽周折地解释,那位向导才相信你们的探险是多么重要,并且同意带你们去古城。传说,古城的地面上到处散落着金币和珍贵的宝石,并且宣称如果任何宝物被带出城外,灾难将降临到全城人民的身上。因此,只有大家都答应蒙上眼罩,以后不会再找到这条路,向导才同意带路。向导不信任你们的翻译,因此他不能和大家一起去古城。你们和向导的语言不通,因此

第四卷·第一章
苦难是成功的试金石——勤奋的钢铁大王

不能和他口头交流,但是,你们可以发出其他声音或者声响来表达意愿。向导马上就要到了,请大家准备好,确保整个团队安全到达古城。大家还有什么问题吗?

4.解答完所有疑问后,拍拍一个队员的肩,示意他摘掉眼罩,跟你走开,不让其他人听到你们说话。告诉这个人他将充当向导,负责带领整个团队安全到达目的地(告诉他终点在哪里)。队员之间不允许说话,但是可以吹口哨、拍手或者采用其他方式同队友进行交流,并且每次交流时只能用手碰一名队员。

5.把那个队员带回队伍中,告诉队员们向导来了,准备出发。行进中有可能发生很多事情,因此大家要做好充分准备。

6.行程结束后,准备好咖啡或者午餐,给大家接风。如果你的帮手较多,让他们提前出发去准备,如果能野炊,将妙不可言。休息之后,让队员们原路返回,让他们看看走过的路,确认一下沿路的声音都是从何处而来。

讨论问题示例:

蒙着眼罩走路时,你们有什么感受?

游戏过程中都听到了什么声音?

你们信任那位向导吗?

整个队伍蒙着眼罩前进时,那些排在队尾的人有何感受?

在整个行进过程中,你们之间的信任水平提高了还是下降了?

安全:

游戏过程中至少安排两位监护员,并且他们要始终保持警惕,防止队员发生不测。因为行进过程中,队员们绝对信任向导,即使向导把队伍带到悬崖边,队员们也会径直走过去的。

变通:

要求向导在游戏过程中不能碰任何人,并且要在开场白中解释一下,这跟宗教信仰有关或者出于健康原因考虑。总之,要发挥你的想象力。

第二章

急流勇退

——谜一样的安德鲁·卡内基

> 他与"汽车大王"福特、"石油大王"洛克菲勒等大财阀一样,曾经影响着整个美国的金融状况。
>
> 但让世人为之惊讶的是,他在自己事业的最巅峰,放弃了所有的一切,追求另一种自由、无拘束的生活,并为慈善事业做出了巨大的贡献。

第四卷·第二章
急流勇退——谜一样的安德鲁·卡内基

1.过着幸福生活的人,他必定不是欲望的奴隶

  1886年10月,和安德鲁·卡内基一起长大、共同奋斗的弟弟汤姆离世,紧接着,深受打击的母亲也随之去世。安德鲁·卡内基简直无法接受这样的重创,他久病在床,第一次感觉到孤单、无助。1887年,年过半百的安德鲁·卡内基兑现了"母亲在世绝不结婚的诺言"之后,和订婚多年的未婚妻走进了婚姻的殿堂。

  所谓福无双至,祸不单行,1889年,安德鲁·卡内基最值得信赖的得力助手琼斯在一次高炉爆炸事故中罹难,对安德鲁·卡内基来讲,这又是一个沉重的打击。

  伤痛过后,安德鲁·卡内基开始了自我反思:从一个一文不名的移民后代,一步一个脚印打拼到今天,锦衣玉食,功成名就,几乎实现了小时候的所有梦想,但如今自己拥有亿万家财,可为什么心里却高兴不起来?掌握这么多的财富,到底有什么用?

  如今,亲朋故友相继离世,赚钱的目的是什么呢?最后,深受东方文化影响的安德鲁·卡内基得出这样一个结论:"富人若不能运用他聚敛财富的才能,在生前将其财富捐献出来为社会谋取福利,那么死了也是不光彩的。"

  1900年,年逾花甲的安德鲁·卡内基毅然决定从钢铁事业中引退,并以5亿美元的价格将卡内基钢铁公司卖出,专心实施伟大的慈善事业。

  有人曾经将财富贴切地比作咸咸的海水,喝得越多就会越觉得渴,而越渴就越想再喝,因此,适度很重要。当我们懂得适可而止时,欲望就像一个洁白的天使,可引领我们一步步走向成功;而当我们贪婪无度时,欲望就像一个丑恶的魔鬼,会破坏我们的每一步行动。对欲望的不满足,会诱使我们不断地追求物质上的享受,而过度地追求物质,很容易使我们迷失人生的方向,其结果是很可怕的。

直达纽约
——主宰美国经济命脉的4大豪门

生活质量意义上的幸福感研究取向于生活满意度,认为人们获得幸福的关键在于物质的满足程度。这不禁让人想起一则经典故事。

有一天,富人碰到穷人,问:"你知道什么是幸福吗?"

穷人对自己的生活很知足,回答说:"我现在的生活就很幸福。"

富人不以为然,望着穷人漏风的茅舍、破旧的衣着,说:"我的生活才是真正的幸福,我有豪宅百间、奴仆千名,过着锦衣玉食的生活,荣华富贵。你现在的生活穷困潦倒,怎能称为幸福呢?"

谁知好景不长,没过几日,一场大火把富人的百间豪宅烧得片瓦不留,奴仆们各奔东西,一夜之间,富人沦为乞丐。他路过穷人的茅舍,想讨口水喝。

穷人端来一大碗清凉的水,问:"你现在认为什么是幸福?"

富人眼巴巴地说:"幸福就是现在口渴时有这碗水喝。"

有些经济学家认为,在人的幸福感中,由金钱带来的幸福仅仅占20%,甚至更少。对低收入者而言,金钱与幸福的关系更为密切;但对高收入者,金钱与幸福的关系就要淡得多。

我们的心理体验告诉我们,幸福不是简单地与财富或者别的某一方面产生的一元函数关系,而是一个有多种因素存在的多元函数。决定幸福的不仅仅有财富,还有其他因素,比如情感、兴趣、爱好、人际关系、尊重等。幸福是一种感觉,这种感觉是通过对比产生的,也就是说,一个人对幸福的主观判断往往与其用以比较的参照物有关。

萨缪尔森的幸福方程式为我们指出了获得幸福的途径:幸福=效用/欲望。要想更幸福,必须增加效用,或降低欲望。经济学认为"天下没有免费的午餐",增加效用需要增加收入,这也是学校老师忙着兼职代课、白领忙着兼职的原因。但是,经济学又告诉我们,凡事都有边际,边际效用时时存在,在增加收入的过程中,要适可而止,恰到好处,如果我们过度追求财富而失去了闲暇时间,有可能收获的不是幸福,而是痛苦。

第四卷 · 第二章
急流勇退——谜一样的安德鲁·卡内基

有一个富人正在沙滩上享受阳光,他的左边躺着一个年轻的流浪汉。富人对流浪汉说:"你应该去外面的世界努力打拼。"流浪汉表示不解,反问:"我为什么要努力打拼啊?"富人说:"努力奋斗才能获得更多的财富。"年轻的流浪汉问:"获得财富又为了什么?"富人说:"获得财富你才能到海边度假。"年轻人反问道:"那么你认为我现在正在做什么呢?"

这个故事有趣地说明了欲望对人的幸福感的影响。过着幸福生活的人必定不是欲望的奴隶。

2.富人对社会有不可推卸的责任

安德鲁·卡内基认为,迄今为止,有三种使用剩余财富的方式:传给家族和子孙,死后捐给公用事业,由财富的主人在生前妥善处理。

第一种最不可取,对子孙和国家都不利。富家子弟没有被惯坏而仍然恪尽社会职责的固然有,但不是常规,不肖子孙是多数。所以与其留给子孙以财富,不如留给他们家族的荣誉。

第二种方式太遥远,而且往往留下的财富并不能按捐赠者的意图使用,只不过成为他心血来潮时的一个纪念碑,因为花钱得当与赚钱一样需要高超的才能。最近美英政府都大幅度增加遗产税率,特别是英国开始实行累进税制,这是明智的,是国家对那些自私的百万富翁毫无价值的一生的谴责,今后还应向这一方向发展。一个人死后留下巨大遗产,不论用于怎样的工艺用途,都不如生前就处理。总有一天,公众会给带着巨额财产死去的人刻上这样的墓志铭:"拥巨富而死者以耻辱终。"

最后只剩下一种选择,就是把富人的巨额剩余财产在他们生前通过适当的运作用于造福公众事业。

3.公益捐赠的最佳领域

基于以上的认识,安德鲁·卡内基将自己的剩余财富投向了他所认为的最佳领域,如下:

(1)建大学。

以下列举了一大串名字作为杰出榜样,其中有斯坦福、约翰·霍普金斯、康乃尔、范德比尔特,等等,都在美国南北战争后捐巨资建立大学,这些大学也多数以他们本人姓氏命名。其中有些只是立遗嘱把自己带不走的遗产捐出,有些人生前就为他捐赠的学校花了许多心血,后者更值得敬仰。还有人捐最先进的望远镜成立天文台,对推动天文学的发展意义重大。但是建立新大学的余地有限,所以应该鼓励向现有的大学作各种附加性的捐助。

(2)建免费公共图书馆。

这对社区最有用,没有比满足贫苦的青少年对读书的饥渴对他们的帮助更大的了。这方面英国走在前面,议会已经通过立法,每一个城镇只要居民投票通过,地方政府就有权向有关社区征收1便士的税用于建立公共图书馆。许多建筑实际上是富人捐赠的,大量的书也是私人所捐,地方政府负责管理并保证其存续和发展,这是一个很好的制度。现在英国大部分城镇已经有公共图书馆。美国也已有一些免费图书馆,其中最值得推崇的是巴尔的摩的普拉特图书馆的做法:普拉特总共出资100万美元,同时要求市政府每年向董事会交付相当于5%的款额,即5万美元,作为维持、发展和建分馆的费用。

1888年,普拉特图书馆借出图书430217册,登记借书的居民有37196人。可以说,这3万多要求上进的人对当地以及全美国的发展要比全国所有懒散、无望的穷人要有用得多,因此普拉特对人民的真正进步所做出的贡献远远大于所有百万富翁对那些不能自立的人的布施,他是"财富的福音"的最理想的使徒。如果有条件的话,还应建立与图书馆相连的艺术陈列室或画廊、博物馆,再有一间报告厅,就完美了。这种免费图书馆可以经常接受图书和陈列品

第四卷・第二章
急流勇退——谜一样的安德鲁・卡内基

的捐赠,假以时日,每一个城市的居民将受惠无穷。

(3)建立或扩大医院、医学院、实验室以及其他与减轻人的病痛相关的机构,特别应以预防为重点。

对缺少医院的社区,建一所医院是给社区的最佳礼物。而且,暂时向无助的病人提供医疗帮助,也不会有使社区贫困化之虞,当然,社区必须负责保证医院的管理。为提高防病水平,需要加强对病因的研究,因此医学院的实验室非常重要。范德比尔特向哥伦比亚大学医学院捐了一所化学实验室,是最明智的花钱法之一。还可以向已有的研究机构捐赠器材设备,发展对护士的培养,多建护士学校,这些都特别重要。这方面也有富翁做出榜样。发展护士学校还能带来一个"副产品",那就是增加了妇女的就业机会。

(4)建立公园,美化环境。

已经有人这样做了——给自己出生的城市捐一座以自己的姓氏命名的公园,还有人为已有的公园捐一座音乐厅,并规定每星期日免费开放,还可以为公园捐花卉、植物,等等,这些都是造福社区的举措。重要的是一旦捐助建立了公园,它就成为了公共财产,管理权和责任都在当地行政部门,受选民的监督。如果只是私人花园向公众开放,公众对它就不会给予如此关心。在这方面,欧洲国家有许多值得学习的范例。那里的小城镇常有私人捐赠的别具特色的公园和游乐场。德累斯顿市堪称典范,那里一家大报的老板把他的全部遗产永久捐给了该市,用于美化市容。为此,这座城市专门成立了艺术委员会,经常开会决定以美化为目的的举措。随着这笔钱的收益增加,德累斯顿市很快成为世界上最富艺术品位的居住地之一。那位大报老板的这一做法值得富翁们学习。

(5)建公共游泳池。

普及游泳,好处无穷,不但可以提高全民健康,而且可以在船只意外事故中减少伤亡。

安德鲁・卡内基说:"当然,余财可以用于造福公众的途径绝不止这些,以上只是略举几个方面。另外,有余财者的个人财力也相差甚远,多捐和少捐同样值得尊敬。这里强调的是捐赠应在生前进行,并且随着财富的增加,可以陆续捐。"

他认为,如果这样做了,富人就能够以"拥巨富而死者以耻辱终"的格言来对应圣经上"富人进天堂比骆驼穿过针眼还难"之说。

安德鲁·卡内基觉得,这样,他临终时就不再是空守着百万无价值的财富,而是意识到自己对改善这大千世界作出过微薄的贡献,虽然在金钱上穷了,而受到他人的尊敬和爱戴使他比任何百万富翁都富有许多倍。这样,他就可以毫无负担地进入天堂。

4.要把所有的鸡蛋放入一个篮子,然后照管好这个篮子

安德鲁·卡内基认为,年轻人应该从头学起,担当最基层职务,这是件好事。匹兹堡有很多大企业家,他们在创业之初都肩负过重任,他们与扫帚结伴,以清扫办公室的方式度过了企业生涯的最初时光。"我注意到,现在的办公室都配备了工友,这使我们的年轻人不幸丢掉了这个有益的企业教育工作。不过,如果哪一天早晨清扫工碰巧没来,某个具有未来企业家气质的青年就应毫不犹豫地试着拿起扫帚"。

有一次,密歇根一位溺爱孩子的时髦母亲问一位男青年,是否见过像她女儿普里茜拉那样的年轻女郎如此潇洒地打扫房间?男青年说:"从未见过"。于是,那位母亲高兴得乐不可支。但男青年顿了顿,又说:"我想看到的是她能在室外进行打扫。如果有必要的话,新来者在办公室外进行打扫并不会损失什么。我本人就曾是打扫人之一。"

假如你们都得到了聘用,而且都有了良好的开端,那安德鲁·卡内基对年轻人的的忠告就是:"要胸怀大志。"对那些尚未把自己看成是某重要公司合伙人或领导人的年轻人,他会不屑一顾。

安德鲁·卡内基告诉年轻人:"你们在思想上一刻也不要满足于充当任何企业的首席职员、领班或总经理,不管这家企业的规模有多大;你们要对自己

第四卷 · 第二章
急流勇退——谜一样的安德鲁·卡内基

说：'我的位置在最高处。'你们要梦寐以求,登峰造极。"他说,"获得成功的首要条件和最大秘密是把精力完全集中于所干的事。一旦开始干哪一行,就要决心干出点名堂,要出类拔萃,要点点滴滴地改进,要采用最好的机器,要尽力通晓这一行。"

而失败的企业是那些分散了资力因而意味着分散了精力的企业。它们向这件事投资,又向那件事投资;在这里投资,又在那里投资,方方面面都有投资。

安德鲁·卡内基认为,"别把所有的鸡蛋放入一个篮子"之说是大错特错的。他说,"要把所有的鸡蛋放入一个篮子,然后照管好这个篮子。注视周围并留点神,能这样做的人往往不会失败。照管好那个篮子很容易,但在我们这个国家,想多提几个篮子因而打碎鸡蛋的人也很多。有三个篮子的人就得把一个篮子顶在头上,这样很容易摔倒。美国企业家的一个错误就是缺少集中。"

奇瑞汽车董事长尹同耀集中5年精力,专攻发动机的开发。其间,令他眼花缭乱的诱惑不可谓不多。有人用合资方法,有人用金钱来购买他的技术,但他没有为之所动,他把自己的大部分时间都放在自身发动机的开发、研制上,一心一意地只想知道怎样在汽车世界中寻找商机,结果,他的专注帮助奇瑞屹立于汽车领域。

而在我们的工作中,有种很常见的现象。如已布置的工作,如果没有人督促,就不会有积极的反馈:譬如许多人在年初开列出一系列计划和目标,并且细分到每一个阶段,所做的事情也一、二、三、四、五……排序了,但是到了年底,这些目标、计划、任务完成得如何?哪些已经完成了?哪些还没有完成?离目标值还有多少距离?无法完成计划的原因何在?要么统统没有了下文,要么只有包含着大量"大约"、"可能"等词汇含糊不清的总结。

这些人之所以没有做好事情,不是因为他们能力不够,也不是因为他们计划不周全,而是由于他们没有专注于自己的行动。他们做事时往往是一会儿干这个,一会儿干那个,他们对自己的目标容易产生怀疑,行动也始终处于犹豫不决之中。譬如他们看准了一项事业,准备充满了热情开始做下去,但刚做到一半，又觉得做另一件事更有前途，于是放弃了原来已做好一半的事情，又开始一项新的工作。这种人也许能在短时间内取得一些成就，但是从长远的职业规划来看，他们最终一定还是失败者。

德国大诗人歌德说："一个人不能同时骑两匹马，骑上这匹，就要丢掉那匹。聪明的人会把凡是分散精力的要求置之度外。"

作职业规划时，兴趣的转移都是难免的，主攻方向的觅得，也往往需要一个或长或短的过程。但是，一旦你深信解决了上述问题，千万不可再三心二意，贻误职业生涯的大好机会。这对你的职业生涯早出成果和奠定创新道路，关系重大。

安德鲁·卡内基强调："要志在顶峰；千万不要涉足酒吧；不要沾酒，即使仅在用餐时喝点酒；千万不要投机；签署支付的款项千万不要超过盈余的储蓄；取消定货的目的永远在于挽救货主；集中精力，把所有的鸡蛋放入一个篮子并照管好那个篮子；支出永远小于收入；最后是不要放弃耐心。"——因为正如爱默生所说，"除自己之外，没人能哄骗你离开最后的成功。"

5.安德鲁·卡内基成功的前提——我是自己命运的主人，灵魂的船长

从其外祖父托马斯·莫里森身上，卡内基学到了乐观的精神。从其母亲身上，卡内基学会了自立，并认识到生活是一场残忍的斗争，必须要克服许多困难。卡内基认为自己的母亲是"英雄"。

卡内基是在宪章主义者和共和党人之间长大的，因此他知道人人都是平等的，人们对这种"平等"的处理方式是成功或失败的关键所在。我们还应该指出，卡内基是正确时代出现的正确的人，当他到达美国后，这个国家正在经济和工业方面复苏。同时，我们还应该记住，卡内基的一生都是从命运的幸运转折点中繁荣起来的。卡内基是带着三大实力前往美国的：对丹弗姆林和苏格兰更好未来的期望、对更好未来的自信以及对自己和任何人都平等的坚信。

第四卷 · 第二章
急流勇退——谜一样的安德鲁·卡内基

安德鲁·卡内基的成功哲学是基于这个前提的——所有的成就都是由观念和理论开始的。他用法国诗人和作家维克多·马里·雨果的格言解释道:"有一件事情比全世界加在一起的武器力量还要强大,那就是生正逢时的观念。"卡内基还相信没有什么事情是没有任何缘由的,成功的秘诀和正规教育毫无联系。对他来说,量体裁衣式的教育才是最具启蒙性的。

卡内基从不相信任何命里注定的贫穷和失败,并且认为那种消极的想法只会导致不幸。自信才是最好的失败解药,并且卡内基坚信任何人成功计划的本质弱点其实是缺乏自信。年轻的卡内基有着超越他年龄的自信和自立,他说这些因素应该与他从家人身上学到的乐观主义和解决难题的坚韧不拔的精神联系在一起。从早年开始,卡内基就树立了明确的人生目标,并且一直死守这个目标到最终达成为止——哪怕这个目标只是赚到足够的钱为母亲买一辆马车或者是雇用一个仆人让母亲成为"夫人"。

动机是卡内基的驱动力量,在前往美国时,卡内基一家就毫无退路了,因此他们的选择要么就是成功,要么就是毁灭。也正因为此,卡内基激励他的高级雇员认识自己并且取得成功。

卡内基十分喜欢引用世界上伟大作家和思想家的名言,他在一个笔记本上记录下这些名言警句作为自己永不停息的动力源泉。其中有英国诗人和剧作家威廉·欧内斯特·亨利在《纪念罗伯特·路易斯·史蒂文森》中的话语:

我是命运的主人,我是灵魂的船长。

6.谜一样的钢铁大王

仔细浏览一下卡内基的自传材料和商业文章的话,我们会发现他谜一样的性格的几条线索。

首先来看看他的负面品质,这是他的批评者最喜欢的一个领域。

卡内基是一个独裁者,从早年在丹弗姆林修道院大街上的米尔工厂废墟打

直达纽约
——主宰美国经济命脉的4大豪门

架时起,卡内基就展示出了他生命中偏好命令、控制以及主导的一面。早在童年时期,卡内基就深信自己的优越性,最后他被钢铁工厂的工人称作"伟大的自我主义者"。是这种自我主义、自我关注以及虚荣心(这些他弟弟汤姆最讨厌的品质)使卡内基认为自己可以购买到"世界和平"的吗?当然,卡内基的"自我"也是混合起来的;矮小的身材和童年贫穷的背景使他十分自立,也让他十分自助。他的虚荣心和无礼导致了他过度的自信,以至于常常被人们认为是自傲。

因此,卡内基从不承认自己犯过错,而是公开地表示(没有任何自我嘲讽的意味)他非常谦虚。他总是忠告在圣安德鲁斯以及其他地方的年轻听众不要心怀怨恨,然而他却没有注意到自己的言语,因为他很记仇,喜欢往敌人脸上抹灰。

例如,他总是无法忘记也无法原谅斯科特"偷走"了他心爱的女孩儿,这个女孩名叫安娜·杜克·里德尔,是《匹兹堡日报》所有者的女儿。斯科特娶了安娜为妻,因此当斯科特生意失败时,卡内基感到非常高兴。

尽管卡内基和很多同事一起工作,但他始终无法和他人一起分享自己的权力,他和亨利·克莱·弗里克的关系就说明了这一点。

另外,卡内基还是一个偏执狂,如果有什么事情和他的生意过不去,那么他就将之视为个人攻击。而且卡内基无法谨慎行事,他总是把自己的想法大声说出来,从不考虑可能带来的潜在后果。

那些批评家认为,卡内基是个伪君子,并举例说卡内基口头上说憎恨贵族,却总是和贵族混在一起;他宣称自己是个和平主义者,却从各式各样的军火生意中赚钱。

在他分配给别人的工作中及他转交给他人的工作方面,卡内基是个干涉者。当他变得富有后,卡内基认为自己的财富让他有权力干涉英美两国的政治,他花钱资助美国的共和主义事业和英国的自由党人。

但从长远来看,他只不过是给机器加了点润滑油,而不是做出了真正的贡献,虽然他的自传中表达出了相反的观点。

卡内基最大的过失无疑在于他认为自己能说服并胜过像凯泽·威廉二世那样的人,成为和平的先锋。尽管在全世界范围内,人们都将卡内基视为白手起家的实业家,但在匹兹堡,还是有很多人斥责卡内基。在这个他赚钱最多的

第四卷·第二章
急流勇退——谜一样的安德鲁·卡内基

地方,人们从来就没有为他立过任何雕像,而在2004年,匹兹堡市长则为一个当地男孩、演员和舞蹈家吉恩·凯利建立了雕像。

卡内基的优势在哪儿?他有天生的魅力。卡内基总是用这种魅力来说服人们相信他的观点,像查尔斯·施瓦布等雇员,他们常常被卡内基的个性所迷倒。当然还是有些例外的,比如说亨利·克莱·弗里克。卡内基的个人魅力让他在钢铁、铁路和铁桥方面做得非常成功,例如在推广卧铺车方面,这种个人魅力让卡内基很容易交到朋友,但他的个性却驱使他将这些朋友用作为自我目标服务的方面,卡内基操作了"原始六人组"来推动自己的进步。

在社会方面,其他五人比卡内基更受欢迎吗?在工作场所,他们比卡内基更加熟练吗?在某些方面,卡内基也从母亲那里学到了很多。"这对我们有何好处?"他的母亲总是这样对卡内基最新的冒险提出疑问。卡内基从他的家庭背景中学到了很多,而他的母亲则是这一切的中心。

卡内基欺负自己的弟弟,而后来他的妻子路易丝也感觉在卡内基的眼中自己永远无法和他的母亲相提并论。尽管卡内基同情自己的父亲,并且也理解威廉·卡内基所面对的经济困难,但在卡内基心中他总认为自己的父亲是个失败者。因此,威廉·卡内基的照片从未出现在卡内基的档案馆里(也未出现在他的自传里),而1886年母亲逝世后,卡内基保留下的遗物也全部都是与母亲有关的。

另外,我们还要提到一点,卡内基对朋友非常忠诚,哪怕有时这么做和他的利益不符。他和菲普斯一家保持着非常诚挚的友谊(毕竟,在他们的困难时期,菲普斯一家曾雇用过卡内基的母亲),然而当卡内基向对手公司塞克洛普斯钢铁公司的托马斯·米勒伸出橄榄枝时却走错了。不管怎么说,我们都可以从卡内基的这些优点中看出他是如何走上成功之路的。

卡内基在成功赚钱和提升自己地位方面走出了重要的几步:

首先,卡内基发现自己在成功积聚资金方面有积极的欲望。然后,他认为人们应该清楚地知道自己要挣多少钱,应该清楚地了解为了挣得这笔钱应该做些什么,因为没有什么是可以"不劳而获"的。此外,卡内基还认为,一旦定下了目标就应该用实际行动来取代想法,在有限的时间内达到目标。

"建立一个行动计划"是卡内基对那些想要聚集财富、提高地位的人的忠

直达纽约
——主宰美国经济命脉的4大豪门

告。从1868年在纽约圣尼古拉斯酒店写的备忘录中,我们不难看出卡内基的一生都在不断评估自己的计划,卡内基认为人们应该仔细研究财富是如何聚集起来的。在卡内基看来,成功的另一个关键因素在于将成功视觉化,这一切都是他从姨夫乔治·劳德那里学到的。

乔治·劳德给卡内基讲述了许多有关威廉·华莱士等英雄的故事,这对卡内基留下的印象十分深刻。

此外,乔治·劳德还让卡内基在其位于丹弗姆林的杂货店工作,让卡内基学会了自立,因此卡内基很早就了解了选择正确导师的重要性(这些人能帮助他人进步)以及和成功人士联系的重要性。同时,卡内基还形成了引起他人关注的意识,汤姆·莫里森作为公众演讲者的例子在这方面帮助了他。

建立优秀商业结构(卡内基方式)的一个关键因素就是合理安排那些比自己有能力的人。所有这些因素都塑造了卡内基这个人以及他的成就,而他的虚荣心、自我陶醉、固执己见和商业行为都让他成为批评者抨击的对象,但他的慷慨却让他成为慈善领域的英雄。

他的慈善行为包括:六千万美元建起两千五百多座图书馆,一亿两千五百万建起了纽约卡内基公司,为各个大学捐助了一千七百万美元,为教会的孤儿捐献了六百万美元,两千二百万美元建起了华盛顿卡内基大学,一千六百万美元建立了卡内基美国教学基金会,一千三百万美元建起了匹兹堡卡内基大学,一千万美元建起了卡内基技术学院,一千多万美元建立了卡内基英雄基金会,为国际和平捐出了一千万美元,四百万美元建立了钢铁工人退休基金,两百万美元建立了教会和平联盟,一百五十万用于海牙和平宫的建立。

卡内基将被以百万财富的给予者,而不是以百万财富的创造者被载入史册。